珍藏本
纪念版

汉译世界学术名著丛书

巴曼尼得斯篇

〔古希腊〕柏拉图 著

陈康 译注

2017年·北京

ΠΛΑΤΩΝΟΣ

ΠΑΡΜΕΝΙΔΗΣ

根据 Platonis Opera (Scriptorum Classicorum Bibliotheca Oxoniensis), recognovit Ioannes Burnet, Tomus II, Oxonii 译出

汉译世界学术名著丛书
（120 年纪念版·珍藏本）
出 版 说 明

2017 年 2 月 11 日，商务印书馆迎来 120 岁的生日。120 年前，商务印书馆前贤怀揣文化救国的理想，抱持“昌明教育，开启民智”的使命，立足本土，放眼寰宇，以出版为津梁，沟通中西，为中国、为世界提供最富智慧的思想文化成果。无论世事白云苍狗，潮流左右激荡，甚至戎火硝烟弥漫，始终践行学术报国之志，无改初心。

迻译世界各国学术名著，即其一端。早在 20 世纪初年便出版《原富》《天演论》等影响至今的代表性著作，1950 年代后更致力于外国哲学和社会科学经典的译介，及至 1980 年代，辑为“汉译世界学术名著丛书”，汇涓为流，蔚为大观。丛书自 1981 年开始出版，历时三十余年，迄今已推出七百种，是我国现代出版史上规模最大、最为重要的学术翻译工程。

丛书所选之书，立场观点不囿于一派，学科领域不限于一门，皆为文明开启以来，各时代、各国家、各民族的思想与文化精粹，代表着人类已经到达过的精神境界。丛书系统译介世界学术经典，引领时代思想，为本土原创学术的发展提供丰富的文化滋养，为推动中国现代学术和现代化进程做出了突出的贡献。

为纪念商务印书馆成立120周年，我们整体推出“汉译世界学术名著丛书”120年纪念版的珍藏本，寄望既利于文化积累，又便于研读查考，同时向长期支持丛书出版的译者、编者和读者致以敬意。

两甲子后的今天，商务印书馆又站在了一个新的历史时间节点上。我们不仅要铭记先辈的身影和足迹，更须让我们的步伐充满新的时代精神。这是商务人代代相传的事业，更是与国家和民族的命运始终紧密相连的事业。我们责无旁贷，必须做好我们这代人的传承与创造，让我们的努力和成果不仅凝聚成民族文化的记忆，还能成为后来人可以接续的事业。唯此，才能不负前贤，无愧来者。

商务印书馆编辑部

2017年10月

重印说明

《巴曼尼得斯篇》是古希腊哲学家柏拉图的重要著作，陈康先生在深入研究的基础上译出本文，并详加注释，于1944年由重庆商务印书馆出版。因年事已久，坊间早已售缺，即一般图书馆，亦不多觏。现应西方哲学史教学研究工作者的要求，并征得陈康先生同意，特将此书重印。这次重印除校正原版排印中的一些讹误，并将当时因限于印刷条件，转用拉丁字母排印的希腊字改回希腊字母外，其余一仍其旧。陈康先生曾用德文著有论柏拉图《巴曼尼得斯篇》的文章一篇，系全书综述，这次由王太庆同志译出，附于书后，以助读者了解全书要旨。本书重印工作，多承汪子嵩同志关注和协助，在此志谢。

商务印书馆编辑部

1981年6月

目　　录

凡　例

1. 本书中的翻译以 J. Burnet 的校勘本 Scriptorum Classicorum Bibliotheca Oxoniensis, Platonis Opera, Tomus II 为底本，凡采取另一读法时，皆于注中随处说明。
2. 译文中附印 Henricus Stephanus（巴黎，1578 年）本页数，唯每页中的分段（A，B）在译文里不能和在原文里完全符合。
3. 注文每条不从中国成例置于一字或一句之下，乃置于最可能短的一节或一段之下。
4. 注文每条标以数字，以便参考。如[注 20]即指注文第二十条。
5. 注文每条有时复标明其中段数，以便参考。如[注 127(1)]即指注文第一百二十七条的第一段。但若某条虽包含数段，然而此后无一处参考这条中任何一段时，即从减略，不再标明段数。
6. 注文每条皆标明所解释的见于 St. 本中的页数，如[注 37] 129A。
7. 注文每条仅举出所解释的一段、一节或一句的首二字和末二字，不录全文，如[注 37]129A"许多……物的"。如涉上下文，即举出三字、四字……，如[注 88]132B"每个……个思想"，[注 182]137D—138A"那么它……的对"，甚至节取上一句中的末一字或下一句中的首一字。事实上这字已不在所解释的范围

以内，放置于括弧中，如[注 193]138D[能]进入任何的里，[注 65]131A“苏格……底说[怎]”。

8. 如所解释的仅为一词或一短句，其中字数在四个以内，即抄录全文，如[注 310]132A 联结。

9. 注中所引地名人名，凡已有一定音译的，无论其适当与否，皆从俗译，如雅典、亚里士多德。

10. 注中所引人名，凡尚无一定音译的，即以拉丁字母依希腊文原文拼法写出，不另音译，如 Kratylos。

序

这里是一本在教课之余经八九个月的时间草成约二十万言的小册子；它的内容正如它的标题所表示的：柏拉图《巴曼尼得斯篇》的翻译和注释。注释约为译文的九倍。柏拉图这个名字在国内已流传得相当普遍了。若人谈论到柏拉图的著作，几乎异口同声的皆举出《国家篇》（所谓《共和国》或《理想国》！）来，仿佛这篇《谈话》是他的思想的代表，甚至是他的思想的大成。如若在很少几个读过柏拉图全集的人中还有未全忘记了《巴曼尼得斯篇》的，他至少不将这篇举出，仿佛它的位置远在《国家篇》之下一样。这本小册子在这样的情况下问世，它和世俗关于《巴曼尼得斯篇》的评价显然背驰，于是我们不能无所解说。以下的解说乃依次回答这四个问题：（一）何以译，（二）何以注，（三）如何译，（四）如何注这篇“谈话”。

一

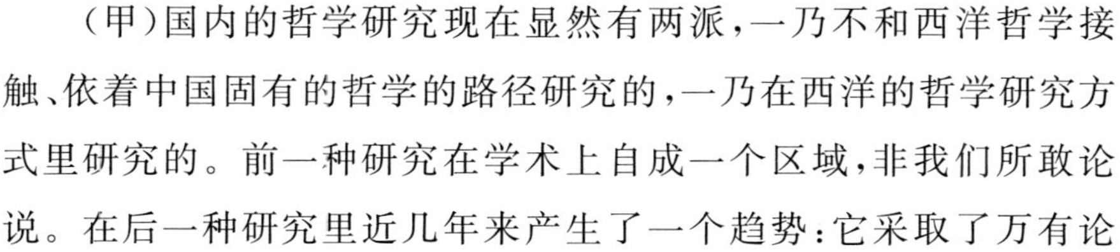

（甲）国内的哲学研究现在显然有两派，一乃不和西洋哲学接触、依着中国固有的哲学的路径研究的，一乃在西洋的哲学研究方式里研究的。前一种研究在学术上自成一个区域，非我们所敢论说。在后一种研究里近几年来产生了一个趋势：它采取了万有论的方向。在这趋势里已创成了不同的玄学系统；然而将来的研究比较已往的创造尤其使得我们关心。因此我们抛弃了关于后者的评价而来为前者做一些基本的工作。我们相信，总会有人赞同我们的话：即在《纯粹理性批判》产生以后建设一种万有论至少不是一件容易的事。我们诚然不必墨守一家言；化康德为“剧场偶像”，反倒违背批判的精神。建设新的万有论并非原则上不可能；然而两个基本条件必先满足：即《纯粹理性批判》的了解和《纯粹理性批判》以前万有论的了解。《纯粹理性批判》在西洋哲学研究区域里仿佛一座关隘，关后尽可有方向分歧的路径，但人既至关口必先过关；此外并无一条非危机四伏的道路可以引导至那将来的路线。因此《纯粹理性批判》的了解是必须的。再者，万有论是西洋上古、中世哲学的中心，其势力直达 1781 年《纯粹理性批判》问世以前。如若人了解了康德这书，并且又超出了他的范围，然而仅此仍然不能建设新的万有论。人必须认识 1781 年以前的万有论：它的问题和问题的解答。最能满足这个需要的，在柏拉图的“谈话”首推《巴曼尼得斯篇》。从问题认识里，上古、中世万有论的优点和劣点始了然可见，后者亦即是它所以中断的原因。承受以前未解决的问题，加以前人所未见的问题，继续研究，采取前人的优点，避免他们的覆辙，这乃是有成功希望的正常方法。在这个条件未备以前，在西洋哲学研究的方式里作万有论的尝试，不仅多是“数典忘祖”，而且必定是徒劳无功。人跳不出历史；研究哲学问题不能不先认识哲学史。为了供给后之来者一些关于西洋古代万有论的基本知识，因此译《巴曼尼得斯篇》。

（乙）柏拉图的著作之中不但《国家篇》是在国内最为人所知道

的，而且唯一发生影响的也就是《费都篇》——《国家篇》这一时期中的“相论”[①]。这个“相论”的主要点乃是以一个和事物“同名”的“相”解释个别事物；如若我们用一句话来代表它的精义，那就是《费都篇》里的“由于美，一切美的东西美”。《费都篇》——《国家篇》时期中的“相论”诚然是西洋哲学史上几个影响很大的思想之一，它近传至亚里士多德，远传至仆罗丁，甚至间接地支配了整个的中世纪；然而它在近代的初年已一蹶不振，“相”的地位为自然律所代替。（这个现在即在欧洲也少有人知道的变迁，我们这里从略，只暗示以下一点，即它回溯至中世纪的一个阿拉伯的哲学家。）但首先放弃这个学说的不是任何其他的人，乃是那伟大的、勇于自新的柏拉图自己；他在老年以一种范畴论代替了那个“同名”的“相论”。这个范畴论的认识不仅对于研究西洋哲学史的人重要，而且那个学说自身在系统哲学方面至今仍有其价值。这个范畴论即存于《巴曼尼得斯篇》中。欲使后之来者辨别柏拉图哲学中的精华与糟粕，以资研究问题时的借鉴，因此译《巴曼尼得斯篇》。

二

（甲）柏拉图的著作已几乎每篇是一个谜，或每篇至少包含一个谜了；然而《巴曼尼得斯篇》乃是一切谜中最大的一个。研究柏拉图哲学的人对这篇“谈话”有两个不同的态度：一即努力猜这个谜，一即认它是个谜而畏缩。猜谜的工作始自新柏拉图派，经过了一千数百年至今尚无一人猜透。畏缩不前的人呢，他们几乎对这

① 参看附录一［注 3］。

篇“谈话”不能卒读。这是一位对于柏拉图研究并非毫无贡献的人Otto Apelt所叙述人读这篇“谈话”的情形，而且还得到了另一个曾负盛名的柏拉图学家C. Ritter的同意。这样，如若仅将这篇“谈话”迻译为中文，不加解释，最好的结果是介绍一个希腊的谜，甚至为这篇“谈话”增添些不能卒读它的人。这样，我们的翻译只是徒劳；我们所以翻译的目的完全不能达到。所以翻译以外必加注释。因此注《巴曼尼得斯篇》。

（乙）然而这篇谈话的注释决不只是为了那些畏谜退缩的人的，尤其是为了那些猜这个谜的人的。后一种人在现代大多数同时是古文字学家[①]或在这一学科里有深厚基础的人。在他们关于这篇“谈话”所有的各各不同的全部解释里，我们未能寻得一个可以同意的，然而他们的部分工作里有些我们采取，有些我们反对。关于后者，若我们希望能说服他们，以及使其它尝试解释这篇“谈话”的人不采取那些意见，那决非空泛的言论所可奏效。我们必须和他们立于同一基础上，采用同一方法，这样方可免去无聊的争辩，是非始可明白。再者，我们关于全篇“谈话”的解释亦必以这样的工作为基础；否则只是在已有的许多私见之中再增添一个，彼此陷于混战状态中，永不能得一普遍同意的结果。最适合于上述工作的性质的，不是数十万言纵横不羁的长篇论文，乃是一条一条各自独立、然而不失其集腋成裘效果的注释。因此注《巴曼尼得斯篇》。

① 参看附录一[注1]。

三

（甲）关于翻译，严几道（复）提出“信”、“达”、“雅”三个条件来。“信”可说是翻译的天经地义：“不信”的翻译不是翻译；不以“信”为理想的人可以不必翻译。“达”只是相对的。所谓“达”，从客观方面看，乃指人从译文里可以顺利地得到原文中的意义，完成这一点，译笔的巧拙固然很有关，然而此外还有更重要的因素。它们是原文的内容和译文读者关于了解这个内容的准备。黑格尔《逻辑学》（Wissenschaft der Logik）的翻译，无论文笔怎这高妙，对于在哲学方面缺乏严格训练的人必然是“不达”，因为对于同一人原文也是晦涩的。反之，纽约的街头某日某时两辆汽车相撞这一类报纸新闻的翻译，无论文笔怎样低劣，对于一般人必皆是“达”意的。所以译文的“达”与“不达”，不能普遍地以一切可能的读者为标准，乃只相对于一部分人，即这篇翻译的理想读者。也只有这些人方能评判，译文是否满足了这“达”的条件。“雅”可目为哲学著作翻译中的脂粉。如若这类书籍的翻译是忠实地依照原来的思想线索介绍一个本土所无的学说，那么“雅”与“不雅”只是表面上的问题。事实上只有内容不充的方借助于外表的修饰。而况“雅”与“信”又时常是不能并存的（其故详后）。

如若我们再统观这三个条件，我们可以发现，这里有一个缄默的假设。这个假设事实上不只是严几道一个人私有的，乃是许多人共有的；即翻译只是为了不解原文的人的。毫无问题，翻译是为了不解原文的人的，然而不只是为了不解原文的人的；反之，在学说方面有价值的翻译，同时是了解原文的人所不可少的。凡是稍

微懂得些西洋古代哲学研究中校勘部分的人，皆将毫不迟疑地赞同这话。试问：谁校勘柏拉图或仆罗丁的著作不参考 Ficino 的翻译呢？中国最古的翻译是佛经的翻译。那些翻译大师过去了以后，其他的人只敲着木鱼念经，不再想从原文去研究佛经中的意义。因此一般人关于理想的翻译在校勘方面的价值丝毫不能想象。

理想的翻译对于了解原文的人的功用还不仅在校勘方面。古代希腊文里文句的组织不似现代欧洲文里文句组织得有定规。因此往往一字和同句中这字还是那字联合颇成问题。和不同字的联合产生不同的意义，甚至影响对于整个思想的看法。如若一种翻译在学说方面是有价值的，凡遇着这一类问题时，读者皆可从它看出，译者的看法是怎样。如若一种翻译在学说方面是无价值的，凡遇着这一类问题时，译者尽其躲避的能事，结果使人看不出来他对这个问题的解答是怎样，也许他自己对此并无一定的解答，甚至不知此处有问题。我们固然不劳译者为我们解答问题，然而却希望他对我们表示他对一问题的看法，以扩充我们的眼界，以便自动地解答问题。有学术价值的翻译能做到这点，无学术价值的不能。因此前者对于了解原文的人也同时有很大功用。现在或将来如若这个编译会里的产品也能使欧美的专门学者以不通中文为恨（这决非原则上不可能的事，成否只在人为！），甚至因此欲学习中文，那时中国人在学术方面的能力始真正的昭著于全世界；否则不外乎是往雅典去表现武艺，往斯巴达去表现悲剧，无人可与之竞争，因此也表现不出自己超过他人的特长来。

（乙）对于翻译哲学著作的普遍意见决定了我们如何翻译《巴

曼尼得斯篇》。“信”是这篇翻译的不可动摇的基本条件。“达”只相对于在系统哲学方面曾受过不少训练、关于希腊哲学又有相当了解的人。“雅”,只在不妨害“信”的情形下求其完备。此外最注意的,乃是在译文中明白地表示我们关于原文里每一句的构造的看法。这样的翻译,若用已成的名词表示,乃是直译。直译不但常常“不雅”,而且还会有“不辞”的危险。凡遇着文辞和义理不能兼顾的时候,我们自订的原则是:宁以义害辞,毋以辞害义。“言之无文,行而不远”,诚然是历史上已经验证了的名言;然而我们还要补充以下两句话,即:文胜其质,行远愈耻。汉、魏、六朝的著作前人已目之为文章之衰:这可以为我们这两句话作佐证。然而另一方面我们绝对避免矫情动俗的伎俩;凡变通言词于义无碍的时候,则我们即放弃“不雅”、“不辞”的直译。

极求满足“信”这个条件的翻译不但时常“不雅”和“不辞”,而且有时还不能避免不习惯的词句;翻译一事的本性造成这样的情形。翻译哲学著作的目的是传达一个本土所未有的思想。但一种文字中习惯的词句,只表示那在这种文字里已产生了的思想,而且也只能表示它。因此如若一个在极求满足“信”的条件下做翻译工作的人希望用习惯的词句传达在本土从未产生过的思想,那是一件根本不可能的事。在这样的情形下,若不牺牲文辞,必牺牲义理;不牺牲义理,必牺牲文辞。这决不是主观的偏见,史事可为我们证明。如若我们以佛经翻译中的某某部分和它同时代的文章比较,我们会发现它们所用的词句有好多完全不同。如若后者是当时的标准著作,前者即无可讳言地在当时是“不通”。佛经的译文到现在已普遍流传了千百年,经过了千百年间的讽诵,对于我们仍然是不习惯；当它初问世时，它给那时代的人在文字方面一种什么印象，我们不难想象了。

在以下的翻译里，“不雅”、“不辞”，以及不习惯的词句皆有，其故乃在它极求满足“信”这个条件。最受人攻击的将是在第二部分中常常出现的两句：“如若一是”和“如若一不是”。无可讳言，它们不是中文里习惯的词句，因为自从有了中国语言文字以来，大约还未有人讲过这样的两句话。其所以还未有人讲过它们，是因为还未有人这样思想过。正因为还未有人这样思想过，所以我们才翻译这篇“谈话”；否则又何必多此一举？诚然，我们可以将这两句话讲得合乎中文的习惯些，譬如讲：“如若有一”和“如若没有一”。这两个句子虽然仍不能普遍为人了解，但困难不是它们不合乎造句的习惯，乃是它们的内容仍嫌太抽象。假设我们不讲“如若有一”，却讲“如若有钱”，那么这句的意义即尽人皆知了。然而两句的构造相同，彼此间的差异只在内容的抽象与否。代替“如若一是”和“如若一不是”我们还可讲得既合乎中文里的习惯，又可以普遍地了解，譬如说：“如若一存在”和“如若一不存在”。这大约是两句投合一般人的口味的译文，然而它们所表示的不是原文中的意义（其详见注中）。因为极端遵守“宁以义害辞，毋以辞害义”的原则，我们采取了这个不习惯的句子。这样的选择必不能免于那些对于翻译是甚么从未仔细思考过然而即有所主张的人的指责。然而这样的指责不是可怕的。最可怕的乃是处事不忠实；为了粉饰“文雅”不将原文中的真相、却更之以并不符合原义的代替品转授给一般胸中充满了爱智情绪而只能从翻译里求知识的人们，那是一件我们不敢为——且不忍为——的事！

四

注释不是一件简单的事。古代哲学著作的注释必从不同的两方面入手，方可希望有差强人意的结果。这两方面在西洋的学科中乃是所谓古文字学和哲学。在中国学术史上注释是重要的学说活动之一，其中似乎也可以辨别两个完全不同的方向。其一是某者某也的文字解释，另一是纵横不羁的义理解释。前者或当于西洋的“古文字学的解释”，但范围比较狭小得多；后者相当于西洋的“哲学的解释”，但自由的程度有过之无不及。这本小册子里的注释由上述两个不同的方面出发。它同时力求避免文字解释的零碎狭隘和义理解释的空中楼阁；它的主要目标乃在以古文字学为基础建设一个哲学的解释，由解释一字一句以解释一节一段，由解释一节一段以解释全篇的内容，由解释全篇的内容以解释全篇“谈话”在柏拉图整个思想中的位置。解释哲学著作唯有“哲学的解释”始能胜任；但这种解释必以原著的内容为依归，不能借题发挥，叙述自己的思想，它必采用古文字学中校勘、释义、考证等等方法。因此我们的注释包括以下几项：

（一）文字的校勘；

（二）词句的释义；

（三）历史的考证；

（四）义理的研究：

（1）论证步骤的分析；

（2）思想源流的探求；

（3）论证内容的评价。

各项中分量的多寡恰巧和排列的次序相当。文字的改动最少，理想的校勘乃是在流传的读法中寻出字句的意义来，不在多作“揣测”(Konjektur)。词句的释义一项，除包括原文中困难字句的诠释外，还包括关于翻译的解说，即为何译成如此如此。历史的考证中有几条过分冗长，不能纳入注中。其一自成一篇，作为本书的附录。此外几条归入另一篇短文中，单独发表。义理的研究乃注释中的中心部分，它所占篇幅也最长。其中第(1)类乃指示初学《巴曼尼得斯篇》中的思想路线，第(2)类以备研究希腊哲学史者的参考，第(3)类以资研究哲学问题的借鉴。(一)(二)(三)以及(四)(2)乃和古文字学家的商酌。各项各类合并乃为辅助后之来者了解《巴曼尼得斯篇》。

这本小册子的动机和它所采用的方法约略如上。它是在昆明时期的产品；但是也只有在昆明它始能产生。其中的译文和古文字学方面的工作，大部分成于斗室油灯，除了楼下不足扰人工作的猪和牛的声息以外更无其它音响的乡村夜晚里；其中哲学方面的工作，大部分成于往来乡居和学校间二十里左右的松堤和田埂上的独行踽踽中。生活诚然是简陋艰苦，然而那种环境倒是合宜于工作的。

但虽有合宜于工作的环境，若无工作的材料和工具，实际工作仍然不能产生。关于材料和工具这一层，我们首先感谢北京大学汤锡予(用彤)先生的未雨绸缪，预先为我们购置了一部柏拉图的原文全集，其次感谢清华大学书籍中亚里士多德的原著几种。此外，平素读书时书中随处涂写的不良习惯，在这书籍缺乏的时候幸能供给许多此外不可获得的材料。再加上几本随身的书籍，于是工作的材料和工具的问题可得以解决。诚然，还有许多书籍我们应当参考，但未能做到。然而直接的史料皆应有尽有了。至于那些书籍的参考，唯有留待它年。

贺自昭(麟)先生主办西洋哲学名著编译会，要我们选译柏拉图的“谈话”。自昭先生研究黑格尔有年，并且正着手翻译黑格尔的《逻辑学》(*Wissenschaft der Logik*)。黑格尔的《逻辑学》在内容方面至今仍是后无来者，如若它前有古人，那就是柏拉图的《巴曼尼得斯篇》。因此，若为这个编译会稍尽绵薄，在柏拉图的著作中以译注本篇“谈话”为最合宜。然而这不是一件轻而易举的事。前在西南联合大学近在中央大学皆与许多可敬可畏的师友和同事共处，我们本多质疑请益的机会，然而他们各有专务，不敢扰乱他们的清思，强他们做舍己耘人的工作。因此我们料想这本小册子不能免于错误。错误若果真不能免，它们的纠正有待于高明。然而最希望的乃是细阅了全书加以思考后的批评。

1942 年 10 月，陈康补识于重庆嘉陵江畔

注中所引希腊字在底稿中皆系原文，排印时以无希腊文字模，乃一一以拉丁字母转写，以成此非驴非马之形状。此种变通，纯粹由于事实上之困难。后之读者，幸能体会今日之情形，勿为求全之毁！

陈康又识

巴曼尼得斯篇

绪　论

一

凡是读过柏拉图全集的人都知道，在这位哲学大师的著作中，《巴曼尼得斯篇》是最难了解的一篇"谈话"。这篇著作的结构尚比较的简单；除了引论而外，它包含量和质两方面皆不平均的两部分，即单从表面上看去，已可知全篇的重心在第二部分。第一部分诚然已经不易了解，但最困难的还是在了解第二部分。这里我们遇着两个问题：即（一）第二部分里所讲的究竟是什么？（二）它和第一部分的关系是什么？

这两个问题皆发现已久。关于第一个问题在古代即已有两种不同的解答，所谓逻辑的解释和玄学的解释。前者以为这篇"谈话"的第二部分只是形式逻辑方面的训练，后者以为这里面却包含着柏拉图的玄学系统。这两种解释直至现在仍各有其代表。主张前说的大约皆是些系统哲学方面的训练不丰，以致不能深入地研究这篇"谈话"的人；主张后说的乃是那些不根据文字探求义理、却反根据成见以曲解文字的人；古代的代表是新柏拉图派，在最近几年中是 Max Wundt（Platons Parmenides，Stuttgart，1935）。

然而这两种解释在它们所有的缺点以外也还有它们的优点；一种解释的缺点却正是另一种的优点。逻辑的解释正确地认清了

第一部分中推论的悬拟性质，却疏忽了其中的哲学思想；玄学的解释努力在第二部分里探求哲学思想，却忘了推论的悬拟性质。无论古代的新柏拉图派或当代的 M. Wundt 皆以为：第二部分中每一组推论皆同样有一积极的结果；这些结果合并起来即是柏拉图的玄学系统。这里有一个如若指明出来使人失笑的疏忽：悬拟判断中的结果(Folge)客观有效与否，须视其前提客观有效与否。全篇“谈话”中无一处肯定，各组推论的前提是同样客观有效的。因此各组推论的结果在柏拉图自己的眼中并非皆是断定的(kategorisch)。既然如此，这些结果的合并如何能构成柏拉图的玄学系统？

关于以上所举的两个问题中的第一个，柏拉图学家直至现在未给人一个满意的解答。关于那第二个问题，即第二部分和第一部分的关系是什么，情形也同样使人失望。后一问题受了以下两点的影响，不能得到正当的解答：(1)自十九世纪以来研究希腊学说的学者造成一个至今仍有势力的传统意见，即柏拉图主张“相”的分离；而且他们以为这样的意见是直接根据亚里士多德的记载的。因此《巴曼尼得斯篇》中的“少年苏格拉底”被认为代表柏拉图自己。(2)柏拉图学家又以为这位哲学家不能叙述他人对他自己的批评，除非他已知道如何反驳那些批评。这样，以下的解释就产生了，即本篇“谈话”中第二部分乃是反驳第一部分中所加于“少年苏格拉底”的批评的。这是大多数柏拉图学家对于以上所举的两个问题中的第二个的解答。然而这个解答只建筑在传统的意见上，并不以事实为基础。在本篇“谈话”的第二部分中，第一部分里的论证诚然有许多重复出现，但并未遭遇反驳。而且这种解释所根据的传统意见，即依据亚里士多德的记载认为柏拉图主张“相”的“分离”，也与事实不符合。关于这一点，以下一书中有详细的考证：Chung-Hwan Chen, Das Chorismosproblem bei Aristoteles, Berlin 1940（S. 5—10）（陈忠寰［康］：《亚里士多德论分离问题》）。

这是从新柏拉图派直至现在一千几百年间西洋关于本篇“谈话”研究的结果：即以上所举的两个问题无一得到正当的解答。这是一件极其自然的事，即人不能安于这个困难的境地；反之，人必谋一出路。最简易的办法是将这篇“谈话”的两部分分开，以希冀它们之间的相互关系问题不解自解。这乃是智穷力尽的表现；然而事实上确有人取此途径，并且明白表示，其目的乃在避免以上所举的第二个问题。然而真实的困难决不任人这样躲避。我们且暂容忍那些采取简易途径的学者，假设这篇“谈话”的第二部分原来是一篇单独的著作；第一和第二两部分以后始合并为一篇，即现在所流传的《巴曼尼得斯篇》。除非人能为我们更进一步证明：这样的合并不由于柏拉图自己；否则我们仍须问：何以柏拉图合并它们？如若人能指出两部分合并的关键来，人即也可以解释第一部分和第二部分有何关系。这样，简易的途径事实上却是迂远的；它只将问题推远了一步，并未解决它。

这是关于本篇“谈话”在西洋研究的状况；爽直地讲，这篇值得人类骄傲的伟大奇著至少从古代新柏拉图派以来还未有人了解。这是我们后进的责任，时时想念着前人的失败，重新努力去了解它。这种努力的成功，我们似乎可以期望于所谓“历史的解释”，然而事实上却不然。A. E. Taylor 在他的《巴曼尼得斯篇》的英文翻译中的足注里所为的决非理想的方法。他心中念念不忘当时希腊数学方面的困难，于是断章取义来凑合这事实。即使他的每一解释皆无问题（但事实上却往往与此相反），我们是否即能因此了解全篇“谈话”？而且他所解释的只是全篇数十分之一，那些他无法和上述事实凑合的部分又将如何？“Die Wahrheit ist das Ganze”（“真理是完整的”）。“历史的解释”一变而为断章取义！正当的了解我们如何能期望于它？再者，据说 Cornford 关于本篇“谈话”的书亦高揭“历史的解释”的旗帜；他以为第二部分乃辨别字的歧义。原书未见，不敢多言；然而仅就这点看，恐怕他未免以白水更换醇酒吧！

二

正如人不能了解一件艺术作品，如若人不能把握着它所表现的理想，同样人不能了解一篇哲学著作，尤其是极精纯的如《巴曼尼得斯篇》，如若人不能寻出它里面的中心问题。问题是哲学著作中的命脉；本篇“谈话”所以直至现在未被人了解，甚至人欲将它割裂为二，即因为人从未发现它里面的中心问题。但它的中心问题究竟是什么？

这个中心问题是：极端相反者是否相互分离而不相互结合？因为人分别“相”和个别事物，这问题乃分化为二：(1)极端相反的“相”是否相互分离而不相互结合？(2)极端相反的性质是否相互分离而不在个别事物里相互结合？现象明明白白地告诉我们，个别事物有极端相反的性质，譬如“少年苏格拉底”既有身体的各部分（他即是多）又是毕陀朵罗斯家中七位宾客之一。于是问题(2)乃变为极端相反的性质如何在个别事物里结合？

极端相反的性质相互结合乃是不容否认的现象；解释它如何可能，乃是——用希腊哲学中的术语讲来——“拯救现象”。“少年苏格拉底”欲用一种“相论”完成这工作。他以个别事物“分有”和它“分离”的、“同名”的“相”来解释。仔细的研究发现这个“相论”自身有许多困难。本篇“谈话”的第一部分未有积极的结果即在此结束了。

第二部分共包含八组推论以及一个附录。在第一和第六两组里，柏拉图指出，在什么条件下极端相反的“相”或范畴不相互结合；在第二和第五两组里他指出，在什么条件下它们相互结合；在第三和第七两组里他指出，在什么条件下极端相反的性质在个别事物里相互结合和看起来相互结合；在第四和第八两组里他指出，在什么条件下它们既不在个别事物里相互结合也不看起来如此。并且他又指出，第一组推论的假设只是思想方面可能，并不符合客观事物；第二组推论的假设不只是思想方面可能，而且也符合客观事物。第四、第六、第八三组的假设情形和前者相同，第三、第五、第七三组的假设情形和后者相同。

这样，本篇“谈话”的（哲学内容方面的）引论以陈述这篇里的中心问题以及问题的分化为职务；第一部分以陈述“少年苏格拉底”“拯救现象”的企图及其困难为职务；第二部分以陈述一种范畴论为职务。这个新的学说既能解决由本篇里的中心问题分化出的问题，同时又不犯“少年苏格拉底”的“相论”所有的困难。我们这样的解释是一个新的尝试。依这解释以上所举的两个问题，即由新柏拉图派起直至现在一千数百年间未得解决的问题，在此皆得到解答。其详俱见以下注中。

三

以上所指明的那个中心问题是一千几百年本篇“谈话”的研究史上从未为人认识的。问题的发现给我们一个新的责任，即从其它方面考查，何以在柏拉图的思想里这个问题会产生。解释这一点我们必须超出本篇“谈话”的范围，向柏拉图的整个哲学思想里去寻求答案。以上所引的那句名言：“真理是完整的”，在这里我们更不应当忘记。

前数十年中讨论甚烈的柏拉图“谈话”著作先后的问题，得到许多结果，以下一点是现在柏拉图学家间公认的，即《巴曼尼得斯篇》和《哲人篇》著作时期接近，而且《巴曼尼得斯篇》在《哲人篇》以前著成。这是由于可靠的方法所得的不容否认的结果；我们也必承认它。《哲人篇》中主要的思想是关于“通种”的理论。所谓“最普通的种”凡六，即：“是”，“不是”，“同”，“异”，“动”，“静”；它们组成三对极端相反者：“是”——“不是”，“同”——“异”，“动”——“静”。“通种论”的基本思想是：每一对最普遍的极端相反者皆相通，而且每一“最普遍的种”皆和其它的“最普遍的种”相通（其中“不是”即是“异”）。这个理论的建立必经过以下一问题的讨论：即“是”——“不是”，“同”——“异”，“动”——“静”是否相互结合而不相互分离；这个问题的肯定答复本身即是那个“通种论”。但这个问题事实上即是《巴曼尼得斯篇》中的中心问题。《哲人篇》中所举的“最普遍的种”皆见于《巴曼尼得斯篇》中，而且柏拉图在《巴曼尼得斯篇》中即就着它们以及其它极端相反者讨论那问题。人们已从和我们这里的观点完全不同的观点出发考证出，《巴曼尼得斯

篇》著于《哲人篇》之前。于此可见柏拉图在《巴曼尼得斯篇》中普遍地讨论这一问题，在《哲人篇》中将极端相反者的外延缩小，只限于以上所举的，再将《巴曼尼得斯篇》中的结果加于"最普遍的种"上去。这样，《巴曼尼得斯篇》中的八组推论是《哲人篇》中的"通种论"的初步工作；"通种论"是那八组讨论精密的完成。从人类思想的逻辑结构方面看，在柏拉图的思想里必然产生过极端相反者是否相互结合而不相互分离这一问题；"通种论"即预先肯定这问题。另一方面，历史的考证证明了《巴曼尼得斯篇》先于《哲人篇》著成这一事实。这样，如若我们以上所举的那个问题在柏拉图整个的哲学思想中从未产生，那是一件根本不可能的事；反之，它即产生于《巴曼尼得斯篇》中。

四

本篇"谈话"里中心问题的认识不但给我们一个线索，循着它我们可以了解全篇，而且还使我们了解这篇"谈话"的解释不一致的外形，即何以柏拉图将这篇"谈话"借着"齐诺"、"少年苏格拉底"以及"巴曼尼得斯"的唇舌叙述。如若从历史方面引入我们以上所指出的那个问题，适合于这个目的的只有以利亚的齐诺。但是"拯救现象"的第一个企图是置于"少年苏格拉底"的口中的，而且这人的"相论"是随即遭受批评的。担任这批评职务的人必然是一位苏格拉底以前的哲学大师，否则和其它"谈话"中的"苏格拉底"比拟定嫌不类。这样，只有历史上的巴曼尼得斯始能克当此任，不仅因为这位大师是初期希腊哲学家中柏拉图最折服的一人，而且如若柏拉图将反驳"少年苏格拉底"的职务加于另一位哲学家身上，这人对于篇中“齐诺”的思想不能无所讨论。这样，全篇“谈话”将因此变为散漫，而且所讨论的势必支离，以致远离了本篇里的中心思想。由此可见这篇“谈话”的外形也是为这篇里的问题所决定，因此我们可以直接由这问题以了解它，不必舍此它求，穿凿附会。

巴曼尼得斯篇

【注 1】 在有些校勘本里（譬如 C. F. Hermann 的），本篇"谈话"的题目是：《巴曼尼得斯篇（或相论，逻辑的）》。这个副目的根据是 Diogenes Laërtius 的记载，这人在他的 de vitis etc. 一书中叙述 Trasylos 分柏拉图的著作为九组"四篇谈话"，第三组始自《巴曼尼得斯篇或相论，逻辑的》（III56—58）。这个副目虽然由来已久，而且又能将本篇的内容明了地举出；然而我们难于相信它事实上是出于柏拉图的手笔。我们所持的理由如下：

第一，在 Diog. Laër. 进而逐一叙述第九组"四篇谈话"以前，他普遍地讲："他以每篇的两重题目供应自己，其中一个出自人名，另一个出自事物。"所谓："出自人名"指以每篇"谈话"中的一人名篇，所谓"出自事物"指以每篇"谈话"的内容名篇，譬如本篇"谈话"的题目是《巴曼尼得斯篇，或相论，逻辑的》。但这里所谓"他……供应自己"就上下文看起来应指 Trasylos，不指柏拉图自己。因此我们很可以想象，Diog. Laër. 的意思乃是：当 Trasylos 将柏拉图的著作排列发表时，在原来的取自人名的篇名（这点无可置疑，因为亚里士多德所引柏拉图著作的篇名——若是以人名名篇的——皆是人名）以外，只加以每篇"谈话"的内容为根据的篇名。

第二，若我们承认“或相论”是本篇“谈话”的副目，我们就不能不也接受“逻辑的”。因为这词不仅是和“或相论”联属为一，而且它是用以分别本篇“谈话”和“物理的”以及“伦理的”“谈话”的。然而“逻辑的”这一词不出于柏拉图，我们可以断言。（一）在柏拉图的，甚至在亚里士多德的著作里，λογικός 一字还未有“逻辑的”的意义。（二）分哲学为“逻辑的、物理的和伦理的”三部分，它的逻辑方面的基础我们从斯多噶派始见到（Plac. I. Prooems），再据 Sextus Empiricus（adv. math VII 16）这样的分类在“Xenokrates”派和亚里士多德派中已有了。Sextus 又以柏拉图为这种分类的“潜能的”领袖。所谓“潜能的”乃是亚里士多德的术语，这里借用以表示尚未“实现的”。这样，上述的哲学分类从斯多噶派得到理论的基础，从“Xenokrates”派产生，在柏拉图还未实现。因此本篇“谈话”流传的副目中“逻辑的”一词不出于柏拉图自己，整个的副目是后人所加的，大约即始于 Trasylos。

在这个普通流传的副目以外，本篇“谈话”尚有另一个副目，它是“论原则”。这个副目产生更晚，是新柏拉图派中人所加的。它的价值远不及“相论，逻辑的”那个副目；因为它只不过表示这派中人对本篇“谈话”的解释，甚至这个解释又不是这一学派全体所采取的（参看 Platon：Oeuvres complètes，tome VIII 1ère partie，par Auguste Diès p. 4）。（关于本条中“相论”一词的译文参看［注 35］。）

凯法劳斯 St. III 126A

【注 2】 柏拉图的“谈话”普通分两大类，其中一是戏剧式的，另一是报告式的。所谓报告式的，乃是柏拉图让参加这谈话的一人报告这段谈话（譬如《国家篇》），甚至让另外一人报告，其人并未参加这谈话（譬如《会饮篇》）。所谓戏剧式的乃是不借用这样的一人，柏拉图自己叙述某人某人的谈话（譬如《曼诺篇》），正像希腊戏剧家的剧本。这两种形式柏拉图又常常在同一篇谈话里夹着使用（譬如本篇）。关于柏拉图的“谈话”从形式方面分类问题，Hans Raeder 在他的 Platons philosophische Entwickelung 一书中 S. 44ff. 分析细密；然而我们尚须补充以下一点，那是他所谓提及的：“谈话”体创始于柏拉图；但“谈话”体中的不同形式乃渊源于希腊的悲剧和喜剧、抒情诗以及史诗（参看《国家篇》II 392 C—394 D）。

本篇“谈话”是以报告式开始的。报告者是凯法劳斯。至于凯法劳斯是何人，参看[注 4]。

当我们既从家里，从克那琐买那也抵达了雅典，在市场上遇着了阿大也门套斯和葛老柯。阿大也门套斯握着我的手，说：凯法劳斯，你好呵！如若你在这里需要一些什么，而那是我们所能的，请你说吧。

我说，我正是为了这个在此，我对你们有个要求。

B 他说，请说你的要求。

于是我就讲：你们的同母弟的名字是什么？因为我不记得了。当我前次从克拉琐买那也到这里作客时，他只不过是个小孩子；现在去那时已久了，他的父亲的名字我想是毕律郎派斯。

他说，诚然。

但他自己的名字却是什么？

盎提丰。但你为何特别询问？

C 我说：这里几位是我的同乡，很爱智慧的人，他们听到这位盎提丰常常和齐诺的朋友某某毕陀朵罗斯往来，又往往从这人听到苏格拉底、齐诺、巴曼尼得斯昔日所谈的言论，因而保存在记忆里。

他说，你讲的正确。

我说，我们就要从头至尾的倾听这些言论。

他说，然而不难，因为当他还是个青年人时，关于那些言论他很透彻地留意过，虽然他现在像那和他同名的祖父一样，消费大部分的时间在骑术上。但是如若必需，让我们到他那里去，因为他刚才从这里回家；他住的靠近，在买律抬。

【注3】 126A“克拉……那也”——克拉琐买那也是在伊俄尼阿的一个城，在Smyrna的西边。它是哲学家阿那克

萨哥拉斯(Anaxagoras)的故乡(Diog. Laer. II 6)。

【注 4】 126A"当我……那也"——本篇中的人物有许多和《国家篇》中的同名,譬如凯法劳斯即是其一(I 327 B)。但这两篇中的凯法劳斯不能是同一个人,因为本篇中的凯法劳斯是克拉琐买那也的人,《国家篇》中的凯法劳斯是 Lysias 和 Polemachos 的父亲(I 327B,328B),家世出于锡勒苦斯(在意大利半岛)。

【注 5】 126A"阿大……老柯"——据 Diog. Laër. III 4 柏拉图有两个哥哥,一个姐姐。前两人乃是阿大也门套斯和葛老柯,后一人乃是 Speusippos 的母亲。

【注 6】 126B"同母弟"——"同母弟"指母亲再醮后所生的儿子。

【注 7】 126B"毕律……派斯"——毕律郎派斯是 Perikles 的朋友和拥护者,柏拉图幼年丧父,他的母亲再嫁于毕律郎派斯,生盎提丰。

【注 8】 126B"盎提丰"——盎提丰是柏拉图的同母弟(参看[注 7])。

【注 9】 126C"这里几……的人"——Auguste Diès 在他的《巴曼尼得斯篇》校勘本的绪论里(p. 8)说这些来自克拉琐买那也的爱智慧的人"在这里是伊俄尼阿思想的象征代表"。但关于这些人不仅通篇只有这一句内容贫乏的话,而且全篇所讲的和伊俄尼阿的哲学思想无直接关系,不知 Diès 何所据而作以上的言论。克拉琐买那也是阿那克萨哥拉斯的故乡(见[注 3]),那地方的人爱好智慧本是一件平常的事,不必故为解释。解释本篇“谈话”容易犯两个毛病：一是失于粗浅，一是失于附会。Diès 在此即犯了第二个毛病。

【注 10】 126C“毕陀……罗斯”——柏拉图(?)在《阿克拜第斯前篇》119A 里讲：“毕陀朵罗斯从齐诺学，纳一百‘姆拉’(按：希腊钱币名)，成为智者并负盛名。”又据 Thukydides IV 65，毕陀朵罗斯于纪元前 425—前 424 年为雅典人放逐。

【注 11】 126B—C“这位……忆里”——凯法劳斯领着他的同乡到雅典来，访盎提丰，为了要听苏格拉底和齐诺以及巴曼尼得斯的谈话。从这里看起来，柏拉图要我们以盎提丰为这次谈话的唯一保存人。然而我们知道，盎提丰是柏拉图的同母弟(参看[注 8])，据 Apollodoros(apud Diog. Laër. III 2)，柏拉图生于 88.1 次奥林比亚，相当于纪元前 428—7 年。毕陀朵罗斯被逐出雅典时(参看[注 10])，柏拉图始三岁，盎提丰至多不得过两岁，也许还未生。这样，他怎样能常从毕陀朵罗斯听得那个谈话呢？唯一的可能乃是：假设放逐毕陀朵罗斯的案以后取消了，这人回到雅典来(如 A. E. Taylor, The Parmenides of Plato. p. 44 所设想的)。但关于这点没有古代的记载为我们证明。

这个事实方面的困难告诉我们，这里所叙述的并非史事，只是柏拉图的著作方面的技术。苏格拉底和齐诺以及巴曼尼得斯的谈话想象为在本篇“谈话”著作前几十年已产生了。现在假托盎提丰为毕陀朵罗斯和凯法劳斯的中介以沟通这几十年的时间。

【注 12】 126C“买律抬”——雅典城西的一个地方。据 Taylor 同上书 p. 44. 2：见 Pausanias II 125—6。

讲完这话，我们就走，在盎提丰的家里遇着盎提丰， 127A
他正在给铜匠某个辔头做。当他离开了那个人，他的弟
兄们告诉他我们到那里去的目的。从我前次的居留，他
仍认识我，并且和蔼地接待我。当我们要求他历述那些
言论时，他起初尚迟疑——他说：因为那是繁重的事——
然而后来他详细讲了。他说毕陀朵罗斯讲：有一次齐诺 B
和巴曼尼得斯来过潘雅典娜也亚大节。巴曼尼得斯已经
是年岁甚高的人，头发很白，但仪容秀美，约六十五岁；那
时齐诺将近四十岁，身材硕大而美观，人讲他已变成巴曼
尼得斯所钟爱的了。盎提丰说，他们在毕陀朵罗斯家里 C
解辔，在城墙外面的凯拿马也靠斯。苏格拉底，还有其他
许多人同着他，也到那里去，欲听齐诺的著作——因为那
时这些著作才初次由他们带来——那时苏格拉底还很年
轻，于是齐诺自己为他们诵读，巴曼尼得斯刚巧是在外
面。毕陀朵罗斯说，所诵读的著作还剩了很短的一段了，
当他自己从外面进来的时候，并且巴曼尼得斯和后来变 D
为三十人之一的亚里士多德同着他。他们还同听了那著
作的一小段。然而毕陀朵罗斯自己不只听了一小段，但
他以前已听过齐诺了。

【注 13】 127A“当他……个人”——ἐκείνου 阳性,非中性,代表上句中的“铜匠”,非代表上句中的事实。故译为“当他离开了那个人”,不译为“当他做完了那件事”。

【注 14】 127A“他说毕……斯讲”——这就是那著名的三重报告。本篇“谈话”不仅以报告式开始(参看[注 2]),而且还是很复杂的报告式。它是三重的:凯法劳斯报告盎提丰的话,盎提丰又报告毕陀朵罗斯的话,毕陀朵罗斯又报告齐诺、苏格拉底、巴曼尼得斯三人的谈话。这三重报告的方式简单写起来是:“我说盎提丰说毕陀朵罗斯说。”这样笨拙的文体在柏拉图的著作里是绝无仅有的;这显然是他有意为此。苏格拉底和齐诺以及巴曼尼得斯的谈话被想象为在本篇“谈话”著作前几十年已产生了。柏拉图借这三重报告以沟通这数十年的时间。

【注 15】 127B“潘雅……大节”——雅典人的大节,每四年举行一次,每次在奥林比亚的第三年。节期是 ἑκτομβαιών 月里的 25 至 28 日(在阳历八月中)。节期中的节目除献祭外尚有游行以及各种竞赛。

【注 16】 127C“凯拿……靠斯”——陶器市场,在雅典的西北部;一部分在城墙外面,一部分在城墙里面。

【注 17】 127C“苏格拉底还……年轻”——本篇“谈话”中的苏格拉底是年轻的苏格拉底,不是其它“谈话”里所讲的思想成熟的苏格拉底。他在本篇中所处的地位和在它篇中所处的地位完全不同。在它篇“谈话”里苏格拉底多处于领导者的地位，譬如在《霞米代斯篇》，《吕锡丝篇》里，但在本篇里苏格拉底不是领导者，反是受人驳斥的（以下 130B ff.）。领导者是巴曼尼得斯。这人对于苏格拉底是前辈对后辈，差不多和其它"谈话"中的苏格拉底对于霞米代斯或吕锡丝一样。因此，我们必须将我们自己从那对于它篇"谈话"中的苏格拉底习惯了的见解解放出来，以免对于了解本篇"谈话"发生困难。关于这篇许多义理方面谬误的解释，基本的原因即是拘泥于这个习惯了的见解，以为苏格拉底自始至终代表柏拉图。

【注 18】 127D"三十人"——"三十人"是一个习用的名词，指纪元前 403 年在雅典施行恐怖政治的三十执政者。其中最有权者之一是 Kritias，此外如 Eratosthenes Pheidon，Theramenes 也是人常称道的。

【注 19】 127D"亚里……多德"——这里所谓亚里士多德乃三十恐怖政治家（参看［注 18］）之一，非哲学家亚里士多德。但现在仍有人，譬如 Max Wundt，以为柏拉图借这恐怖政治家亚里士多德的名字以隐射他自己的大弟子亚里士多德。Wundt 在他的 Platons Parmenides，S. 5. 2 里犹未抛弃他那二十五年前的成见（Geschichte der griechischen Ethik II S. 90），并且征引了和他同一个意见的 Singer（Platon，S. 187）和 Hildebrandt（Platon，S. 313）。这种意见渊源于 Friedrich Überweg（Untersuchungen über Echtfrage u. Zeitfolge pl. Schriften，S. 182）。这人以为本篇"谈话"中所以提出"亚里士多德"一名，乃因为柏拉图暗示，本篇乃对斯太茄以拉人亚里士多德的批评加以反攻。这种解释在现在已不能成立了。因为现在已考证出来，柏拉图著《巴曼尼得斯篇》的时候在他第二次和第三次往锡勒苦斯(Diog. Laër. III 21,23)之间，(当纪元前 367—360 年)，约在以后成为大哲学家的亚里士多德初进他的学院的时候。

【注 20】 127D“毕陀……小段”——οὐ μὴν αὐτός γε 意谓：毕陀朵罗斯不也只听过齐诺这篇著作的一小段。因此于译文中补充如上。

【注 21】 126A—127D“当我……诺了”——这一段是本篇“谈话”的引论，它不含有什么哲学思想。然而这里有个历史方面的问题，那是我们必须讨论的：所谓“苏格拉底和巴曼尼得斯以及齐诺的会晤”是否是史事？虽然大多数的柏拉图学家皆认此为假托，然而以此为史事的还不乏人，譬如 J. Burnet 和 A. E. Taylor。持后一种意见的人似乎直接在柏拉图的著作里有两个根据(此外在古代记载里无任何根据了)。一即在本段里巴曼尼得斯和齐诺两人的年龄详细叙述，一即《苔耳业苔陶斯篇》183E 及《哲人篇》217C 再提到这个会晤。参看 J. Burnet，Early Greek Philosophy，p. 169，n. 3。

然而这两点都有讨论的余地。柏拉图详细叙述年龄并非如有些柏拉图学家所想象的，为了精确地记载史事(Athenaios XI 505 f. ap. Diès ibidp pp. 9—10 正根据所记载的年龄以为齐诺不能是“巴曼尼得斯”“所钟爱的”)，乃为了使人相信所假托的为史事。不仅本篇中那三个人的会晤是如此，而且《提马也奥斯篇》中 Kritias 和 Solon 的会晤(21A，B)也正与此相同，如 Raeder(a. a. O. S. 300，3)详细指明的。

至于《苔耳业苔陶斯篇》183E 和《哲人篇》217C 皆提到苏格拉底和巴曼尼得斯的会晤，它们皆非史事的引证，乃是文章的征引，正如 Diès(ibid p. 10)所说的。它们的目的皆在使人相信所假托的为史事。Taylor 否认上述两篇“谈话”的征引只是文章的征引；然而他未能根据事实论证，只讲了些情感方面的话(ibid p. 127)。但史事是不能由情感证明的。

这次会晤既然是假托的，那么我们必须要问：柏拉图如何假设这史事？关于这个问题的解答参看本书绪论四。

既然这次会晤并非史事，只是出于假托，我们即应分别参加这次假托的谈话的人和历史上的人。以下注中凡指本篇“谈话”中人皆加引号。至于本篇中的“少年苏格拉底”究竟是谁，参看附录一。

苏格拉底既听了，再请读第一论证中的第一个假说；齐诺又读了。苏格拉底说：齐诺呵！这一点你怎么讲？ E
你意谓：假设事物是多数的，结果必至于它们是既类似复不类似，但这却是不可能的；因为不类似者类似既不可能，类似者不类似亦不可能？你不这样讲么？

齐诺说：我这样讲。

那么，如若不类似者不能类似，类似者不能不类似，事物即不能是多数的？假设它们是多数的，它们要遭受些不可能的事。那么，这就是你的论证的目的么：即和一切的成说关于事物不是多数的这一点抗争？你想，你的

每一个论证即是这一点的一个证明，结果你信，你写了许多论证，你即贡献了许多证明：事物不是多数的？你这样
128A 讲么，还是我未正确地了解？

【注 22】 127D“第一论……假设”——关于齐诺用悬拟式推论以及从不同的观点攻击事物是多数的，我们可从 Simplikios 的《亚里士多德〈物理学〉注》里见到些痕迹。譬如“假设事物是多数的，它们是既大且小”（p. 139，51—Diels，Fr. 2. D）；“假设事物是多数的，这些事物既是有限的又是无限的”（ibid p. 140，28—Fr. 3. D）。

【注 23】 127E“苏格……底说”——φάναι——即：Πυθοδώρος εἰπέ τὸν Σωκράτη φάναι（参看［注 14］）。柏拉图亦自嫌重叠报告繁重，将“Πυθοδώρος εἰπέ”省去。我们也从减，不补充的译为“（毕陀朵罗斯说）苏格拉底说”，径译为“苏格拉底说”；以下仿此。

【注 24】 127E“你意谓”——“假设……亦不可能”是一个复杂的问句，它包含推论中的三个不同步骤：(1)“假设……复不类似”，(2)“但这……能的”，(3)“因为……亦不可能”。这三个步骤同是这问句的内容，因此这问句的目的即在于问齐诺是否如此推论。为了使这点明显，故在译文句首增加“你意谓”，以统贯全句中的三部分。

【注 25】 127E“事物”——τὰ ὄντα 原义为“有”；但这里仅指万有中的一种，即感觉对象（比较以下 130A 和 135E）故

译如上。

【注 26】 127E“它们……的事”——意谓：它们必将有些不可能的性质，即不类似者是类似，类似者是不类似。

【注 27】 127E“你意……的事”——(1)这是本篇“谈话”中极重要的一节，称他为全篇的命脉，似乎也非夸大其词。因为如若人不了解这一节，即不能了解本篇里的问题；如若人不了解本篇的问题，那么本篇中所言的一切皆必仿佛是茫无头绪。柏拉图哲学的陈述家、研究家甚至本篇“谈话”的注释家，由新柏拉图派的学者起以至最近的 Max Wundt(Cornford 关于本篇的书尚未及见)对这节皆未加以适当的注意；这乃是何以本篇“谈话”虽然经过了一千几百年的时间，经过了数十个人的努力解释，至今仍是一个意义不明的谜。这节在全篇里的位置诚然只不过是一个引论中的一部分，但它将读者究竟引至何所？这就是我们应当研究的问题。

我们请先分析这节里的论证。这节一共包含三个不平列的论证。第一个论证是：

假设事物是多数的，结果必至于它们是既类似复不类似；

但这(既类似复不类似)却是不可能的；

如若不类似者不能类似，类似者不能不类似，事物即不能是多数的。

第二个论证是：

但这(既类似复不类似)却是不可能。因为不类似者类似既不可能，类似者不类似亦不可能。

第三个论证是：

假设它们(事物)是多数的,它们要遭受些不可能的事。

第一个论证虽是三个论证中最复杂的,但它自身并不复杂,简单写出,即是:

如若甲是乙,则甲是丙;

但甲不是丙;

于是甲不是乙。

这就是悬拟推论中的否定式,小前提否认大前提里的结果,于是大前提里的条件在结论中被否定。这种结论乃是:事物不是多数的。

第二个论证是辅助第一个的,它证明后者中的小前提。它的结论是:既类似复不类似是不可能。

第三个论证最不重要,它只从反面加强已证明的第一个论证。

第二个论证是辅助第一个的,因此它似乎是比较第一个次一等;但事实却刚刚相反。因为第一个论证建筑在小前提否定大前提里的结果上,但这小前提却是第二个论证的结论。所以第一个论证建筑在第二个论证上面;后者是前者的基础。

第二个论证又建筑在什么上面呢?它的理由是:不类似者类似既不可能,类似者不类似亦不可能。类似和不类似是两个极端相反者;第二个论证即建筑在后世所谓的“矛盾律”上。这就是说:凡是极端相反者,不相互结合。

(2) 所谓不相互结合即谓:极端相反的是相互分离的。此所谓“分离”在希腊文里是 χωρίστον。所以齐诺的论证根本建筑在一种 χωρισμός(分离)上,在极端相反者之间的 χωρισμ-

ós上。

“齐诺”的论证能否成立，即须看极端相反的是否相互分离而不相互结合。于是本节引导我们到一个“分离问题”，到极端相反者之间的分离问题。这个问题是本篇“谈话”的中心问题。从本篇起以下一切的讨论，皆从这问题产生。只有依着这个线索。我们方能有希望了解本篇。

齐诺说，你未误解，却美妙地领会全篇著作所意欲的。

苏格拉底说：巴曼尼得斯呵！我懂了，这位齐诺不仅要适合你的其它友爱，而且还要适合你的著作。因为在某种状况下他写的和你写的相同，但变更了些形式，试试欺骗我们：即他讲了些其它的。因为一方面你在你的诗
里肯定一切是一，并且关于你的意见美而且善地给了几 B
个证明；另一方面这位又讲不是多，并且他贡献丰富的、伟大的证明。一人肯定一，一人否定多，每一人这样讲，看起来所讲毫不相同，然而两人几乎讲论同一的事。你们的言论好像讲得超出我们这些人的能力以外。

齐诺说：诚然，苏格拉底。你未完全觉察这著作的真
相。然而你善于追逐并探寻出所言的痕迹，仿佛拉崆的 C
猎犬似的。但是第一，这点你未注意到：这篇著作完全不这样以大的价值自负，以致如你所说的，在那个思想下著成，在人们面前隐藏它的真相，仿佛它有伟大的成就一

样。但你只讲了附带产生的一点；在事实上这些著作是对巴曼尼得斯的言论一个辅助，反对这些着手揶揄他的人：如若万有是一，结果乃是他的言论要遭受许多嘲笑和
D 自相冲突。所以这篇著作反对那些肯定多数事物的人，以相同的还给他们，并且还多点。它意欲显明这点，即他们的假设：如若事物是多数的，要比较一的假设有更可笑的结果，如若人尽量地钻研。由于我们青年时的这样好
E 胜著成此篇，著成后，人即将它窃去，以致我不能决断，是否应当让它问世。苏格拉底呵！这事这样出于你的注意之外，你不以为这篇是由于青年人的好胜著成，却由于老年人的喜爱荣誉；然而你揣测的不谬，我已说过了。

【注 28】 128A“但变……形式”——齐诺的著作和巴曼尼得斯的内容方面相同；但齐诺将这相同的内容用不同的形式写出。因此译文就意义增加“形式”，以免误解为内容方面的变更。

【注 29】 128A“你的诗里”——据 Diog. Laër. VIII 55，关于历史上的巴曼尼得斯，Theophrastos 讲：“安培朵克莱斯变为巴曼尼得斯的热慕者，并在诗里仿效他；因为巴曼尼得斯将他关于自然的论证也在诗里发表。”Diog. Laër. 在另一处（IX 22）又讲：“他借着诗的形式研究哲学。”巴曼尼得斯以《关于自然》为题目的哲学诗的残篇现辑入 H. Diels：Die Fragmente der Vorsokratiker 内。

【注 30】 128B“关于……意见”——τούτων在文法上代表ποιήματων，但指诗中的意见。

【注 31】 128D“相同的”——“相同的”指刚才所言的嘲笑和冲突。

【注 32】 128D“有更……结果”——直译应为：遭受更可笑的。

【注 33】 128E“应当……问世”——这是意译；直译应是：应当将它带出至光里。

苏格拉底说，我接受你的话，并且相信事实是如你所说的。但请你讲以下一点：你不承认有某个自在的类似之相，以及另一个和这样的相相反的相，那个相是不 129A
类似的；有这样的两个相，我、你以及我们称为众多的事物分有它们？凡分有类似的变为类似，在某种状况下分有，在那种状况下类似，分有至某种程度，类似至那种程度；凡分有不类似的，不类似；凡分有类似和不类似两个的，既类似复不类似。如若一切事物分有这两个，但这两个是相反的，一切事物自身间即因为分有这两个而类 B
似复不类似：这何足惊异？如若有人指出那些类似者自己变为不类似，或者那些不类似者变为类似，我想那倒是一件骇人的事；如若有人指出那些分有这两个的有这两个的性质，对于我，齐诺呵！看起来毫不荒诞；这却也

不荒诞，如若有人指出，一切事物因为分有一，是一，又
因为分有多，这些同一事物也是多。但若有人指明那个
C 是一者自己是多，再者多是一，这个我即将惊骇。关于
一切其它的也是如此。如若有人指出各相自身在它们
自己以内感受这些相反的性质，那值得人惊骇；但若有
人指明我是一又是多，这何足惊异？当他欲指出我是多
时，他说：我的右边的部分和左边的部分互异，前面的和
后面的各各不同，上面和下面也是如此，因为我想，我分
有多；当他要指出我是一时，他将说：我们是七个，我是
D 其中的一人，因为也分有一：结果两点他都证为真实。
然若有人着手晓示这类事物：石头、木块以及和它们类
似者，同一件既是多又是一，我们将要说：他指明某件事
物既是多又是一，非一是多，也非多是一，他未讲了什么
值得惊奇的事，但那是我们人人可同意的；但若有人在
我现在所说的里面首先将一些自在的相分开，譬如类似
E 和不类似；多、一；静、动以及一切这些样子的，随后指
出，这些能在它们自己里结合起来和分离开来，苏格拉
底讲，齐诺呵！我惊愕地奇异。我相信你已很伟壮地做
了这些，然而我尤其这样奇异，如我说的，如若有人能将
130A 同一个，在各相之间各式各样交错着的困难指明，正如
你在视觉对象里逐一陈述，同样在以思想把握的对象里
指明。

【注 34】 128E“我接……的话”——直译：我接受；就以上含义增“你的话”。

【注 35】 128E“类似之相”——εἶδοs，ἰδέα 是柏拉图哲学中最重要的术语，但在中文里至今还未有适当的翻译。已有的翻译，据我们所知的，有以下几种：“观念”、“概念”、“理型”、“理念”。

“观念”之所以错误，因为它根本只是英文 idea 的翻译，是英国经验派哲学家所用术语的翻译，与柏拉图的 ἰδέα 无涉。和英文中这个术语比较类似的，在希腊文里是 αἴσθησιs φαντασία 等等，却不是 ἰδέα 或 εἶδοs。

译“概念”之所以错误，是因为我们可以无疑地肯定：在西洋哲学史上至少直至亚里士多德尚无所谓“概念”一词出现。“概念”是英文 concept（拉丁文 conceptus）的翻译，但直至亚里士多德，希腊哲学中尚无相当于 conceptus 的字。甚至斯多噶派的 κοινὴ ἔννοια 是否相当于 conceptus 尚有问题。

“理型”、“理念”所以不当，是因为它们既有共同的错误，复有各别的弊病。柏拉图、亚里士多德皆不讲“理”，他们著作里的 λόγοs，νοῦs 和后世唯理论的 ratio 根本是不同的两回事。“理型”的特殊弊病是“型”；它只翻译了 παράδειγμα 这一方面，但柏拉图的 εἶδοs，ἰδέα 不只是 παράδειγμα。“理念”的特殊弊病是“念”，因为它偏于意识一方面。柏拉图的 ἰδέα 在有些篇“谈话”里，譬如《斐德罗斯篇》263E，《苔耳业陶斯篇》184D，诚然是主观方面的，但它在其它几篇"谈话"里却又是"型"（参看陈忠寰：《亚里士多德的分离问题》，德文版——以下简称《分离问题》——§8B，以及其所引各篇"谈话"中的章节）。"理型"中的"型"之所失正是"理念"中的"念"之所得；"理念"中的"念"之所失正是"理型"中的"型"之所得。因此皆偏于一方面。

但由此已足见柏拉图的这个术语之难译，因为我们没有相当的字可以统括这两方面。这个术语虽然在两个性质悬殊的范围内使用，但这字却有个原义。我们虽然不能翻译这个术语，但能翻译这字。我们在此处即采用这个办法。

这样的翻译表面上看起来有一毛病，即是生硬不能让人望文生义。然而仔细考究起来，这点正是它的特长。因为人不能望文生义。必就这术语每一出处的上下文考求它的所指。欲确定一个广泛应用的术语在某处所指为何，本来只有一法：即是从它出处的上下文去确定。这生硬的译词却正逼人走这应当走的路。再者，术语的广泛应用皆由于从这字的原义演变而来。我们必先紧握着这个原义，然后方可就每一出处的上下文探求这演变的痕迹。

但 εἶδος，ἰδέα 的原义是什么？这两字同出于动词 ἰδεῖν。εἶδος 是中性的形式，ἰδέα 是阴性的形式。ἰδεῖν 的意义是"看"。由它所产生出的名词即指所看的。所看的是形状，因而与 μορφέ同义（参看《国家篇》II 380D）。但这只是外形，由此复转指内部的性质（参看 H. Ritter et L. Preller，Historia Philosophiae Graecae,318C:eidos et idea proprie significat forman sive speciem,quae cernitur oculis,per translationem id quod mente cernitur,N. Cic. Acad. I 30)。中文里的字可译这外表形状的是“形”或“相”。但“形”太偏于几何形状,“相”即无此弊病;又“形”的意义太板,不易流动,“相”又无这毛病。因此我们在未寻出更好的译名以前,即以“相”来译 εἶδος 和 ἰδέα。

εἶδος ὁμοιότητος 我们译为“类似之相”。文言文中的虚字“之”字特意用来表示这里是个术语。以下仿此。

【注 36】 129A“那个相是不类似的”——ὃ ἔστιν ἀνόμοιον 指“不类似之相”(参看[注 45])。

【注 37】 129A“许多……物的”——这是意译;直译应为:其它的,那是我们称为众多的。“其它的”在这里指“我”、“你”以及其它的个别事物;因此意译如上。

【注 38】 129A“分有”——μεταλαμβάνειν 在这类语句中意义和 μετέχειν 相同。后一字乃是柏拉图哲学中的通常术语。因此此处就后一字翻译。μετέχειν[=μετ(α)εχειν]中的 έχειν 相当于中文里的“有”,μετα(c. gen.)是“同”、“和”等等的意思。乙和甲同有什么,即指乙和甲分有那个。μετέχειν 用为术语,柏拉图意谓:“相”所具的性质个别事物分有些。

有人欲译这字为“参与”,初看起来似乎甚好,但仔细的考究发现其不当。譬如讲:某人参与这次会议,在希腊文里不讲 μεταλαμβάνειν 或 μετέχειν,乃讲 παρεῖναι。因此“参与”可留以翻译柏拉图“相论”中《小希比亚斯篇》289D,《高吉亚斯篇》497E,《攸息底谟斯篇》301A,《斐德罗斯篇》100D 等另一术语:παρουσία。

【注 39】 129A “它们”——“这样的两个相”在这句的组织里同时有两个不同的职务:其一是充当“分有”的第二格宾词,其另一是和“有”联合组成一第二格独立的句子(gen. absolutus)。这第二点正是柏拉图所着重的,因为它表示有这样两个“相”。Jowett 和 A. E. Taylor 竟然在他们的译文里将柏拉图自己所重视的忽略了,只将以上两点中的第一点表达出来。这种有损原意的削减我们应当避免;反之,就原文中的含义我们于译文中增“它们”,以充当“分有”的宾词。

【注 40】 128E—129A “你不承……它们”——(1)“少年苏格拉底”在这里将万有分为“相”和分有“相”的个别事物。“相”中有极端相反的,譬如“类似之相”和“不类似之相”;个别事物分有这两个极端相反的“相”。所谓个别事物分有这两个极端相反的“相”:(一)可指每一个别事物皆分有它们,(二)也可指一切个别事物合而分有它们,这就是说:有些分有“类似之相”,有些分有“不类似之相”。单从这里,我们还未能明白地看出柏拉图的意思是(一)还是(二),这点且丢开不论。

(2) 但这“相”和个别事物的分别对于本篇“谈话”中的问题开展十分重要。本篇的原始问题是:极端相反者是否相互分离而不相互结合(参看[注 27(2)])。以上所讲的极端相反者还只是笼统的,其中还未有区别。这里“少年苏格拉底”将“相”和个别事物分开,因此那原始的问题也分为二:(一)极端相反的“相”是否相互分离而不相互结合？（二）个别事物是否无极端相反的性质，或极端相反的性质是否相互分离而不在个别事物里相互结合？

【注 41】 129A “在某……那种程度”——原句我们以为是以下一句减缩成的：ταύτῃ ᾗ ἂν μεταλαμβάνῃ τε καὶ κατὰ τοσοῦτον ὅσον ἂν μεταλαμβάνῃ。因此译如上。

这句的功用在从两方面严密的规定“分有”：（一）状况，譬如甲、乙二人在性情方面分有“类似之相”，他们只在性情方面类似；但不因此在其它状况里也类似。（二）程度，“类似之相”是绝对的，类似的事物只是相对的。后者分有前者只至某程度。但分有至何程度，类似也至那程度，既不多点也不少点。

【注 42】 129A “凡分有类似的……既类似复不类似”——这里是“少年苏格拉底”的企图，以“相”的分有来解释个别事物怎样有极端相反的性质。

【注 43】 129A “但这……是相反的”——我们采取着累赘的直译，却不将这句和上句合并，译为：“如若一切事物分有相反的两个”，原因乃是要将“是”字标出。原文虽然不像译文这样累赘，但它的目的却是在着重“是”。至于“是”字在这里的用法中的重要，不应省略，其意义参看[注 45]。

【注 44】 129B “那些类似的自己”——这词的所指，Jowett 和 Taylor 皆未了解；然而他们的错误又各人不同。这词既不指“相”，如 Jowett 所想象的（“absolute like”...），也不指个别事物，如 Taylor 所想象的（“things which are just like”)。它不指“相”，因为这里是多数；“相”是每种一个的（μονοειδὴs）。它不指个别事物，由此处上下文可见。这词的所指乃是介乎“相”和个别事物之间的，即数学对象方面的类似，譬如和三角形的类似、圆的类似等等。凡是数学对象的（das Mathematische）类似以及其它的，皆每种不只一个，因而此处是多数。（参看亚里士多德《物理学以后诸篇》B6，1002b14—17，A6，987b16—18）。

至于以上的解释是正确的，我们可从《费都篇》74Cτὰ ἴσα一词见得。那词的所指是和这里所讲的同属一类的（参看Stallbaum ad Phaed. 74C），它一方面不指“等之相”，另一方面不指相等的木片或相等的石块，乃指数学对象方面的相等，譬如相等三角形的相等、相等圆的相等……（参看J. Berment，The Phaedo of Plato，ad loc.）。

因为特别要将原文中的多数表示出来，故在译文里就含义增加“那些”。

同句中 τὰ ἀνόμοια 的所指，依以上解释类推。

【注 45】 129B“那个……一的”——我们特意采取这生硬的翻译，以使“是”字特别显露出来。在《费都篇》—《国家篇》那一期的著作里“是”和“变”是严格地区分开来的（参看《会饮篇》211A ff.，《费都篇》78D—E，《国家篇》V 476 ff. ——所谓“分有是和不是二者的”477A，478D—E 即是“混和了黑暗的生和灭”VI 508D——以及 VI 509 D）柏拉图那一期的万有论既不似现在的万有论，将“变”附入“是”内，也不像他后来在《费莱布斯篇》中所为的，沟通“是”和“变”（26D），却以“变”

为个别事物的特征,"是"为"相"的特征。个别事物只是"变"的,"相"乃是"是"的。因此用"是"字以表明非变。柏拉图复就此创造了一个术语:ὃ ἔστιν 以表明"相",譬如此处以及以上129A ὃ ἔστιν ἀνόμοιον 皆是如此。凡 ὃ ἔστιν 或 αὐτό ὃ ἔστιν 皆指"相"(参看《费都篇》75C)。

【注 46】 129C"各相自身"——现在哲学上应用的两个术语,genus 和 species,乃是中世纪用以翻译 γένος 和 εἶδος 的两个名词。但这两个希腊字明显地有 genus 和 species 两字所有的分别,始见于亚里士多德的著作中,严格讲起来,在柏拉图还未有。诚然,在《哲人篇》里 γένος 表示普遍的程度很高的"有",譬如五个 μέγιστα μὴν τῶν γενῶν(254C),但即在同一篇中 γένος 和 εἶδός 的分别还不如后世分别的那样清楚。最明显的例子乃是即在讲论"最普遍的种"一段里它们仍被用为同义字(比较 Burnet 校勘本 254C2—4 和 254D4)。因为这个原故我们未将两字分译,乃合译为"相"。Jowett 译为 natures or ideas。但以 nature 译 γένος,虽在字源上有些根据(γίγνεσθαι 和拉丁文中之 nascari 相近);然在柏拉图这字似无此义,至少柏拉图所用为术语的 γένος 没有 nature 的意义。

译文中的"各"字借以表示多数。

【注 47】 129C—D"但若有人指……真实"——(1)"少年苏格拉底"认为由本篇"谈话"中的原始问题——极端相反者是否相互分离而不相互结合——所分化出的第二个问题——个别事物是否无极端相反的性质,或极端相反的性质

是否相互分离而不在个别事物里相互结合(参看[注 40(2)]),不成问题(参看[注 48])。(同样的意见柏拉图复在《费莱布斯篇》14D ff. 表示。)所以不成问题,是因为现象已告诉我们确实如此:譬如"少年苏格拉底"自己既是多又是一;多和一在他里面结合。

本篇"谈话"中的"齐诺"是不顾现象的,他否认万有是多。这正代表历史上以利亚学派的真精神:现象世界只是"δόξας βροτῶν"却非"ἀληθείης"(巴曼尼得斯 Fr. 1,28—30 Diels)。"少年苏格拉底"反对本篇中的"齐诺"即在于注重现象。他特别将它提出,以证明"齐诺"的论证在现象方面不适用。

(2)这就是讲:极端相反的性质是在个别事物里相互结合的。现象固然是如此,然而人应当如何解释它?这样,由于"少年苏格拉底"指出极端相反的性质在个别事物里相互结合这一现象来,便产生了另一个问题,代替那极端相反的性质是否在个别事物里相互结合这一问题。这个新的问题乃是:极端相反的性质怎样在个别事物里相互结合。"少年苏格拉底"乃以个别事物的分有"相"来解释这现象(参看[注 42])。他的企图,用希腊哲学上的术语表达,乃是 διασῴζειν τὰ φαινόμενα("拯救现象");那为"齐诺"弃而不顾的现象,他努力维持它。然而他徒有良美的志愿,未曾寻得适当的途径,以致徒劳无功;这点我们将要一步一步具体地见到。

【注 48】 129E"我惊……奇异"——在从 129B 自 129E 这一节里,柏拉图让"少年苏格拉底"将一个根本相同的意见反复地在三个对比的形式里(129B,129B—D,129 D—E)陈述出来。这个意见简单地讲起来,即是:若人指出极端相反的性质在同一个别事物里相互结合,无足惊异;但若有人指出极端相反的"相"相互结合,那是一件使他惊异的事。"惊异"一字在文法上不同的形式里反复出现六次(129B,129C 三次,129D,129E)。同一字的反复出现,目的在着重这字所表示的。按照《苔耳业苔陶斯篇》155D 惊异是哲学的起源(参看亚里士多德《物理学以后诸篇》A2,982b 12)。这样,这一篇的重要意义是:关于极端相反的在同一个别事物里相互结合这一点,无哲学问题;关于极端相反的"相"相互结合这一点,有一哲学问题。

我们已指出,怎样本篇"谈话"里的原始问题发展为二(参看[注 40(2)]),其中的第二个:极端相反的性质是否不在个别事物里相互结合,"少年苏格拉底"以为不成问题(参看[注 47])。但关于"相",他以为情形不同;这里却有这样一个问题:极端相反的"相"是否相互结合。这个区别乃由于个别事物的性质和"相"的性质根本不同。从这里,我们可以考究"少年苏格拉底"心目中的"相"究竟是怎样。

极端相反的性质能在同一个别事物里相互结合,其最后原因乃是:个别事物是多方面的。它和不同的事物发生不同的关系,同一个别事物是不同关系里的不同关系者。不同关系者不但有不同的性质,而且还可有极端相反的性质。因此极端相反的性质在同一个别事物里相互结合(参看图一)。譬如人——即以"少年苏格拉底"所举的为例——就是他和他的

关系一 乙(子)
关系二 丙(丑)
甲
关系三 丁(寅)

图一

甲＝某某个别事物。　　乙、丙、丁＝其它的个别事物。

子、丑、寅＝甲和乙、丙、丁发生的不同关系所得的不同的性质。

丑、寅……之中可有一性质为“非子”。

身体部分的关系，他是一切部分的总和，于是他是多；就他和其他的人的关系，他是一个单位，于是他是一。这样，一和多两个极端相反的性质在他里面结合。个别事物是多方面的，是由多而成的一(Einheit aus Vielheit)；极端相反的性质在它里面相互结合乃是必然的。所以不产生那极端相反的性质之间的“分离问题”。

假设“相”也是多方面的，也是由多而成的一，那么，关于“相”也不会产生这极端相反的“相”之间的“分离问题”，正如同一问题关于个别事物不会产生一样。但“少年苏格拉底”以为同一问题关于后者不会产生，关于前者却会产生。他心目中的个别事物是多方面的，是由多而成的一，那么他心目中的“相”必不是多方面的，不是由多而成的一，反之乃是严格的一。严格的一不能有其它的部分，无论这是和它自己极端相反的，或是其它两个自身极端相反的……。关于“相”的这样一个概念在本篇“谈话”的第二部分里遭了彻底的驳斥。

这样一个“相”的概念很容易由柏拉图的《会饮篇》里发展出来。柏拉图在那里从积极方面这样状述“相”：αὐτό ϰαθ’ αὐτὸ μεθ' αὑτοῦ μονοειδὲς ἀεὶ ὄν（211B，参看《费都篇》78D）。前两点即着重“相”和它自己的关系。这对己关系的肯定，很易发展为对它关系的否定；这只须将重心移动即成。

【注 49】 129E“做了这些”——这不指上句中刚讲的，因为“齐诺”并未指出“相”与“相”怎样结合和分离，乃指“齐诺”论证极端相反的如何不能在个别事物里相互结合。

【注 50】 130A“指明”——第一个“指明”在原文中省去，译文根据第二个增加。

【注 51】 130A“视觉对象”——就着以上所说的“齐诺”的著作看，它的范围决不只限于视觉对象，乃是以一切个别事物为对象的。这里单举出视觉对象来，显然以视觉对象代表一切个别事物，以和高级认识的对象——或用这里的名词，“以思想把握的对象”——即“相”对立。这样的情形我们在其它“谈话”里也见到，譬如《费都篇》79A，《国家篇》VI 509D。

【注 52】 129E—130A“如若……里指明”——“少年苏格拉底”以为由本篇“谈话”里的原始问题发展出来的第二个问题：极端相反的性质是否在个别事物里相互结合，对于他已根本不成问题了。这里他只要求人解决由本篇原始问题发展出来的第一个问题：极端相反的“相”是否相互分离而不相互结合。这个要求在本篇第二部分里得到答复。

【注 53】 127D—130A“苏格……里指明”——这是本篇“谈话”第一部分里的第一段；全篇里的中心问题在这段里即已严密地陈述出来。借历史上的齐诺的反对多元论，柏拉图引出这个问题来：极端相反者是否相互分离而不相互结合？

因为“少年苏格拉底”分万有为“相”和“个别事物”，于是这个问题分化为二：其一以极端相反的“相”为对象，其另一以极端相反的性质为对象。然而后一问题不成问题；它的肯定的解答我们直接从现象中得来。因为个别事物有极端相反的性质，真正的问题乃是如何解释这现象。这样，本篇“谈话”的问题(1)是以下两个：(一)极端相反的相是否相互分离而不相互结合？(二)极端相反的性质怎样在个别事物里相互结合？本篇的其余部分皆是为了解答这两个问题的。如若我们不能认识这两个问题，不仅全篇的了解对于我们根本是件不可能的事，甚至本篇“谈话”在结构方面的完整我们也无从看出来(参看本书绪论二)。

毕陀朵罗斯说，当苏格拉底讲这些时，他想，巴曼尼得斯和齐诺在每一点上要被激怒，然而他们两人很注意他，常常相视微笑，仿佛赞赏他。当他停止讲了，巴曼尼
B 得斯说：苏格拉底呵！你是这样值得赞美，由于你对于论证的猛进！且对我讲：你自己曾如你所说的那样分么，一方面是相自己，一方面是分有这些相的，它们相互分离？离开了我们所有的类似，你想还有什么是类似的自身么——以及一、多和一切你已从齐诺所听得的？

苏格拉底说，我实这样想。

巴曼尼得斯说，此外还有这些，譬如某个自在的公平之相、美之相、善之相以及类此的一切的相？

苏格拉底说，是。

巴曼尼得斯说：再者，离开了我们以及一切像我们 C
的，还有什么是人之相、某个人之相——火之相、水之相——自身么？

苏格拉底说：巴曼尼得斯呵！关于它们，我实在已经是常在困难之中：我应当讲同样的话，像关于以上那些事呢，还是讲不同的？

苏格拉底呵！关于这些看起来可笑的，譬如头发、污泥、秽物，或其它最不足重视的和最无价值的，你可也感
觉困难：你应当肯定这些之中每一个有一分离的相—— D
那是异于我们用手拿的任何物件——或不应当肯定它？

苏格拉底说：决不，那些我们所看见的，那些存在，相信有它们的某个相，恐怕太荒诞了。然而这在过去已使我不安：或者关于一切是同样的情形。后来当我刚一停留在这点上，我即逃跑，恐怕坠入愚昧的深渊，毁灭了我自己。我却逃到那里，到我们刚讲的有相的事物里，我消费我的时间研究那些。

巴曼尼得斯说：苏格拉底呵！因为你还年轻，哲学尚 E
未紧抓着你，像它——如我所见——仍要在将来紧抓着你的，那时你将不轻视它们中间的任何一个了。现在因为你的年龄尚顾虑人们的意见。

【注 54】 130B“你自……分么”——关于这一句，W. Waddell（The Parmenides of Plato，ad loc.）的解释很可取：“你问齐诺可曾做这个，你自己可曾做这个么？”Proklos 说：“巴曼尼得斯”所以提出这问题，因为“苏格拉底”很可以从他人听得这个关于“相”的学说（Proclus in Parm. ad loc.）。Taylor（ibid p. 50. 1）重视 Proklos 的解释，然而他的目的只是借此维护他自己和 J. Burnet 的“苏格拉底说”。其实 Proklos 的解释并无事实上的根据，只是一种揣测。Waddell 的解释自然得多，它以以上 128E“你不……”为根据。

【注 55】 130B“一方面是相……分离”——这是“分离问题”的标准出处。“相”和分有“相”的个别事物分离对立。所谓“分离”意思即指独立存在。譬如“类似之相”和个别事物所有的类似分离，不依靠后者，独立存在。这样的存在只存于同类的个别事物中间；我们也只有在这个范围内才见着这样的存在。“少年苏格拉底”即将这个范围里的这种“是”的形式加到“相”上去。“相”和个别事物的分离——它的独立存在——与个别事物和个别事物的分离，它们的独立存在——是一样。关于“相”的这一种看法已将“相”物体化了。

【注 56】 130B“类似的自身”——这是柏拉图的另一术语，意即指“类似之相”。凡所谓某某自身或某某自己皆等于某某之相。以下仿此。

【注 57】 130B“你想……身么”——(1)“……还有什么是类似的自身么？”不是直译。原句里的主辞不是“什么”，乃是“类似的自身”；但原意在译文里无变动地保全着。

(2)这一句表示出以下两点来:(一)“少年苏格拉底”的“相论”乃是后世所谓的“实际世界的重叠”(比较亚里士多德《物理学以后诸篇》A 9,990 a 34)。重叠的方式乃是在实际事物以外肯定“相”和它对立,譬如在我们所有的类似以外还肯定“类似之相”。(二)这和实际事物对立的“相”和它“同名”(ὁμώνυμον)。“同名”一词在本篇“谈话”里虽未直接地加于“相”,但参看以下133D“那些也……的相”,([注 114],比较亚里士多德同上书 990b 6)。在《费都篇》里情形也是如此(100D)。

【注 58】 130B“你自……样想”——(1)这一节将“少年苏格拉底”的立场简括地叙述出来。他的“相论”由三点组成:

(一)“同名的”“相”和个别事物的对立;

(二)“相”和个别事物的分离;

(三)个别事物对“相”的分有。

“少年苏格拉底”的“相论”目的在“拯救现象”(参看[注 47(2)])。(一)他肯定“同名的”“相”和个别事物对立。(二)这“相”不存在于个别事物之内,却和它分离独立,仿佛个别事物和个别事物分离独立一样。(三)个别事物分有这分离的“相”;分有的结果即是在这个个别事物里有相当于那个“相”的性质。如若同一个别事物分有两个极端相反的“相”,它就有两个极端相反的性质,这样他以为足以“拯救现象”了。

(三)的功用实际上只是补救(二)的。因为(二)将“相”

和个别事物隔离，(三)再将这隔离了的联结起来。(二)和(三)看起来似乎是不必要的复杂，这在图二里很明显；假若肯定内在的“相”，似乎要简单得多。

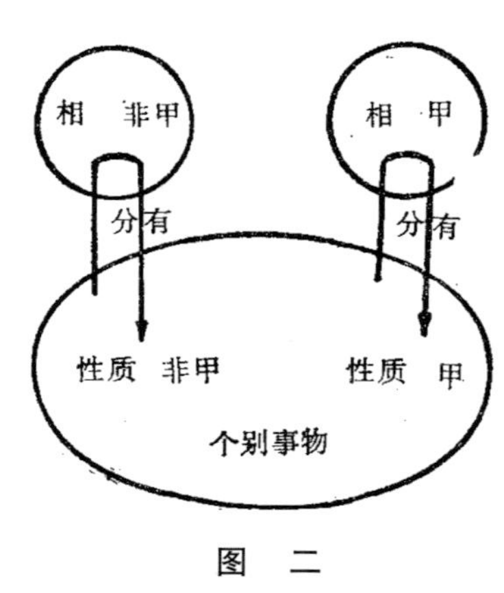

图 二

但“少年苏格拉底”不肯定内在的“相”，却肯定分离的“相”，不采取简单的，却采取复杂的解释，这却另有原因。极端相反的“相”是否相互结合，他认为这还是待解决的问题(参看[注 52])。因此他不能由肯定内在的“相”以“拯救现象”；否则两个极端相反的“相”要在个别事物里相互结合了。所以他只有肯定和事物分离的“相”，再借个别事物对“相”的分有，将分离者联合起来，以解释个别事物怎样有极端相反的性质。

(2) 由此可见(三)完全由于(二)产生，(二)乃由于不能承认极端相反的“相”相互结合，像极端相反的性质在个别事物里相互结合一样。因此，如若“少年苏格拉底”“拯救现象”的企图失败，另谋拯救的方法，必须由本篇“谈话”里原始问题发展出的第一个问题——极端相反的“相”是否相互分离而不相互结合——入手。

(3) “少年苏格拉底”“拯救现象”能否成功，全看他的“相论”能否成立；他的“相论”能否成立，全看以上(一)、(二)、(三)三点是否困难。于是本篇“谈话”里的问题愈复杂了。本篇的原始问题已发展为二。“少年苏格拉底”的“相论”即是解释这第二个问题的肯定答复的。它又牵涉三个新的问题：(一)“相”和个别事物对立的问题，(二)“相”和个别事物分离的问题，(三)个别事物分有“相”的问题。

【注 59】 130B“此外……切的相”——意谓：你想离开了我们所有的公平、美和善还有什么是这些“相”么？

【注 60】 130D“我们……物件”——从 Burner 增补出，读如ὧν ἡμεῖς μεταχειριζόμεθα。

【注 61】 130D“逃到”——ἀφικόμενος 的原义是“到了”。因为这里是讲“逃跑”(φεύγων οἴχομαι)的，“逃跑”“到了”即是“逃到”，所以如此译。

【注 62】 130B—E“离开……意见”——这里“巴曼尼得斯”首先确定那些“相”是“少年苏格拉底”所承认的，然后再从这点给他一个评语。这个评语虽然不是一个严格的批评，却表示“巴曼尼得斯”对这“相论”的第一个反感。

“少年苏格拉底”无问题地承认的“相”是：

(一) 属于数学方面的：类似、一、多等等；

(二) 属于伦理方面的：公平、美、善等等。

他所犹疑不决的是：

(三) 自然物——譬如人、火、水——的“相”。他所不承认的是：

(四) 无价值事物——譬如头发、污泥、秽物等等——的“相”。

这里未提起的是：

（五）人造物——譬如床、梳等等——的“相”。

这里是一张“相表”。关于这张“相表”的仔细研究，引导我们发现本篇“谈话”中“少年苏格拉底”所主张的“相论”是受了《费都篇》的影响而成的一种目的论的“相论”。关于这一点，我们将在附录一里（三和四两段中）详细讨论，这里只解释第五点。这一类的“相”所以不见于这张“相表”里，因为它是完全另一类的“相”；它和列于“相表”中其它的几类在性质方面完全不同。它不是追求的目标，乃是创造的模型（参看陈忠寰：《分离问题》，德文版，§8B）。这一类的“相”不见于《费都篇》中目的论的“相论”里，所以在这里也未提及。

然而在“少年苏格拉底”的思想里却还掺杂了些万有论的见解。从万有论看来，有价值的事物和无价值的事物同是有。既然同是有，我们即毫无根据肯定前者有“相”，否定后者有“相”。所以“少年苏格拉底”有时迟疑不决：“或者关于一切是同样的情形”。而且他在本篇另一处以为“相”是和一切同类的个别事物对立的一（以下 132C）。这就是他以为“相”和个别事物的关系是一和多的关系，是普遍者和特殊者的关系，不是如在《费都篇》里追求的目标和追求者的关系。但他深受了目的论立场的束缚，不能贯彻万有论的看法——虽然他也不能将它从他的思想里完全摈除——复回到目的论方面去。

但从万有论去看，既然同是有，却肯定某某有的“相”，否定某某有的“相”，是种不成熟的思想；“巴曼尼得斯”即从这

里出发批评“少年苏格拉底”说:“因为你还年轻,哲学还未紧抓着你。”但“少年苏格拉底”对于万有论的看法并非完全不知,反之,甚而顾到它。这样,可说在他的思想里万有论的“相论”已萌芽,以后还可以继续滋长。所以“巴曼尼得斯”以为在将来,哲学还要紧抓着他,那时他将不轻视那些无价值事物中的任何一个了。在万有里给有价值的事物特殊地位是常人的见解,所以“巴曼尼得斯”对“少年苏格拉底”说“现在因为你的年龄,你尚顾虑人们的意见”。

【注 63】 130A—E “毕陀……意见”——这是本篇“谈话”第一部分中的第二段,它在本篇中的职务是确定“少年苏格拉底”所持的“相论”的内容。这个工作含有两步骤。第一,柏拉图将这个“相论”用严密简括的方式叙述出来,以为以后讨论的根据。第二,在他借着“巴曼尼得斯”的唇舌讨论这个学说所牵涉的三个问题(参看[注 58(3)])以前,让这人确定那个“相论”所承认的究竟是哪些“相”。这一点所以重要,因为我们从 Syrianus 知道,关于“相”的内容一问题,在柏拉图的学院里意见即已纷歧。(Syrianus in metaphysica Arist. 107,111,114,参看 Plotinos V 9,10;Proclus in respubl. I 32,17 Kroll,in Parm. V 815—833.23 Cousin.)

你且对我讲这点:你想,如你所说,有某些相,这里的这些其它的分有它们,因而具有它们的名字。譬如分有 131A
类似的变为类似;大的,大;美的和公正的,美和公正。

苏格拉底说：诚然。

每个分有者岂不或者分有整个的相，或者分有一部分？在这两种以外，还能有什么其它样式的分有么？

苏格拉底说：怎么能有？

像相是单一的，你想相是整个地在许多事物的每一个里，还是怎样？

苏格拉底：巴曼尼得斯呵！何碍其为单一的？

B 那么，单一的相，而且是同一个相，同时整个地在许多事物里，它们又是分离开了的，这样，它要和它自己分离了。

苏格拉底说：不。至少，如若像日子，是单一的、同一的，它同时在各处，并不和它自己分离；如若这样，每一个相，单一的、同一的，也是同时在一切事物里。

巴曼尼得斯说：苏格拉底呵！你愉快地使一个同一者同时在各处，仿佛你，如若用一张帆篷遮盖了许多人，说：一件物件整个地在许多人上面。你想你未讲和这类似的话么？

C 苏格拉底说，也许。

帆篷全张在每一个人上面呢，还是它的另一部分在另一人上面？

另一部分。

巴曼尼得斯说：苏格拉底呵！那么，相自身是可以分割的，凡是分有它们的，只分有一部分，相不再是整个在每一个分有者里了；但每一个相的一部分在每一个分有者里。

至少看起来这样。

苏格拉底呵！这样，你愿意讲单一的相真是可为我们剖分的，并且它将仍是单一的么？

苏格拉底说：决不。

【注 64】 130E“这里……它的”——“其它的”在这里很明显地指个别事物。这字在这意义里的应用反复见于本篇“谈话”里（参看［注 361(2)］）。

【注 65】 131A“苏格……底说（怎）”——M. Wundt (a. a. O. S. 4)采取了 V. Wilamowitz (Platon II S. 228)和 O. Apelt (Pl. Parmenides ins Deutsch übersetzt, S. 38 f.)的揣测，以为本篇“谈话”中的第二部分原是一篇单独的著作，而且还在第一部分以前著成。他又陈述了五点，希望能证明这个揣测是事实。

他们之所以如此解释，事实上乃是因为他们无法解决本篇里第一和第二部分之间的关系问题。Wundt 所举五点里的第二点是：在第一部分里仔细保存间接式的谈话，在第二部分里，若人将 137C εἶεν δή, φάναι 归入第一部分里，全部里皆是直接式的谈话。他欲根据两部分中他所指出的文体不同推论它们不是联贯著成的。这个论证事实方面毫无价值。第

一，我们且将我们自己对于本篇“谈话”的分段（参看[注 143(1)]以及[注 170]）丢开不提，我们还未见到有一柏拉图学者如 Wundt 这样分段。大约也不会有人这样做，因为那完全是个无理由的割裂，以维持一个偏见。第二，这里即不是一个间接式的，乃是直接式的谈话（εἴπηυ）。不仅这里是如此，我们在本篇第一部分里一共寻出以下十一处：131A，131D，132D，134D，134E，135B，135D，135E(bis)，136A，136C，它们皆用直接式的谈话。因此 Wundt 所举的第二点完全不能成立。关于 Wundt 的这个意见参看[注 162]。

【注 66】 131A“相是……一的”——这里所谓“相是单一的”乃指凡是同一类的个别事物只有一个“相”。这是许多不同的“相论”中相同的一点，换句话讲，即是一切“相论”的基本思想。柏拉图在《会饮篇》里以四个积极的性质描述“美之相”，其中之一是 μονοειδὲs（211B），意谓“一类中只有一个”。美人、美物、美的言论、美的行为皆可有许许多多；“美之相”只有一个。那也就是这个基本思想的表现。即在亚里士多德或仆罗丁的学说里，我们也从未见到有主张“相”不是单一的。

【注 67】 131A“单一的”——ἓν εἶναι 留。“单独性”是这个论证里的关键之一（参看[注 68]）。Burnet 衍这两个字，Schleiermacher 读如 ἐνεῖναι，皆未理解这个论证。

【注 68】 131A—B“像相……离了”——131A—C“像相……决不”讨论整个的分有；讨论的结果是整个的分有不可能。本节里的几句话即是这个讨论里的中坚论证，它的意义简单讲起来是这样：如若为个别事物所整个分有的“相”或整个地在个别事物里“相”(这两句话在这里所指完全相同)只有一个，但分有“相”的个别事物却有许多，而且又是相互分离的，那么这单一的“相”必自己分裂，自身和自身分离。

这个论证的关键是单一性和完整性不能在为个别事物所分有的“相”里并存。我们可以毫无困难地设想：(一)单一的“相”在一切个别事物里，或者(二)整个的“相”在每一件个别事物里；但我们不能无困难地设想，单一的“相”整个地在一切个别事物里。在第(一)情形下，在每一件个别事物里的只是这“相”的一部分。在第(二)情形下，个别事物有多少个，同一“相”即有多少个。这样，(一)为“相”保留了单一性，但舍弃了完整性；(二)为“相”保留了完整性，但舍弃了单一性。从这里我们可以看出，这两个性质不能在为个别事物所分有的“相”里并存。但依据这里论证的假设，“相”是整个在个别事物里；同时“少年苏格拉底”又坚持“相”是单一的。这样，他肯定“相”有两个事实上在它里面不能并存的性质；结果乃是将整个的“相”分裂为许多部分，每一部分在每一件分有“相”的个别事物里。整个地分有于是不可能。

【注 69】 131B—C “苏格拉底说……而另一部分”——在这一节里“少年苏格拉底”欲借日子的譬喻来解释，怎样单一的“相”整个在许多相互分离的个别事物里。“巴曼尼得斯”乃用在许多人身上遮盖一张帆篷的譬喻来代替日子的譬喻，因而将“少年苏格拉底”的辩护破坏，将他们的讨论引回到已得的结果，即“相”自身分裂为部分。一般解释这一节的人以为柏拉图在这里表示“巴曼尼得斯”误解“少年苏格拉底”。他们以为“少年苏格拉底”仍和其它“谈话”里的“苏格拉底”一样，代表柏拉图自己，“巴曼尼得斯”代表批评柏拉图的“相论”的人。帆篷和日子在我们现代人眼中诚然是完全不同的，但在古希腊人的眼中差别也许不如此之甚。按照希腊神话：世界上面蒙着一帐篷，一面白色，一面黑色。白色一面向着世界时，即是白昼；黑色一面向着世界时，即是黑夜。对于有这神话背景的人，日子的譬喻变更为帆篷的譬喻是件很自然的事，不必出于误解。

【注 70】 131C“相不……里了”——(1)οὐκέτι(“不再”)针对以上 131A“你想相是整个地在许多事物的每一个里”，因此在译文里增加“相”字。

ἕκαστον 指上半句里 τὰ μετέχοντα(“分有者”)中的每一个，因此在译文里增“分有者”。

【注 71】 131C“但每……者里”——ἕκαστον 意思是 ἕκαστον εἴδους(参看[注 70(1)])，因此译为“每一个相的”。

“相的每一部分”是这半句话里的主辞，它和上半句的主辞“相”(参看[注 70(1)])对立，因此就上半句于译文中增“在每一个分有者里”。

【注 72】 131C“那么……者里”——结果“相”是可分割的；“相”自身失去了完整性。因此这一节(131A—C)的假设：整个地分有，证明为不可能。“相”既分裂为部分，每一件个别事物分有“相”的一部分；因此由整个的分有在理论方面的困难引至讨论部分的分有。

【注 73】 131C“这样……决不”——(1)关于整个分有的直接讨论,事实上已完结了。整个分有所以不可能,因为“少年苏格拉底”坚持,为个别事物整个分有的相,只是单一的。“巴曼尼得斯”既从这一点证明整个分有的不可能以后,在这里再进一步指给“少年苏格拉底”看:这样的坚持,结果不仅将“相”的完整性损坏,并且将这单一性自身消灭。因为它们所讨论的“相”,单一的“相”,如若果然分割成部分,它不能再是一个,它即化为多数的部分了。

(2)若我们将这节和以上一节131A—B“像相……离了”合看,我们即可见到,这里对于“少年苏格拉底”的“相论”还有另外一个打击。这就是根本否认他所主张的“相”是单一的。本节的要义和上述一节的要义关于“相”的单一性构成一个矛盾:

(甲)肯定词——为个别事物所分有的“相”,若是单一的,必同时是完整的(本节);

(乙)否定词——为个别事物所分有的“相”,若是单一的,必同时不是完整的(131A—B,参看[注 68])。

据(甲),单一性不能离开完整性在“少年苏格拉底”的“相”里独存;据(乙),单一性不能和完整性在他的“相”里并存。但如若“相”是单一的,它必然或者(一)是完整的,或者(二)不是完整的,此外没有第三个可能。但(一)和(二)皆不可能,结果,“少年苏格拉底”的“相”不能是单一的。然而他的“相论”即是以每一个“相”解释每一类事物。因此这个结果即是对这一点的一个打击。

D 巴曼尼得斯说：你看！如若你将大自身分成部分，许多大的物件中的每一件将要由于大的一部分成为大的，但大的一部分却小于大自身：这岂非显然是荒谬吗？

苏格拉底说，无疑地。

再者，如若每一个从等取得一小部分，它将具有某某，这个具有者将由于它所具有者，那个小于等自身者，等于某个么？

不可能。

但若我们中间有人有小的一部分，小将大于这部分，因为这是小的一部分，这样，小自身将是较大的了；那个
E 被拿去的如若加到一件物件上去，这物件将变为更小，却不变为比以前大些。

苏格拉底说，这决不会产生。

【注 74】 131D“你看……谬吗？”——从这里起“巴曼尼得斯”讨论分有在思想方面的第二个可能，即部分地分有。本节的中心问题是分有问题，因此“大的物件中的每一件将要由于大的一部分成为大的”，在意义方面即等于：大的物件中的每一件将因为分有大的一部分成为大的。这个结论是荒谬的，它所以是如此，因为依照“少年苏格拉底”的“相论”，大的物件只能由于“大之相”——即只能因为分有“大之相”——“成为大的”，否则不能成为这样。大的一部分和大自身比较，不是大，却是小，若物件因为分有大的一部分——即分有小——成为大的，那是骇人听闻的事；这样的结论也是荒谬的。

参看《费都篇》100E—101A，那是这个论证的好注释。

【注 75】 131D“再者……个么”——一个不易翻译的句子。我们以 μέρος σμικρὸν 为 ἀπολαβόν 的宾词，以 ἕκαστον 为主词，以 τι 为 ἕξει 的宾词(直译为“它将具有某某”)，ᾧ 乃是 τι ἕξει 中 τι 的关系代名词(译为“由于它所具有的”)。

【注 76】 131D“再者……可能”——一件物件不能由于“等之相”的一部分而等于任何另一物件，或说：一件物件不能因为分有“等之相”的一部分而等于任何另一物件。其故如下：“等之相”的一部分小于“等之相”，即不等。假设一件物件由于“等之相”的一部分而等于任何另一物件，那么即是等由于不等；因此这是不可能。这个论证的根本思想和前一个关于“大”的论证的根本思想相同，其详参看[注 79]。

【注 77】 131E“那个……去的”——如若人以为 τὸ不是冠词，乃是关系代词的先驱词，τὸ ἀφαιρεθέν 的意义乃是 τὸ ὅυ τι ἀφαιρέται。在这情形下，我们即不能译为“那个被拿去的”，乃应译为“那个被拿去一部分的”。

【注 78】 131D—E“但若……大些”——这一节事实上包括两个论证。第一个论证与本节的问题，部分分有的问题，没有直接的关系，只有第二个论证方是反驳部分分有的。

第一个论证：“但若……的了”，目的在讲“小之相”自身冲突。它的主要意义如下：

设　　s=“小之相”，

　　m=“小之相”的一部分，

　　a=“小之相”的其余部分，

那么，　$s=m+a$，

∴　　$s>m$。

这就是:“小之相”和它的部分比较是大。

因为这里的问题是分有问题，所以 προστεθῇ 即从另一方面表示 μεταλαμβάνειν 所表示的。ᾧ δ' ἂν προστεθῇ τὸ ἀφαιρεθὲν即表示分有“相”的事物。（事物分有“相”一变而为“相”加到事物上去，这样的变动似乎是不应该的；然而我们已经经验过那由事物分有“相”以至“相”在事物里的变动。参看以上 131A 并[注 68]。这里的变动和那里的所差无几。）这个论证要义如下：

设　　s=“小之相”，

　　m=“小之相”的一部分，

　　A=事物

则　　$s>m$，

　　$A+m>A$

但依照“少年苏格拉底”的“相论”，一切个别事物所以有某某性质，皆由于分有某某“相”；倒转过来讲，一个个别事物分有某某“相”，即有某某性质。$s>m$。所以 m 比较“小之相”（s）尤小。分有 m 的应当变为更小，不应当变为比较以前还大些。但 $A+m>A$。这就是分有"小之相"的一部分不变为更小,反变为较大。因此部分的分有不可能。

【注 79】 131D—E"巴曼……产生"——这一节由三个论证证明部分的分有不可能。这三个论证乃是就"大之相","等之相"和"小之相"立论的,指出凡分有它们的一部分的,不能得到依照"少年苏格拉底"的"相论"它们所应当得到的性质。这样以反驳部分的分有。

这三个论证有一共通点:它们认为"大之相"、"等之相"和"小之相"自己是大的、等的和小的;否则"巴曼尼得斯"即根本不能讲:"但大的一部分却小于大自身","由于……那小于等自身者"或"小自身将是较大的了"。但在现代人的眼中,只有大的物件才是大的,普遍的"大"并不大;关于"等"和"小"情形与此相当。若以普遍的"大"为大的,这在现代人的眼中是个谬误。以现代思想为背景的有些柏拉图学者,认为本节建筑在不值得柏拉图所犯的谬误上,因而以为"巴曼尼得斯"对"少年苏格拉底"的批评不是柏拉图自己的思想,乃是转述他人对于柏拉图自己的"相论"的批评。

至于"少年苏格拉底"的"相论"是否是柏拉图自己的学说,我们将在另一处详细讨论(附录一),这里我们只讲关于本节的话。普遍的"大"是大,这点对于古希腊人并不像对于现代人这样不可能。譬如柏拉图的《会饮篇》描写"美之相",说它不是相对的美,乃是绝对的美(211A ff.)。柏拉图既以"美之相"是美,为何以"大之相"是大……即是不值得他犯的谬误?再者,在《费都篇》里他名"等之相"为 αὐτὸ τὸ ὃ ἔστιν ἴσον

(74D)。这样,“等之相”依照柏拉图的意思是等的,而且是绝对的等,正如“美之相”是绝对的美一样。此外在本篇“谈话”的另一处他说:“除去小自身以外没有任何一个是小的”,关于“大”也有同样的话(以下150B—C)。因此我们不能以现代人对于普遍的看法为根据,认为本节是柏拉图转述他人的批评。

不但柏拉图实际上主张“美之相”是绝对的美,“等之相”是绝对的等……,而且他这个主张并非出于偶然,乃是《费都篇》——《国家篇》时代的“相论”所必有的结果。在这期的“相论”里,柏拉图肯定和这些个别事物“同名”的“相”和它们对立,以解释它们。《国家篇》里有一节(X596A)这样讲:“关于每一类的多数事物我们习惯于假设一个相,我们给它们和‘相’相同的名字。”事实上柏拉图并非给事物和“相”相同的名字,乃是给“相”和事物相同的名字(参看亚里士多德《物理学以后诸篇》A9,990b 6)。这些和事物“同名”的“相”,他即用以解释事物。譬如“由于美,一切美者成为美”(《费都篇》100D)。所谓“同名”即指同性质。因此相等的木条、相等的石块所有的性质也就是“等之相”所有的性质;美的身体、美的典章制度等等所有的性质也就是“美之相”所有的性质。前一类事物的性质是等,所以“等之相”也是等的;后一类事物的性质是美,所以“美之相”也是美的。

巴曼尼得斯说:苏格拉底呵!其它的怎样分有你的相,它们既不能部分地,又不能整个地分有?

苏格拉底说：宙斯啊，我想决定这样的一点决不容易。

【注 80】 130E—131E“你且……容易”——这是本篇“谈话”第一部分中的第三段；从这里起“巴曼尼得斯”开始逐一讨论“少年苏格拉底”的“相论”所牵涉的三点（参看[注 58(1)]）。这里他首先讨论分有问题。分有在思想方面有两种可能，但也只有这两种：（一）个别事物分有整个的“相”，或说整个分有；（二）个别事物分有“相”的一部分，或说部分分有。131A—C 讨论（一），131D—E 讨论（二），关于（一）和（二）的两个讨论不是机械平列的，乃是由整个分有在理论方面的困难以引至部分分有的讨论；这过渡点是 131C“那么……者里”（参看[注 72]）。

本段全段参看亚里士多德《物理学以后诸篇》Z 14。Taylor (ibid p. 133) 未将那章中的论证和本段里的论证分析清楚，以为两处的问题是同一个问题。这是一个错误；这里和那里的问题不是完全相同的问题。关于两处的异同，以下一书中有仔细的分析，可资参考：陈忠寰：《分离问题》德文版，Kap. XIV § 54—55。

再者，关于这一点你持什么态度？

怎样的一点？

我想你由于这样的经过，相信有每个单一的相：当许 132A
多物件在你看起来是大的时，对于你这观看它们全体的人，大约呈现出一个同一的相来，由此你想有一个大。

苏格拉底说，你说得正确。

但大自身和其它大者怎样？如若你用心灵同样地观看它们全体，岂不又呈现出一个大者来，由于这个，这些一切看起来是大？

似乎如此。

那么，另一个大之相将要显现它自己，在大自身和分
B 有它的事物之旁生出；再在这一切之外又是另一个，由于它这一切是大的；你的相里的每一个将要决不再是单一的，却是在数量方面无穷尽的了。

【注 81】 132A“大约……相来”——直译：大约看起来有一个同一的“相”。

【注 82】 132A“有一个大”——即有一个“大之相”。这是和大的物件对立的第一个“大之相”。

【注 83】 132A“同样地”——意谓：你怎样观看许多大的物件，你也那样观看“大之相”和大的物件。

【注 84】 132A“一个大的”——即“大之相”。这是和每一个“大之相”以及大的物件对立的第二个“大之相”。

【注 85】 132B“另一个”——由上句可以看出 ἕτερον 乃是 ἕτερον αὐτό τὸ μέγεθος 的减省，即指另一个“大之相”。这是和第二个“大之相”以及第一个“大之相”、大的物件三者对立的第三个“大之相”。

【注 86】 131E—132B“再者……的了”——在本篇“谈话”第一部分中第四段（131E—132C“再者……理由”）里“巴曼尼得斯”反驳“少年苏格拉底”的“相论”里的“实际世界重叠”。这里是第四段的第一节，它包含第一个论证。所谓“实际世界重叠”，乃是在每一类实际事物以外肯定一个相和它对立，譬如“类似之相”和我们所有的类似这一性质对立，“大之相”和大的物件对立等等。这一节里“巴曼尼得斯”的论证扼要讲来，即是：如若人肯定一个“相”和一类实际事物对立，他势必肯定无限量的“相”和这一类实际事物对立。这论证的步骤约略如下：如若人观看大的物件（$m_1, m_2, m_3, \ldots, m_n$）时，见着它们有一共同的“大之相”（$M_1$），那么同样观看大的物件和“大之相”（$M_1$）时，必也看到它们中有一共同的“相”（$M_2$），这

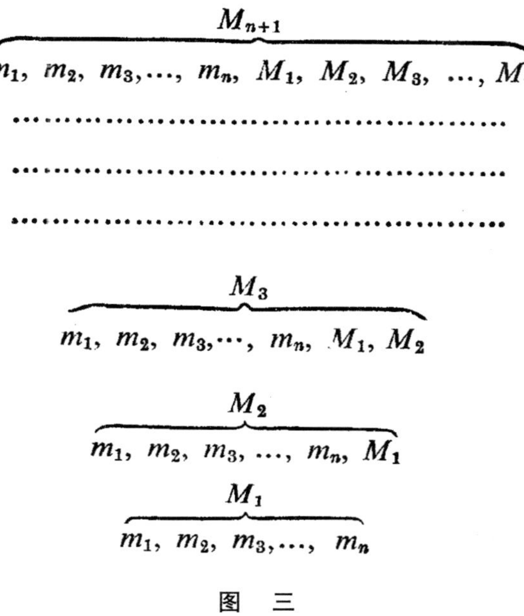

图 三

样以至于无穷。这可用图三很明白地表示出来。

这个论证的解释参看[注 102(2)]。

苏格拉底说:巴曼尼得斯呵!但是也许这些相的每一个是思想,并且除了在心里,没有另一处适合它们产生;因为这样至少每一个相是单一的,你刚说的那些困难它不再遭受了。

巴曼尼得斯说:怎样?每个思想是一个思想,无所思的思想吗?

苏格拉底说:但那是不可能的。

却是有所思的。

是。

C 以“是者”或抑“不是者”为对象?

以“是者”为对象。

岂不即以某一个为对象,那即是那个思想所认为是在一切事物里的,即是某一形?

是。

那么,这被思想认为是一个、在一切里永远是同一个的,岂不即将是相?

这点看起来也是必然的。

再者,巴曼尼得斯说,正如你所说的,其它的必然分有相,你岂不也必然这样想:这件事物由思想组成,它们皆思想；或这样想：它们是思想，却不能思？

苏格拉底说，但这也没有理由。

【注 87】 132B“每一个相”——“每一个”从上文知指“相”，所以如此译。

【注 88】 132B“每个……个思想”——“每个”同上，参看[注 87]。

νόημα 是 νόησις 的结果，正如 πόημα 是 πόησις 的结果一样。νόημα 此处暂译为“思想”，严格讲来，却是不当。因为 νόησις和 αἴσθησις 对立，前者是高级认识的机能，后者是低级认识的机能。凡是认识机能皆是把握对象的，因此这个高级认识机能（νόησις）的运用所生的结果（νόημα）必以“是者”或“有”（参看以下同页 C）为对象；然而思想不必皆是把握着对象的，譬如错误的思想即不如此。因为我们未寻出适当的字，暂且如此译。但所谓“思想”在这里仅限于把握着对象的思想，以别于错误的思想。以下仿此。

【注 89】 132C“以是者或……以是者为对象”——(1)我们在本篇“谈话”的第二部分里还要见到（参看[注 395 (1)]），依照柏拉图，“是”有两种，“不是”也有两种。“是”有广义的和狭义的分别；“不是”有绝对的和相对的分别。相对的“不是”似是一种“是”。因此广义的“是”一方面兼包狭义的“是”和相对的“不是”，另一方面和绝对的“不是”对立。

因为"是"和"不是"有这样的分别,"是者"和"不是者"也有相当于这个分别的分别。这里所谓"是者"乃是广义的或"有","不是者"乃是绝对的或"无"。

(2)这里显然以历史上的巴曼尼得斯的哲学为背景。他的思想是:只有"是者",没有"不是者",后者且非人所应想象的(参看 Fr. 7 Diels)。这样,它自然不是思想的对象。

【注 90】 132C"即是某一形"——ἰδέα 在这里不是术语;否则再一下句中的结论为多余的。因此不译为"相",乃译为"形"。

【注 91】 132C"正如……能思"——这句里包含一个比较和一个选择。(一)选择(e... e)若"相"是思想,关于那些分有"相"的个别事物,人或这样想,或那样想。(二)比较(ἀνάγκη... ἢ)所比较的一方面是:事物必然分有"相",另一方面是:关于那些分有"相"(思想)的个别事物,人必然或这样想,或那样想。于是所谓选择乃是必然的选择:人必就着这两个可能想法里选择其一。

【注 92】 132C"但这……理由"——这是回答以上问句里的第二项的。人若设想:每件事物思想,固无理由,但若设想它们不能思,也无理由。参看[注 93]。

【注 93】 132B—C"苏格拉底说巴……理由"——这是本篇"谈话"中第四段(参看[注 86])的第二节,它陈述:(一)"少年苏格拉底"的企图,怎样避免第一节里所指出的困难;(二)"巴曼尼得斯"对这企图的破坏:他首先指出这个企图的于事无补，再指出由这企图所生出的困难。

（一）在第四段的第一节里，“巴曼尼得斯”指出：如若人肯定一个“相”和一类实际事物对立，他势必肯定无限量的“相”和这一类实际事物对立；那里所用的论证乃是“无穷尽的后退”。我们从问题方面知道，“普遍的和特殊的”至少可有两性质根本不同的对立，一是在客观界里的对立，一是在客观界和意识之间的对立。仍用以上曾用为例子的 $m_1, m_2, m_3, \ldots m_n$ 和 M 为例，这两种对立如以下两图。客观界的对立（参看图四）暂且名为垂直的，客观界和意识之间的对立（参看图五）名为水平的。它们虽有垂直的和水平的分别，但皆是对立。在“少年苏格拉底”的“相论”里即是这个对立重要，至于垂直的和水平的分别就没有这样重要。客观界里的对立既然由“实际世界的重叠”（依照“巴曼尼得斯”所指示的）必然进到“实际世界的无穷推叠”，为了避免这个困难，“少年苏格拉底”欲将“相”移置到意识里去。这样，一方面对立仍然在另一形式里保存着，另一方面“无穷尽的后退”的危险可以不会产生。这是“少年苏格拉底”挽救他的“相论”的企图。

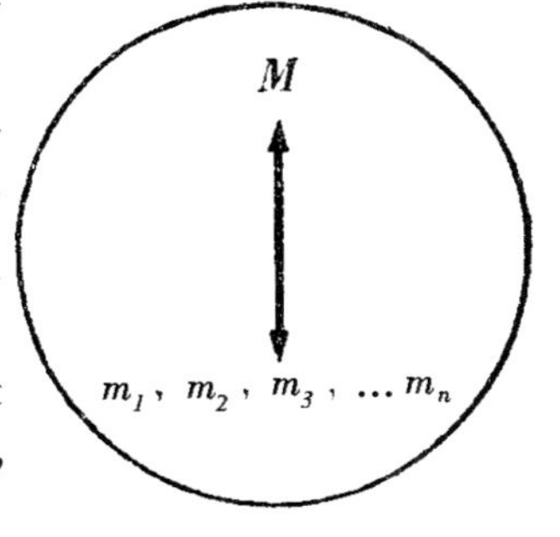

图四　个别事物和普遍的在客观界里的对立

（二）“巴曼尼得斯”欲破坏这个企图，他首先指出这是于事无补的。因为以“相”为思想这一假设必然仍要肯定在客观界里有“相”，以为这是思想的对象。这个论证的步骤如下：

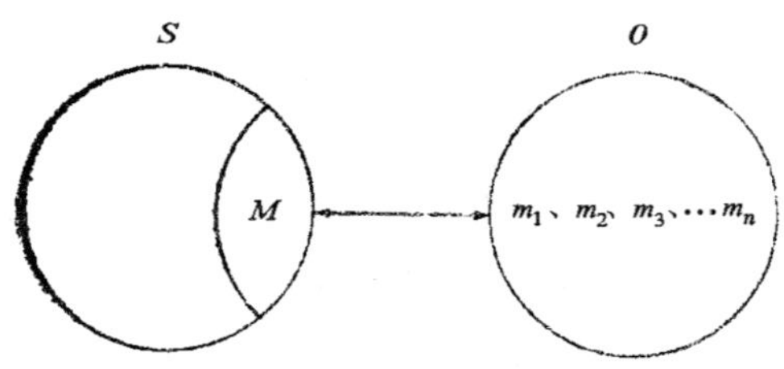

图五　S表示意识界，O表示客观界，个别事物m_1，m_2，…m_n和普遍的（概念）M在客观界和意识界之间的对立

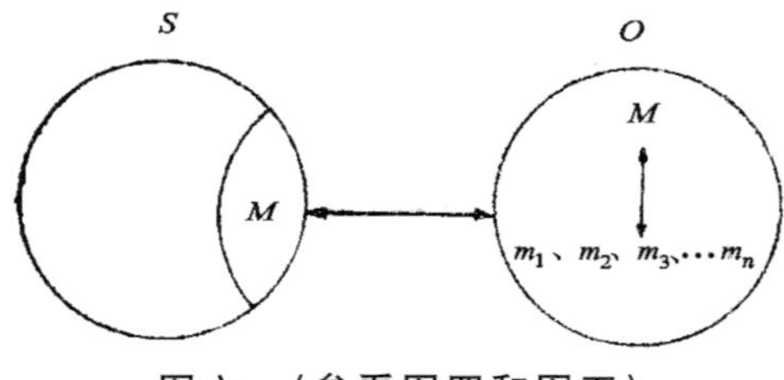

图六　（参看图四和图五）

思想必有所思；所思必属于“有”的范围以内。（在这范围里，个别事物只是感觉的对象，不是思想的对象。）思想的对象，“巴曼尼得斯”以为“即是那个思想认为是在一切（同类）事物里的。”但这就是“相”。这样，即使“相”是思想，如“少年苏格拉底”所说的，只存于意识里，但在客观界里仍然必有和同类个别事物对立的“相”为思想的对象。这可由图六明显地表示出来。以“相”为“思想”这一假设乃欲将“相”从客观界移置于意识里。但这移置的企图本身即肯定客观界里有和个别事物对立的“相”。于是这个企图并不能使“少年苏格拉底”的“相论”避免第四段第一节里的困难；因为每一个“相”仍然在客观界里和每一类个别事物对立。

“巴曼尼得斯”再进一步指出，怎样由于假设“相”为思想而产生出其它的困难来。这个困难即是所谓“进退维谷”。依据“少年苏格拉底”的“相论”，个别事物分有“相”。假设“相”是思想，那么，它们分有思想。这就是说：它们由思想组成或即是思想。从这里我们可以推论到个别事物的，乃是：（一）它

们皆思想。但这不符事实,因为实际上并非一切个别事物皆思想。但我们也不能下一个和这个推论极端相反的判断:(二)它们不能思想。因为既是思想却不能思想,乃是矛盾。我们又没有第三个可能,譬如说:有些个别事物思想,或有些个别事物不能思想。因为既然一切个别事物皆由思想组成或皆是思想,我们无根据在它们中作上述的区别。我们对于这样的个别事物既然只有这两种想法,我们又必须从它们里选择其一(参看[注 91]),然而事实上我们既不能这样想,又不能那样想。这个困难的产生,乃是由于假设"相"为思想。这足以证明那个假设不能成立。

巴曼尼得斯呵!但这点在我看来最明显,就是实际情形如下:这些相仿佛模型一样树立在自然里,其它的类 D
似它们,是它们的仿本。其它的对相的分有非它,乃是被制造得类似相。

巴曼尼得斯说:如若某件事物类似相,那个相,正像那件事物是模仿它造成的,能不类似这被制造得类似它的么?或者这是可能的么,类似者能不类似类似者么?

不可能。

那个类似类似者的岂不很必然地分有一个同一者 E
么?

必然地。

那么岂不是相自己么,类似者因为分有它乃类似?

很显然。

那么，任何一件事物不能是类似相，相也不能类似其
133A 它事物；不然在一个相旁边将要永远出现另一个相。如若这一个也类似任何事物，将再有另一个出现，新的相永远产生，无一时停止，如若相变为类似那分有它的。

你讲的极正确。

那么，其他的分有相不由于类似，但我们应当寻求它们之所以分有的其它原故。

似乎如此。

巴曼尼得斯说：苏格拉底呵！这样，你看，如若人分别自在的有，如相，困难是这样大。

一定的。

【注 94】 132D“就是……如下”——这无定动词副句 ὧδε ἔχειν即等于宾词副句 ὅτι ὧδε εἴχει，因此译如上。

【注 95】 132D“仿佛……一样”——以上我们分析那张“相表”时，发现五点；那第五点即是：那张“相表”里未提及人造物——譬如床、梳等等——的“相”。我们在那里的解释是：这一类的“相”不是追求的目标，乃是创造的模型；因为“少年苏格拉底”的“相论”是目的论的，所以这一类的“相”未提及（参看[注 62]）。但这里“少年苏格拉底”却明明讲：“相仿佛模型一样”，虽然他未直接提出人造物的“相”来。但是这决不

足以推翻我们的那个解释。因为这以“相”为模型的意见不属于原来的“相论”以内。“少年苏格拉底”经“巴曼尼得斯”的究诘，已陷于困难的境地；这以“相”为模型的意见，只是他谋摆脱以上困难的企图（参看［注 98］）。

【注 96】 132D “其它的对……非它”——这是意译；直译应为：“相的分有产生于其它的非它。”

【注 97】 132D “被制造的类似相”——我们这里采取笨拙的直译，目的在使人注意那通常为人所忽视的一点（参看［注 98］）。

【注 98】 132D “但这……得类似相”——“少年苏格拉底”的“相论”已遭受了两个大打击：分有问题的无法解决和以一个“相”与每一类个别事物对立的困难。在这里，“少年苏格拉底”尝试给他所主张的“相论”一个新的解释，希望能由此避免以上两点。

这新的解释乃是以“相”为树立在自然里的模型；个别事物乃是“相”的仿本；所谓分有只是个别事物“被制造得类似相”。

（一）在关于分有问题的讨论里，我们已经指出单一性和完整性不能在为个别事物所分有的“相”里并存。但“少年苏格拉底”却要为“相”同时保存这两种性质，因而失败（参看［注 68］）。这里他从一个新的观点出发，仍谋为“相”维持这两个性质。“巴曼尼得斯”讨论分有问题（以上 131A ff.），乃是从静的方面分析个别事物，结果谓：个别事物既不能分有整个的“相”，也不能分有“相”的一部分。这就是说：整个的“相”或

"相"的一部分皆不能是组成个别事物的因素。"少年苏格拉底"在这里即离开静的方面,从动的方面解释:他解释个别事物的产生。依照这个解释,个别事物乃是模仿"相"造成的。这样,许多个别事物模仿一个整个的"相"造成;于是"相"既有单一性,又有整个性。这是"少年苏格拉底"关于分有问题的一个救济办法。

(二)他的这个新解释,同时也希望能维持"同名"的"相"和个别事物的对立。"巴曼尼得斯"已指出来,如若人肯定一个"相"和一类实际事物对立,以解释它们,结果必肯定无限量的"相"(以上 131E ff.)"少年苏格拉底"以"相"为模型的新意见,同时欲避免这"无穷尽后退"。依照这个新解释,"相"是模型,个别事物是仿本。模型与仿本我们在实际世界里常见到。譬如许多张床有一床的模型,许多张桌子有一桌子的模型。床模仿床的模型造成,桌子模仿桌子的模型造成;但不因此床的模型也必由于模仿另一模型造成,桌子的模型也必由于模仿另一模型造成。所以如若"相"是模型,即不会有"无穷尽后退"。这样,"少年苏格拉底"解释"相"为模型,同时是维持"同名"的"相"和个别事物对立的一个方法。

关于(一)"巴曼尼得斯"未有所批评;他的批评只是关于(二)的,其详参看[注 102(1)]。

【注 99】 132D"类似者……似么"——(1)这句里第一个"类似者"指"相",第二个指个别事物。如若某件事物类似"相",这"相"必也类似那件事物。但那件事物是类似"相"的,因此"相"必是类似类似者的,即类似那个类似"相"的。"相"

既是类似那个类似“相”的，它即是类似者。因此类似者必是类似(那个)类似(它)的。

这个思想乃是另一个思想在一特殊形式里的表现，后者是本篇“谈话”里几个基本思想之一。它是：异者是异于异者的。关于这点我们在另一处(参看[注 203])还要论及，这里只就着它在“类似”一方面所表示的看。表现于这方面的乃是：类似者是类似类似者的。这表示一个关系，其中两个关系者可以不影响原有的性质互换地位(并非一切关系皆如此，譬如“左——右”，“亲——子”等等皆不然)；组成这个关系的三个成分中任何一个蕴涵其余的两个。这里的论证完全建筑在这上面。

(2) 相当于以上那一点——类似者是类似类似者的——的，乃是以下一点，即不类似者是不类似不类似者的。后者所表示的一种关系和前者所表示的有相同的情形。这后一原则的应用见于本篇“谈话”的另一处(以下 161B，参看[注 403])。

【注 100】 132E“一个……一者”——从 Jackson 衍 εἴδους，读如 ἑνὸς τοῦ αὐτοῦ。

【注 101】 132E“那个类……者么”——譬如 a 类似 α，α 也类似 a(参看以上同页 D)；α 即是那所谓“那个类似那类似它的”。类似由于分有，那么 α 所分有也就是 a 所分有的。并非 a 分有这个，α 分有另一个；它们乃分有同一个。

【注 102】 132D—133A“巴曼尼得斯说……有它的”——(1)在这一节里，“巴曼尼得斯”批评“少年苏格拉底”

以“相”为模型的新解释。这个批评不直接从“相”是模型这一点出发，乃从个别事物的类似“相”出发。个别事物既类似“相”，“相”必也类似个别事物，于是“相”和个别事物是相互类似的。相互类似的分有同一个“相”，结果乃是“相”和个别事物分有同一个“相”。这第二个“相”不即是第一个“相”，乃是另一个，它是为第一个“相”和个别事物所分有的。正如个别事物类似第一个“相”，第一个“相”也类似第二个“相”。正如第一个“相”类似个别事物，第二个“相”也类似第一个“相”。但类似的分有同一“相”，于是第一个“相”（以及个别事物）和第二个“相”分有另一个“相”，即第三个“相”。这样，如若任何一件个别事物类似“相”，必有无限量的“相”出现。“少年苏格拉底”所欲避免的“无穷尽的后退”又产生了；他的新解释仍然不能维持他的“相论”里原有的“同名”的“相”和个别事物的对立。

这个论证从 Proklos 以来为注释家所诟病，认为是错误的。但错误究在哪里？我们已在它处仔细地分析了这个论证，确定了它的错误所在并且还指明出来，怎样这个错误的论证在它的历史背景里另有它的意义（参看附录一中的三，以及陈忠寰：《分离问题》，§ 12 Bes. C）。所以我们不必因为这是个错误的论证为柏拉图诟病。

（2）其实这个论证所欲得的结果——“无穷尽的后退”——差不多已可单从它的另一前提产生了。那个前提是：“相”和个别事物类似。如若我们说：两件个别事物相互类似，我们指它们有一相同的性质。若“相”和个别事物类似，那么那个“相”和那相当的个别事物也有相同的性质。这后一点已包含在“相”和个别事物的“同名”里。“少年苏格拉底”既肯定“同名”的“相”和相互类似的个别事物对立，以解释后者所有的这个性质，譬如以“大之相”解释大的物体所有的“大”的性质，他势必肯定第二个“相”以解释第一个“相”以及这一类个别事物的性质。这样一步一步地后退，以至于无穷。

【注 103】 133A“那么，其……于类似”——我们以上[注 98]已讲过，“少年苏格拉底”以“模型”解释“相”，乃欲同时解决分有问题和维持“同名”的“相”和个别事物的对立。我们刚才看见，怎样“无穷尽的后退”又产生了，“相”和个别事物的对立仍然不能维持[注 102(1)]。这里，“巴曼尼得斯”回到分有问题，指出“少年苏格拉底”的新解释也不能解决这个问题。我们已经看到，怎样“无穷尽的后退”产生于“相”和个别事物的相互类似，但后一点乃由于个别事物的类似“相”。这就是说，如若个别事物类似“相”，那么“无穷尽的后退”必然产生。因此个别事物分有“相”不能由于它们类似“相”。如若“少年苏格拉底”以“被制造得类似相”解释分有，他即复陷于“无穷尽的后退”的困难。这样，“巴曼尼得斯”以维持“相”和个别事物的对立所欲避免的困难来指明分有问题不能如此解决。

【注 104】 133A“但我……原故”——这是意译；直译应为：我们应当寻求其它的，由于那个，它们分有“相”。

【注 105】 133A“如若人……如相”——所谓“自在的有，如相”实际上即等于讲：自在的“相”。

全句的意义是：如若人分别“相”和个别事物，前者是自在的，后者是分有“相”的，困难是这样大。这里回指以上128E—129A“你不承……它们”。“少年苏格拉底”的“相论”中所包含的三要点之二——“同名”的“相”和个别事物的对立，以及个别事物对“相”的分有——已讨论过了。“巴曼尼得斯”既已指出这两点的困难来，乃回到128E—129A以结束自130E以来关于这两点的讨论。

【注106】 132D—133A“巴曼尼得斯呵……定的”——这是本篇“谈话”第一部分中的第五段，它就着“模型说”同时讨论“实际世界的重叠”和个别事物的分有“相”。怎样这个“模型说”希望能同时避免这两方面的困难，以及如何它实际上并不能避免其中的任何一个，我们以上皆已见到了（参看[注98,102(1)以及103]）。在那里我们也提到关于从动的方面解释个别事物的产生，“巴曼尼得斯”未有所批评；然而以后亚里士多德对于一个类似的思想却批评了（《物理学以后诸篇》A9,991a 20—27）。我们可以从那里看出“少年苏格拉底”在这方面的错误。他只讲“模型”、“仿本”和“被制造得类似相”，却不讲“工匠”。工匠的遗漏就是他的大错误。因为若无工匠，个别事物即不能“被制造得类似相”，它们最多只能类似“相”。类似“相”不必即是以“相”为模型“被制造得类似相”。若个别事物不是“被制造得类似相”，那么“相”对于个别事物并非模型，只是它们所类似的。若“相”非个别事物的模型，个别事物也非它的仿本。这样，以“相”为模型的“相论”必然全部崩溃，如若它不承认工匠。（参看陈忠寰：《分离问题》，

§52)。“少年苏格拉底”的新努力必也同此命运。

巴曼尼得斯说:请你再好好地认识这一点,就是如通常所说的,你尚未稍微接触到那个是怎样严重的困难,如 B
若你肯定每个单一的相,并且将它和事物分开来。

苏格拉底说,怎样?

巴曼尼得斯说:许多其它的困难,但最大的是这个。如若人讲,这样的相,像我们所说它们应是怎样的,不适合于为人认识,对讲这话的人,人不能指出他所言不真,除非那持反对意见的人刚巧是富于经验又非无禀赋的,而且他又愿意逐步地听那人讲,当这人复杂地、从远处起始讨论和证明时;否则这坚持相是不可知的人是不信服 C
的。

苏格拉底说,巴曼尼得斯呵!为何?

苏格拉底呵!因为我想,你以及任何关于每一类个别事物肯定有个自在的“是”的人首先同意,它们没有一个在我们中间。

苏格拉底说:否则它怎样能仍然是自在的呢?

巴曼尼得斯说:你讲得好,所以这些彼此相对乃是这些相,它们在它们的相互关系里有它们的“是”,但不在和我们世界里的事物的关系里——这些事物或者是相的仿 D
本,或者任人怎样肯定它们,我们分有那些相,因而被称为这个那个。我们世界里的这些事物和那些同名，它们也是相对于它们自己，但不和相相对，它们是它们自己的，但不是那些也是这样被命名的相的。

苏格拉底说，你怎样讲？

巴曼尼得斯说：譬如我们中间一人是某某的主人或E奴隶，我想他不是主人之相的奴隶，主人也不是奴隶之相的主人，但是一个人是人的主人或奴隶。主人之相是属于奴隶之相的，同样，奴隶之相是属于主人之相的。但是我们世界里的事物对于那些相没有能力，那些对于我们也没有。但是，如我讲的，那些相是那些相自己的，相对

134A 于它们自己，我们世界里的事物是同样相对于它们自己。或者你不懂我所说的么？

苏格拉底说，我很懂。

【注 107】 133A—B“请你……开来”——“巴曼尼得斯”用这句话以引到分离问题的讨论，那是“少年苏格拉底”的“相论”中所余留下尚未批评的一点。那个“相论”所有的困难诚然已多了，但“相”和个别事物的分离还有其它的困难；前者和后者比较还是轻微的。当“少年苏格拉底”只见到那些困难时，可说还未觉察到，他的“相论”所有的困难究竟是怎样的严重。

【注 108】 133B“复杂……证明时”——隐指本篇“谈话”第二部分里的“推论”。

【注 109】 133B—C“许多……服的”——(1)这一节里一共提到五个人:(一)τις(φαίη),(二)(οὐκ ἂν ἔχοι)τις,(三)ὁ ἀμφισβητῶν,(四)τοῦ ἐνδεικνυμένον,(五)ὁ ἀναγκάζων。但谁究竟是谁,尚无一致的解释。我们以为(一)、(三)和(五)指同一个人,(三)译为“那持反对意见的人”,即是否认“相”是可知的人(ὁ ἀμφισβητῶν,原义只是:争辩的人);(二)和(四)指同一个人,即证明(一)、(三)和(五)所指的所言不真的人。

(2)这节的主要意思我们须待以后讨论(参看[注 137(2)]),为了以后讨论的便利,我们在这里必须牢记的乃是以下两句话:(一)“他(‘持反对意见的人’)所言不真”和(二)“当这人复杂地、从远处起始讨论和证明时”。

【注 110】 133C“为何”——这问题乃对上句中的条件副句发的,意谓:为何人讲,这样的相,像我们所说它们应是怎样的,不适合于为人认识?

【注 111】 133C“关于……事物”——在“少年苏格拉底”的“相论”里,每一个“相”和每一类个别事物对立,譬如“类似之相”和许多个别的类似事物对立。并非每一件个别事物有一个和它对立的“相”。(肯定每一件个别事物有一个“相”,在西洋哲学史上始于 Plotinos Enn. V)因此译 ἑκάστου 如上。

【注 112】 133C“自在的是”——οὐσία 在亚里士多德的哲学里意为“本质”(拉丁 substantia);但“本质”的概念在柏拉图还未有。这里的 οὐσία 我们只能从 ὄν(“是的”)去了解,因此译如上。

柏拉图的哲学里所谓“是者”从它的外延方面看，至于从它的内容方面看，(参看［注 89(1)］)有广狭不同的两个范围。广范围的“是者”兼包“相”和个别事物(譬如《费都篇》79A)，狭范围的“是者”仅包括“相”(譬如《国家篇》V 477 ff.)。这里所谓“自在的是”即专指“相”这方面的。

【注 113】 133C“所以……们的是”——这两句的意义乃是：这些“相”只在它们的相互关系里乃是这些“相”；“甲”所以是“甲”，“乙”所以是“乙”，“丙”所以是“丙”，……乃由于“甲”相对于“乙”，相对于“丙”……，“乙”相对于“甲”，相对于“丙”……，“丙”相对于“甲”，相对于“乙”……。这样，每一个“相”只在相对于其它的“相”里有它的“是”，或从另一方面讲，“相”的相互关系构成它的“是”。这是本篇“谈话”里的一个中心思想，由此我们可以发现柏拉图的范畴论中很重要的一点(参看［注 275(2)］以及［注 339(2)］)。

【注 114】 133D“那些也……的相”——意即：那些和个别事物同名的“相”。

【注 115】 133D—C“所以……的相的”——Burnet 的校勘本将这几句和上句“巴曼……得好”分为两节。不但这几句仍是“巴曼尼得斯”所讲的话，而且在意义方面这里也不成段落。因此于译文中不取 Burnet 的分节。

【注 116】 133D“主人之相”——αὐτοῦ δεσπότου, ὃ ἔστι δεσπότης 意思即是 εἶδος τοῦ δεσπότου(参看［注 45］)。因为这样推叠的字句，如若直译，不但不成辞，而且反使人不易解。所以意译为“主人之相”。

下句中“奴隶之相”同此。

【注117】 133E“主人之相”——αὐτὴ δεσποτεία 意即ἰδέα τῆς δεσποτείας,因为直译(差不多是“主人自己”)使人误解原义,所以意译。下句仿此。又“奴隶之相”同此。

【注118】 133C—134A“苏格拉底呵……很懂”——对于“少年苏格拉底”的“相论”里所包含的相和个别事物的分离这一点,“巴曼尼得斯”的批评共包含三大节,本节是其中的一节,也是基本的一节。这个批评由以下一点出发,即:依照“少年苏格拉底”的“相论”,一切“相”和一切个别事物之间必然无关系。“相”是自在的,它们不在实际世界里。设以A,B,C……代表一切“相”;a,b,c……代表一切个别事物。A,B,C……只相互有关系,却不和a,b,c……有关系。A是A,乃是相对于B,C……的;只在这和B,C……的关系里A乃是A。A的能力也只相对于B,C……,不相对于a,b,c……中的任何一个。B或C也是如此。另一方面a,b,c……也只相互有关系,却不和A,B,C……里的任何一个有关系。a的能力也只相对于b,c……,不相对于A,B,C……的任何一个。这样,A,B,C……和a,b,c……各自成一个锁闭在自己以内的范围。在这范围以内,每一分子和其它分子有关系;在这范围以外,无一分子和在这范围以内的任何分子有关系。这点我们可以用图七明显地表示。

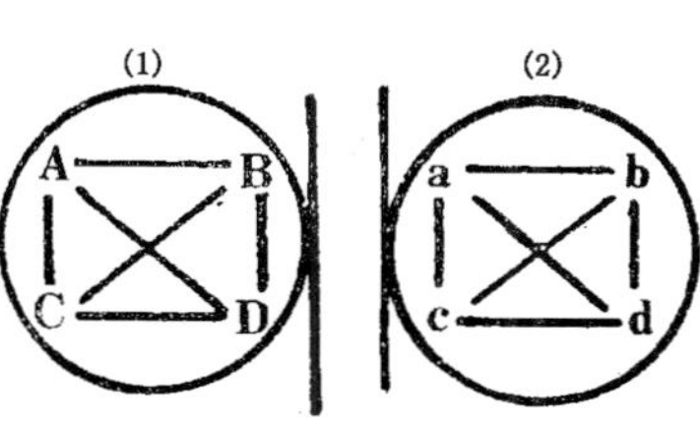

图七 (1)“相”的范围
(2)个别事物的范围

这两个范围的隔离比“相”

和个别事物的分离仿佛更趋极端了；然而这样的隔离事实上已隐含在“少年苏格拉底”的思想里(参看以上 130B“一方面……分离”)。“巴曼尼得斯”的批评即以隐含在那个思想里的这一点为基础。

巴曼尼得斯说：知识自身，那个是知识的，岂不是关于那个实在自身——那个是实在的——的知识？

诚然。

知识中的每一科，那个是这科知识的，是否是关于“是”的一种——那个是“是”的——的知识？

是。

我们世界里的知识岂不是关于我们世界里的实在的知识？而且又产生出这个结果来，就是我们世界里的每

B 一种知识乃是关于我们世界里的每一种“是者”的知识？

必然的。

然而像你所同意的，我们既无那些相自身，它们也不能在我们的世界里。

它们确实不。

我想每一个相自身为知识之相自身所认识？

是。

那个我们没有。

没有。

那么，没有一个相为我们所知，既然我们不分有知识自身。

看起来不为我们所知。

那么，美自身那个是者，善自身以及其它的一切，凡我们认为是相自身的，都是对于我们不可知的。 C

怕是如此。

【注 119】 134A“那个是知识的”——这和以下所谓的“我们世界里的知识”对立，它指“知识之相”（参看以下同页 B“我想……认识？”以及 C“如若有一知识之相自身”）。我们世界里的知识，和其它一切个别事物一样，是变动的；“知识之相”，和其它一切“相”一样，是不变动的。这“不变动”在此即由“是”表达出来（参看[注 45]）。

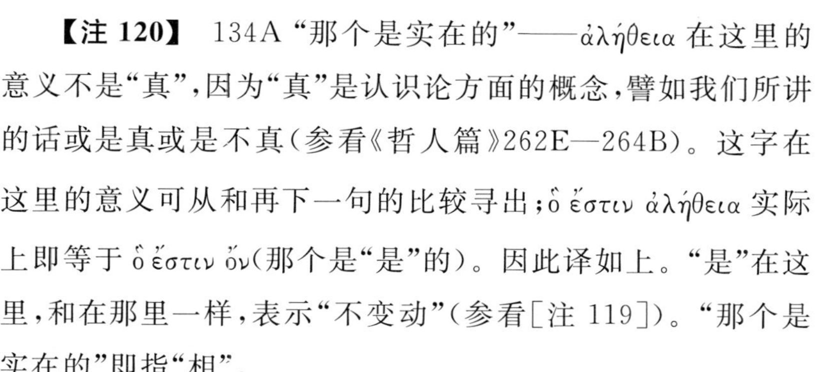

【注 120】 134A“那个是实在的”——ἀλήθεια 在这里的意义不是“真”，因为“真”是认识论方面的概念，譬如我们所讲的话或是真或是不真（参看《哲人篇》262E—264B）。这字在这里的意义可从和再下一句的比较寻出；ὃ ἔστιν ἀλήθεια 实际上即等于 ὃ ἔστιν ὄν（那个是“是”的）。因此译如上。“是”在这里，和在那里一样，表示“不变动”（参看[注 119]）。“那个是实在的”即指“相”。

【注 121】 134A“那个是‘是’的”——从再上句οὐκοῦν εἴη ἐπιστήμη 我们知道，这里的 τῶν ὄντων，ὅ ἔοτιν 乃 τῶν ὄντων，ὅ ε ̋στιν τὸ ὄν 的省略（同句中 ἣ ἔστιν 乃 ἣ ἔστιν ἐπιστήμη 的省

略)，因此我们补充译出如上，以下 αὐτὸ τὸ καλὸν ὃ ἔστι 我们在译文中亦随原文从减，因为它去我们这里所根据以补充的句子太远了。事实上 ὃ ἔστι 或 ὃ ἔστι τι 皆同样指“相”。

按照柏拉图的万有论，广范围的“是者”兼包“相”和个别事物(参看[注 112])。前者所以别于后者的是：它是永是者(ἀεὶ ὄν)或严格地是者(ὄντων ὄν，直译“以是的样式是者”)。ὄντων ὄν(“以是的样式是者”)是 ὃ ἔστιν ὄν(“那个是‘是’的”)的最好的解释。这里所言的即是“相”。

【注 122】 134A“知识自……是的——的知识”——这里的知识分类是以分化与否为标准，比较《国家篇》IV438 C—E。

【注 123】 134A—B“知识自……是者的知识”——相当于“是者”的两种，柏拉图在这里分知识为两种。其中的一种以严格的“是者”即“相”为对象，另一种以我们世界里的“是者”即个别事物为对象。这样的分类和《国家篇》第六卷里的不同(虽然前一种认识以内的分类已见于《国家篇》中。参看[注 122])。《国家篇》(VI 509 D ff.)里分认识为四级：

意见{想象；信仰}

知识(广义的){思维；知识(狭义的)}

本节里的第二种知识，乃是以个别事物为对象的，严格讲起来，它并非知识，仅相当于《国家篇》里的“意见”。本节里的第一种知识，不但以“相”为对象，而且它自身即是一个“相”（参看[注 119]），因此和《国家篇》中广义的知识不同。因此这里的知识分类和那里的认识分类迥然不同。

本节里这个知识分类的特点，不在按照知识的对象自身是普遍的或者是特殊的以分别知识，乃在根据知识自身是普遍的或者是特殊的以分别知识。一种知识以“相”为对象，但同时自身即是一个“相”；另一种知识以个别事物为对象，但同时自身即是一件个别事物。

至于本节以“知识之相”是一种知识，在现代人眼中看来，颇有问题。然而我们不应当忘记柏拉图所主张的“相”和个别事物的“同名”。正如“美之相”是绝对的美，“等之相”是绝对的等（参看[注 79]），同样，“知识之相”是一种知识，是最精确的知识（参看以下同页 C）。

【注 124】 134B“我们既……的世界里”——“既无”和“也不”表达不同的两点：（一）“我们既无那些相自身”，我们也无“知识之相”；（二）那些“相”“也不能在我们的世界里”，“知识之相”也不能在我们的世界里。由（一）：“知识之相”是以那些“相”为对象的知识，若我们没有它，我们即不能认识它们。由（二）：我们世界里的知识是以我世界里的事物为对象的，“知识之相”既不在我们的世界里，它也不能为我们所认识。

【注 125】 134B“每一个相自身”——这只是这个重叠词句 αὐτὰ τὰ γένη ἃ ἔστιν ἕκαστα 的意译。

γένη 译为“相”参看[注 46]。

【注 126】 134B“我想……识自身”——这个全称否定

的结论:“没有一个相为我们所知”,所以是全称的,因为它的前提之一是全称的:“每一个相自身为知识之相自身所认识”,所以是否定的,因为它的另一前提是否定的:“我们不分有知识自身”。这个全称的前提值得我们讨论。因为“知识之相”自身是一个“相”,若每一个“相”为“知识之相”所认识,那么,“知识之相”为“知识之相”所认识。但“知识之相”自身又是一个知识,若“知识之相”为“知识之相”所认识,那么即是《霞米代斯篇》中所讲的“知识的知识”了。然而“知识的知识”在那篇里事实上被认为不可能(167B—169B)。这样,根据那篇“谈话”中的意见(如若那个意见柏拉图始终保持着),这里论证的前提之一应当是:每一个其它的“相”为“知识之相”所认识,于是结论乃是:设有一个其它的“相”为我们所知。这就是说,并非一切的“相”里没有一个“相”为我们所知,乃是除了“知识之相”以外没有一个“相”为我们所知。这样,我们不能有一个事实上全称否定的结论。然而这样一个结论正是本节的主要目的。

然而柏拉图已在上面指出两点来:“我们既无那些相自身,它们也不能在我们的世界里。”他在这里的论证只就着第一点发挥。由此所得的结论只能是:除了“知识之相”以外没有一个“相”为我们所知。但从第二点所生的结论是:“知识之相”也不能为我们所知(参看[注 124])。这样,第一和第二两点合并产生出那个全称否定的结论来。

【注 127】 134A—C “巴曼……如此”——(1)这里是“巴曼尼得斯”批评“少年苏格拉底”的“相论”里所包含的“相”和

个别事物分离这一点的第二节。在第一节里，“巴曼尼得斯”建设了这个批评的基础：即自成一个范围的“相”和自成一个范围的个别事物极端隔离，其间无任何关系（参看［注 118］）。本节即将这一点应用到知识方面来。知识在这里也和其它的一样，分别为实际世界里的知识和“知识之相”。前者以实际世界里的事物为对象；后者以“相”为对象。我们，个别的认识者，属于实际世界。我们只和这实际世界里的事物有关系，只有这世界里的知识，却不和“相”有关系，也无“知识之相”。虽然“知识之相”是以“相”为对象的，但我们没有它，所以我们不能认知“相”，或倒转过来说，“相”不能为我们认知。这点可用图八来表达。

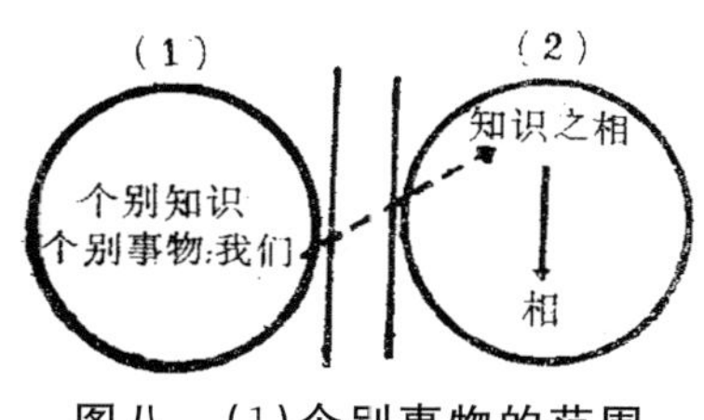

图八 (1)个别事物的范围
(2)“相”的范围

（2）这个结论对于“相”的肯定是一个大的打击，但这点只有明了“相论”产生史的人方看得出来。依据亚里士多德的记载：苏格拉底在人事方面的个别事物里探求普遍者，并为这些普遍者下定义。柏拉图继承他，以为定义不能以感觉事物为对象，乃以普遍者为对象。他名这个为“相”（《物理学以后诸篇》A6，987 b 1—8）。我们可以说，从“相”的肯定以来，它即被认为是高级认识的对象，即是可为人所认识的；或者说，“相”之所以产生，即因为普遍者被认为是定义的对象。如若一旦有人指出“相”是不能为我们所知的，那么对于“相”的肯定即发生问题。这样，如若人以“相”和个别事物是分离的，结果必影响“相”自身的肯定（参看以下

135A“听这话的人不仅疑虑而且持反对的意见：以为没有相”）。

但请你看以下这点，它比较以上的结论更要可怕些。

怎样的一点？

我想你要讲，如若有一知识之相自身，它是比我们世界里的知识更精确得多；美以及其它一切相也是如此。

是。

如若任何其它的分有知识自身，你岂不要讲，没有另一个比较更可有最精确的知识？

必然的。

D 那么，神具有知识自身，他将可知道我们世界里的事物么？

为何不？

巴曼尼得斯说：苏格拉底呵！因为我们已同意了：对于我们世界里的事物，那些相没有它们所有的能力，我们世界里的事物对于它们也没有，但这两类里的每一类只和它自身有关系。

我们确实同意了。

这样，如若这个最精确的治理和这个最精确的知识属于神，治理那些事物的治理既永不能治理我们，知识也
E 永不能认识我们或我们世界里的任何事物，但是正像我

们以我们世界里的治理并不治理那些事物，以我们的知识也不认识任何关于神的事件，依同一论证，他们那些虽是神，却也非我们的治理者，也不能认识关于人的事件。

苏格拉底说：这个论证恐怕太奇特了，如若一个人将知识从神剥夺了去。

【注 128】 134C“任何……它的”——以上刚讲了，人不分有“知识之相”。所谓“任何其它的”乃是就着人讲的，意谓除了人以外任何的。

【注 129】 134D“对于我……能力”——这句是解答“少年苏格拉底”的问题：“为何不”的。它是本节(134 C—E)中最重要的一句话；本节的中心思想：神不能知道实际事物，即建筑在它上面。

知识自身或“知识之相”乃是“相”中的一个。正如其它的“相”对于我们世界里的事物没有能力(以上 133E)，“知识之相”对于它们也没有。后者的能力是认知。因为它只和其它的“相”有关系，它只认知它们，它的能力只相对于它们，它只对于它们有它所有的能力。“知识之相”和我们世界里的事物没有关系，因此它对于它们没有它所有的能力，不能认知它们。结果：神虽具有“知识之相”或最精确的知识，也不能认知实际事物。

【注 130】 134D“这两……一类”——这里的意思不是每个“相”只和它自己有关系，每件个别事物只和它自己有关系;乃是每个“相”只和其它的“相”、每件个别事物只和其他的个别事物有关系。因此就含义译 ἑκάτερα 为“这两类里的每一类”。

【注 131】 134D“治理那……我们”——ἐκείνων 和 ἡμῶν 无问题的是 genitious objections(比较以下 ἡμεῖς τε ἐκείνων οὐκ ἄρχομεν),但 Taylor 在他的译文里很惊人地误为 genitious possessions 了。

再者,ἐκείνων 在这里我们以为是中性,指属于“相”的范围里的;不是阳性,单指神,如 Taylor 在他的译文里所主张的。

【注 132】 134C—E“但请……剥夺了去”——这是“巴曼尼得斯”批评“相”和个别事物分离的第三节。这一节里主要的(参看本节结语)是将在第二节里应用于人一方面的(参看[注 127(1)])应用于神一方面。在论证方面虽无好多新义,但以下三点是我们应当提出讨论的。

(一)神是属于“相”的范围的。这点值得我们注意,因为神是个别的,正如人是个别的一样。他不是“相”,和以后亚里士多德所讲的神不同,那个是一切“相”的总和(参看陈忠寰:《分离问题》,§94)。他也不是和个别事物“同名”的,也不和个别事物对立,像“类似之相”和类似的事物对立一样。这样,他似乎应当属于个别事物的范围即实际世界。然而依照这里的意见,他却属于“相”的范围。

(二)本节的主要目的在证明以下一点,即神不能认知个别事物。这点和第二节的结论遥遥相对,然而论证的路线完全不同。这里的路线是：神有“知识之相”即最精确的知识；但这最精确的知识只以“相”为对象，因此神不能认知我们世界里的事物。这可借图九表达出来。那里论证的路线是：虽然“知识之相”是以“相”为对象的，但我们没有它，所以我们不能认知“相”。这两个论证所取的路线不同，比较图八和图九可以明白看出。

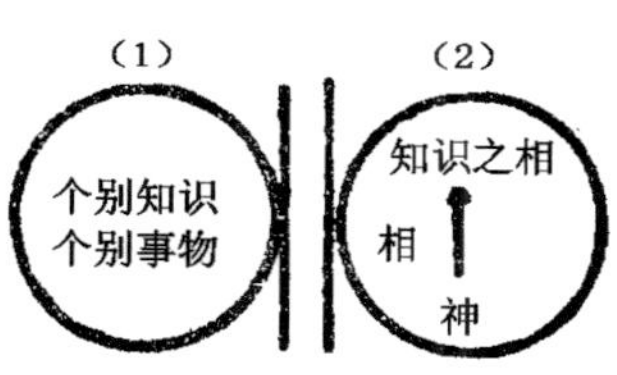

图九 (1)个别事物的范围
(2)“相”的范围

然而我们不难依照和本节里论证平行的路线达到和第二节里结论相同的结论，也不难依照和第二节里论证平行的路线达到和本节里结论相同的结论。由此我们可知，达到本节的和第二节的结论可有两个路线不同的论证。柏拉图在每一节里采取了另一个。

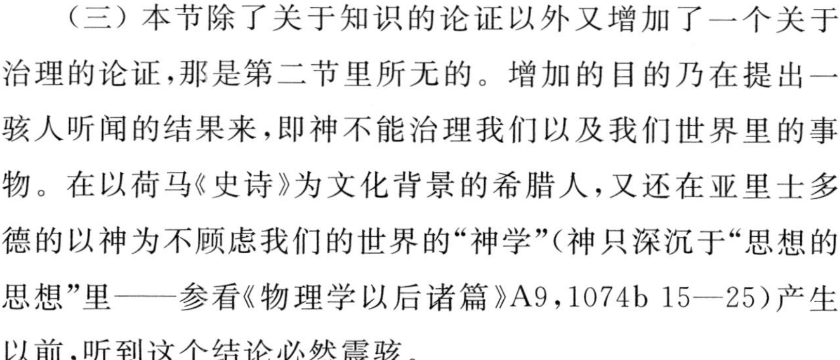

（三）本节除了关于知识的论证以外又增加了一个关于治理的论证，那是第二节里所无的。增加的目的乃在提出一骇人听闻的结果来，即神不能治理我们以及我们世界里的事物。在以荷马《史诗》为文化背景的希腊人，又还在亚里士多德的以神为不顾虑我们的世界的“神学”（神只深沉于“思想的思想”里——参看《物理学以后诸篇》A9，1074b 15—25）产生以前，听到这个结论必然震骇。

【注 133】 134A—134E“巴曼尼得斯说请……剥夺了去”——这是本篇“谈话”中的第一部分的第六段，在这段里，“巴曼尼得斯”批评“少年苏格拉底”所主张的“相”和个别事物的分离。这个批评的中心部分是就认识立论的。从这个批评里我们可以发现一条认识论上的基本原理，这里的论证即建筑在这条原理上面。它的内容是：认识是一种关系，是一种特殊的关系。认识主体和认识对象如若发生这一种关系，认识主体方有认识，方认识认识对象；也只有在这种关系里，认识对象方可为认识主体所认识。反之，如若它们中间没有这一种关系存在，认识主体即没有认识，不能认识认识对象，认识对象也不能为它所认识。

从这里我们可以进一步了解“巴曼尼得斯”的批评。“少年苏格拉底”的“相论”必然产生出以下的结果：即“相”的范围和个别事物的范围相互隔离。属于前一范围的神和属于后一范围的个别事物，以及属于后一范围的我们和属于前一范围的“相”，皆不能有任何关系。但知识即是一种关系，认识主体和认识对象之间的关系。因此跨越这两个范围的知识是不可能的（参看图十）。这就是说：一方面个别事物范围内的认识主体和“相”的范围内的认识对象，另一方面“相”的范围内的认识主体和个别事物范围内的认识对象，都不能有认识关系。一个范围内的认识，又不能沟通两个不同范围内的认识主体和认识对象。因此“相”

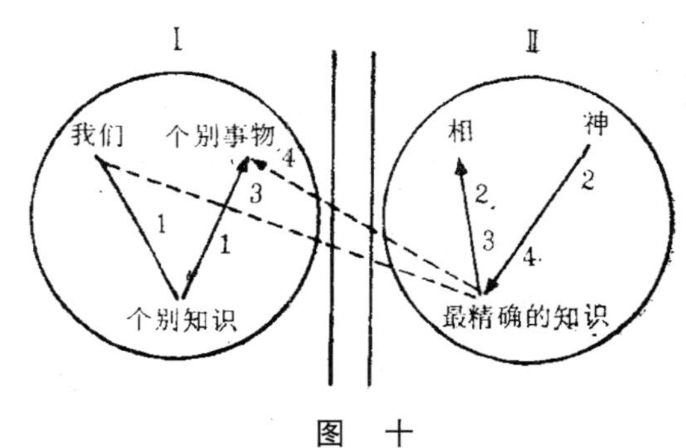

图　十

(1)个别事物的范围　1—1，2—2 可能的认识关系
(2)“相”的范围　3—3，4—4 不可能的认识关系

对于我们是不可知的;神也没有以个别事物为对象的知识。这是“少年苏格拉底”的“相”论所必有的结果,“巴曼尼得斯”借此指明以“相”是和个别事物分离的思想是谬误的。

巴曼尼得斯说:苏格拉底呵!然而相必有这些困难,
以及此外许许多多其它的困难,如若这些是事物的相,并 135A
且人分别每一个相自身;结果乃是听的人不仅疑虑而且持反对的意见:以为没有相;即使有相,它们必不能为人类的本性认知。讲这些话的人看起来讲了些合宜的话;转移他的意见,如我刚才所说的,是骇人的困难。能了解
关于每类事物有个相——有自在的是——的,已是富于 B
优秀禀赋的人了,但更值得人惊异的是那个发现这点的人,他又能将它教给另一个关于这一切已透彻地、美满地分辨过的人。

苏格拉底说:巴曼尼得斯呵!我和你同意,因为你讲的很合我的意思。

【注 134】 135A“如若……自身”——这是依据抄本读法的翻译;但这样的读法不能给我们适当的意义。这个条件副句的职务在讲出(依据以下所说的)“听的人……持反对的意见:以为……它们(指‘相’)不能为人类的本性认知”的原因。以“相”为不可知的那个意见,我们在以上 133B—C(“如若人……服的”)已见到了。两处显然讲论同一点(参看

［注 137］）。依据 133C，人持那个反对意见，因为“少年苏格拉底”，或他人，关于每一类个别事物肯定一个自在的“相”，而且又同意这些“相”无一在个别事物中间。两处听讲的既然是同一个结果，因此我们很可以想象，这里的条件副句所要讲的原因正是那里所讲的原因。以 133C 为根据，我们很怀疑，抄本上的 αὖται 是否应当作 αὖται。如若我们读如 αὖται（意为αὖται καθ' αὑτας）以代替 αὖται（读音符号在柏拉图时代本尚未有，乃是以后在所谓“大希腊时代”为了外国人学习希腊文的方便增加的，所以变更读音符号并非改窜原文），再从 Heindorf 读 ἕκαστον 为 ἑκάστου，那么，这个副句应译为：如若事物的“相”是自在的，并且人关于每一类个别事物分别一个“相”。这正是 133C 里所言的。

【注 135】 135A“如我……说的”——回指 133B—C“否则……服的”。

【注 136】 135B“透彻……满的”——“透彻的”译 διευκρινησάμενον 中 δι（α），“美满的”合译 ἱκανῶs（满足的）和 διευκρινησάμενον 中的-ευ-（美，好）。

【注 137】 134E—135B“巴曼……意思”——（1）这一节是附加在批评“相”和个别事物的分离一段（133A—134E）后面的，可说是本篇“谈话”第一部分中第六段的一个附录（Appendix）。但本节所讲的除了一点以外几乎都在以前一节里（133B—C“如若人……服的”）已讲了柏拉图在本节里回指那节，（参看［注 135］），而且不但意思相同，甚至文字亦符合。

这样相同或符合的词句至少有以下四个：

（一）本节：ἀκούοντα καὶ αμφισβητεῖν（听的人……持反对的意见），

那节：ὁ ἀμφισβητῶν（持反对意见的人）；

（二）本节：τῆ ἀνθρωπίνη φύσει ἄγνωστα（不能为人类的本性认知），

那节：μηδὲ προσήκειν αὐτὰ γιγνώσκεσθαι（不适合于为人认识的），

又：ἄγνωστα（不可知的）；

（三）本节：δυσανάπειστον（转移他的意见是困难的），

那节：ἀπίθανος（不信服的）；

（四）本节：εὐφυοῦς（优秀禀赋的人），

那节：μὴ ἀφυής（非无禀赋的）。

我们以上已提到（参看[注 109]）那节里一共提到五个人，但谁究竟是谁，尚无一致的解释。刚才所列举的本节和那节中的意思相同或文字符合的四个词句，是在视若杂乱里寻出头绪来的关键。

（2）然而除去这四个相同或符合点以外，两节里还有一根本不同的地方。这正是何以柏拉图既写了以上那一节以后，还补写本节的理由。这不同点是：

本节："讲这些话的人看起来讲了些合宜的话。"

那节："对讲这话的人，人不能指出，他所言不真，除非……"

这样，同一个人，而且同一个人所讲的同一的话，即和个别事物分离的“相”不能为人认识，何以在那里是“所言不真”，在这里却“看起来讲了些合宜的话”？我们当前的问题是：柏拉图自己对于借“巴曼尼得斯”的唇舌所加于“相”和个别事物分离的批评究竟持什么态度？

这问题很重要，是研究本篇“谈话”的人必须注意的。因为它一方面牵涉到“巴曼尼得斯”的批评是否出于柏拉图自己，还是这人转述他人的意见这一问题，另一方面牵涉到那个批评中所含的论证自身有何价值这一问题。我们既无理由仅依据以上那一节，说：柏拉图以为那个论证是“所言不真”，我们也无理由仅依据本节，说：他以为那个论证，“讲了些合宜的话”。我们必须同样承认这两节里所讲的话，以它们为代表柏拉图对于那个论证究竟的态度。这就是说：它既是“所言不真”，又“看起来讲了些合宜的话”。但同一个论证如何能如此？

依据以上那一节里的意思：人不能指给讲“相”是不可知的人看，他所言不真，除非那人愿意听那“复杂的、从远处起始的讨论和证明”。这样的讨论和证明显然指本篇“谈话”第二部分里的“推论”。因此这里还不是我们解答这问题的适当处所；这个工作唯有留待以后补成（参看[注 231(4)]、[注 343(3)]，以及[注 393(5)]）。

然而这里我们可以预先指出以下一点来：“相是不可知的”这一结论产生于“相”只相互有关系，却和个别事物无关系。这个论证实际上有两个前提：（一）“相”和个别事物分离；

(二)“相”相互有关系。何以对于同一个结论却有两个不同的评价,其理由我们似乎应向这两个不同的前提里去寻。

巴曼尼得斯说:苏格拉底呵!然而如若因为顾到现在刚讲的一切困难,以及其它类似的困难,否定有事物的相,如若他关于每一类事物不分别相,他将不能将他的思想向着任何处所转移,因为他否认每一类事物的相是恒久同一的;并且这样他完全毁灭了研究哲学的能力。我 C
想,你尤其见到这点。

苏格拉底说:你讲的正确。

那么你怎样研究哲学呢?这几点不明了,你向何处转移呢?

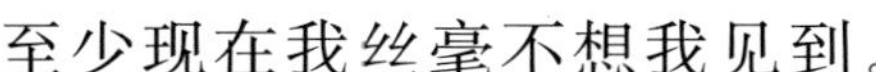

至少现在我丝毫不想我见到。

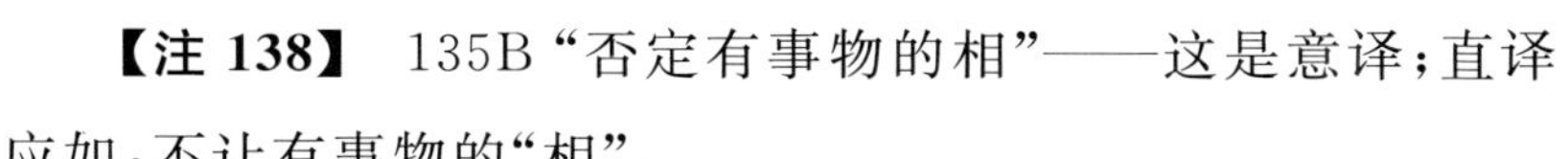

【注 138】 135B“否定有事物的相”——这是意译;直译应如:不让有事物的“相”。

【注 139】 135B“每一……事物”——参看[注 111]。(Taylor 的译文“for a thing”是错误的)。再下一句中“……每一类事物”同此。

【注 140】 135B“他将……转移”——依照柏拉图的思想,“相”是高级认识(νόησις, ἐπιστήμη)或思想(διάνοια)的对象。因此如若人否认“相”,高级认识即不可能(参看《克拉惕劳斯篇》400A“我们看起来也不能肯定有知识,如若一切事物转变,无一停留”),他的思想即失其目标。于是人不能将他的思想向任何处所转移。

【注 141】 135C“研究哲学的能力”——国内流行的一个名词:“辨证术”,乃是欧洲现代文中 dialectic 或其相当字的翻译。这是西洋哲学史上一个重要的术语,它有两千多年的历史;详细知道它的历史的人,国内还不多见。这段历史始自柏拉图的 διαλεκτική μέθοδος(《国家篇》VII 533C)。διαλεκτική μέθοδος又出于 τό διαλέγεσθαι,譬如此处以及其它处所。这字在柏拉图的哲学里和在亚里士多德、康德、黑格尔的哲学里意义皆不同;它相当于我们现在所谓“哲学”,或更精确点,相当于现在哲学中的所谓万有论和认识论部分。因此译如上。

何以柏拉图名哲学研究为 διαλεκτική μέθοδος 或 διαλέγεσθαι,其原因如下:苏格拉底研究哲学所取的方法是和人谈话;谈话在希腊文即是 διαλέγεσθαι(所以柏拉图的哲学著作即是 διάλογοι 或“谈话”)。这爱智活动所采取的方法一变而代表这个活动的本身;哲学研究即名为 διαλεκτική μέθοδος。

从内容方面讨论柏拉图的 διαλεκτική μέθοδος 是一个专门的工作,我们在这里不能举行。我们所可简括地说的,即是它的内容并不随处一致,譬如《国家篇》VII 531 D ff. 里所讲的即和《哲人篇》253B ff. 里所讲的不同。

【注 142】 135C“这几……明了”——τούτων 的先驱词(antecedent)寻找不出来;我们以为这字泛指 130E 以来所讨论的几点——“分有”、“相”和个别事物的对立以及“分离”。

【注 143】 135B—C“巴曼尼得斯说……见到”——(1)这一节结束了“巴曼尼得斯”对“少年苏格拉底”的“相论”的批评(130A—135B“毕陀……意思”),同时也结束了本篇“谈话”的第一部分。我们以上首先指出本篇的原始问题是极端相反者之间的分离问题([注 27(2)]);再指出这一个问题如何发展为两个问题:极端相反的“相”是否相互分离而不相互结合?极端相反的性质是否相互分离而不在个别事物里相互结合?([注 40(2)]);再指出如何“少年苏格拉底”认为以上第二个问题为不成问题,真实的问题乃是如何“拯救现象”,乃是解答极端相反的性质怎样在个别事物里相互结合([注 47]);再指出如何他“拯救现象”的企图能否成功,须看组成他的“相论”的三点——“同名”的“相”和个别事物的对立、“相”和个别事物的分离、个别事物对“相”的分有——是否无困难([注 58(3)])。现在“巴曼尼得斯”已将那个“相论”中的三点逐一讨论了,发现了它们的困难。这样,“少年苏格拉底”“拯救现象”的企图失败了;本篇“谈话”第一部分未及有一个积极的结果也就结束了。所余下的是五个问题:

(一)极端相反的“相”是否相互分离而不相互结合的问题;

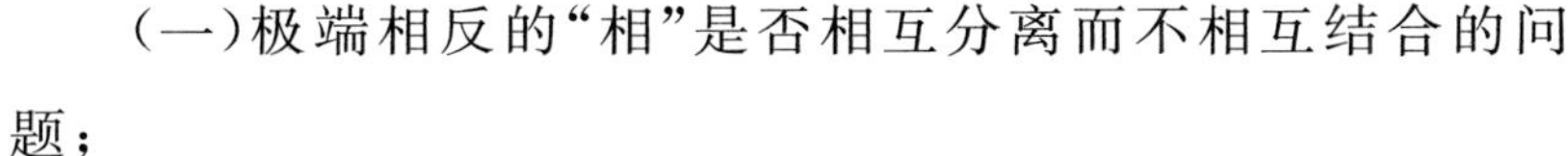

(二)极端相反的性质怎样在个别事物里相互结合的问题;

(三)“同名”的“相”和个别事物对立的问题;

(四)“相”和个别事物分离的问题;

(五)个别事物分有“相”的问题。

(2)这五个问题中,前两个的解答是我们希望于本篇"谈话"中第二部分的。但这些解答应向哪个方向去寻求呢?本节恳切地讲:"少年苏格拉底"的"相论"虽然失败了,但人却不可因此舍弃"相";否则哲学研究即根本遭毁灭了。这样,不但所余下的问题里的第一个本是关于"相"自身的问题,即第二个问题也只有在肯定"相"这个方向里寻求解答。我们以上已经推论了,解答第二个问题唯有自第一个入手([注 58(2)])。这样,解答本篇原始的问题所需要的是一个"相论",一个和"少年苏格拉底"所主张的不同的"相论"。这一点柏拉图在本节里已暗示我们。

至于其余三个问题,它们和上述五个问题中的前两个问题性质根本不同。这三个问题不是基础于事物本身的,乃是产生于特殊学说的。严格讲起来,它们是无法挽救的困难,是不能解决的问题。

"少年苏格拉底"的失败不在他以一个"相论"来"拯救现象",乃在组成那个"相论"的三点根本纠缠着许多不能挽救的困难。他已寻出解决问题的正当方向,只未踏上正当的途径。他的失败只在后一层。这样,"拯救现象"的新企图有了轮廓了。它必从解答余下的问题中第一个问题入手,以解答第二个问题,但同时不蹈"少年苏格拉底"的"相论"的覆辙。

巴曼尼得斯说:苏格拉底呵!这因为你在训练你自己以前,即从事于分辨某某美、公正、善以及每一个相。
D 当我前天听到你在这里和这位亚里士多德谈话时,我就注意到你对于论证的猛进；你很清楚，这实是良善的、神圣的，但当你还是年少时，你须勉力，尤其借着那看起来是无用的、大家称之为闲谈的办法训练你自己；否则真理将逃避你。

苏格拉底说：巴曼尼得斯呵！什么是训练的方式？

巴曼尼得斯说：这个，就是你从齐诺听得的。然而除去这点：我钦佩你对他讲，你不允许在视觉对象里或关于 E
视觉对象察看论证的过程，但关于万有中的那些察看，那些是人最可用论证把握的，最认为是相的。

苏格拉底说：因为我想这样指明事物既类似又不类似或有其它的性质，是不难的。

巴曼尼得斯说：好。但此外应当再做以下一事，倘若你欲进一层训练你自己，不应当只假设：如若每一个是，以研究由这假设所生的结果，但也必假设：如若同。一个 136A
不是。

苏格拉底说，你怎样讲？

巴曼尼得斯说：如若你愿意，即以齐诺所假设的这个假设为例；如若多是，人应当研究，对于多自身应当产生什么结果，相对于它们自身和相对于一，再对于一，相对于它自身和相对于多；在另一方面，如若多不是，再研究对于一以及对于多将产生什么结果，相对于它们自身以 B
及在它们彼此相对里。再者，如若你假设：如若类似是，或如若类似不是，就应当研究：在每一个假设下，对于所假设的自身，再对于异于这个的，将产生什么结果，相对于它们自身以及在它们彼此相对里。同样的话也关于不类似，关于动，关于静，关于生，关于灭，关于是自身，关于不是，总之，关于任何你每次假设为是的，或不是的，或者
C 有任何其它性质的，应当研究那些结果，相对于它自身和相对于异于它的里你所选择的每一个以及同样相对于异于它的里许多个和异于它的全体；如若你要由于完满地训练你自己关于真理获到有权威的洞察，就应当再研究那些异于它的，相对于它们自身和相对于其所异，那就是你每次选择的，无论你假设所假设的是或者不是。

【注 144】 135D“当我……话时”——这句话有些出人意料之外。以上 127A—C 叙述“巴曼尼得斯”、“齐诺”到雅典来以及“少年苏格拉底”往晤他们，词句中虽未明言本篇“谈话”所记载的即是他们三人第一次会晤的情形；但我们读以上的叙述时，总不免这样设想。然而本句却告诉我们本篇所记载的已是他们第二次的会晤了。这句虽然不必和以上的叙述有所冲突，但仿佛多少总有点不相投。柏拉图有意如此，以暗示以上的叙述并非正确的史事记载么？

【注 145】 135D“你对……猛进”——这是意译，因为原文字句堆叠，不能直译。

【注 146】 135E“论证……过程”——这乃是 πλάνη 一字

就此处上下文中含义引申的翻译(以下136E同此),这字的原义乃是“行动”。这里所指的差不多是后世所谓的 dialektischer Prozess(“辩证的”历程);但我们不愿用后世的术语来翻译前人的词句,因此译如上。

G. Stallbaum 在他的 Platonis Parmenides cum quatuor libris prolegomenorum et commento perpetuo 里(ad loc.)以为 πλάνη 回指129E中的 ἀπορίαν(困难),但和以下136E ἄνευ ταύτης τῆς διὰ πάντων διεξόδου τε καὶ πλάνης 的比较足证明其解释为错误。

【注147】 135E“万有……的那些”——为行文方便计,增加对于原义毫无影响的“万有中的”。

【注148】 135E“然而……相的”——“巴曼尼得斯”所谓的“训练”,在形式方面类似“齐诺”在他的刚宣读了的著作里实际运用的方法。那里是以视觉对象为论证的对象的;然而“巴曼尼得斯”却赞同“少年苏格拉底”,以为这方法应当运用于“相”这方面。

“少年苏格拉底”对“齐诺”所发表的意见,见以上129E—130A(“然而……里指明”)里。

【注149】 135E“倘若……个是”——(1)这样形式的句子在本篇“谈话”的第二部分里时常出现。这 ἔστιν 在中文里严格讲起来不能翻译。第一,它所表示的比较“存在”广的多,因此我们不能译这句为“如若每一个存在”。第二,若我们用中文里外延最广的哲学术语“有”来翻译——“如若每一

个有”——至少是不成词。在这个情形下我们以为，如若翻译，只有采取生硬的直译。（这样也许不但为中国哲学界创造一个新的术语，而且还给读者一个机会，练习一种新的思想方式。）因此译如上。

（2）译文确当与否暂且勿论；这字所表示的意义可从以下见出：设以“甲”代表“每一个”，“甲”是“子”、“甲”是“丑”、“甲”是“寅”……“存在”只是“子”、“丑”、“寅”……中之一，譬如“寅”。“甲是”决不同于“甲是寅”。正如“甲是”不同于“甲是寅”，它也不同于“甲是子”、“甲是丑”……中的任何一个。“是”和“是子”、“是丑”、“是寅”……的分别，乃是前者是未分化了的，后者是分化了的。

“是”在这样的意义里代表一个范畴：“甲是”事实上表示“甲”+“是”，即“甲”和范畴“是”的结合。

【注 150】 136A “如若同……个不是”——这样形式的句子也是在本篇“谈话”的第二部分里时常出现的。它和“甲是”相反，即是“甲不是”。它的意义是：“甲”和范畴“是”不结合，和这个分离（参看[注 149]）。

【注 151】 136A “人应当研究”——此句原文中省略，我们就以上 135E χρὴ... σκοπεῖν 增。

【注 152】 136A “如若多……相对于多”——这是“巴曼尼得斯”应“少年苏格拉底”的请求，所给的第一个训练方式中的前一半。假设：A.“多是”，人应当研究由这假设所产生的四种结果：

I. 对于“多”的 (1)相对于“多”自身的，
(2)相对于“一”(“多”的极端相反的)的；

II. 对于“一”的 (3)相对于“一”自身的，
(4)相对于“多”的。

这里词句的意义参看[注 153]。

【注 153】 136A—B“如若多不……对里”——这里的意思是：如若人假设“多不是”人应当研究 I. 对于“一”产生什么结果，II. 对于“多”自身产生什么结果。对于“一”的结果又可辨别为(1)相对于“一”的，和(2)相对于“多”自身的；对于“多”的结果也可辨别为(1)相对于“多”自身的和(2)相对于“一”的。

我们可以从以下八组推论(137C—166C)里引两个例子来解释这里的意义，虽然那里所假设的和这里的不同。譬如推论 IV.(3)由“如若一是”推论“其它的”(1)既不类似又不不类似“一”，(2)既不类似又不不类似“其它的”自身(159E)；(1)和(2)即相当于这里的 I.(2)和 I.(1)；再如推论 I.(7)由“如若一是”推论(1)“一”不同于和不异于“其它的”，(2)也不同于和不异于“一”自身(139B—E)“一将……已不能”(参看[注 209])；(1)和(2)相当于这里的 II.(2)和 II.(1)。

【注 154】 136A—B“在另……对里”——这是第一个训练方式中的后一半。(我们以为 καὶ τῷ……ἄλληλα 等于 καὶ τῷ ἑνὶ πρὸς αὑτὸ καὶ πρὸς τὰ πολλά καὶ τοῖς πολλοῖς καὶ πρὸς αὑτὰ καὶ πρὸς τὸ ἕν)假设:B.“多不是”,人应当研究由这个假设所产生的四种结果:

I. 对于“一”的
- (1) 相对于“一”(“多”的极端相反的)的,
- (2) 相对于“多”自身的;

II. 对于“多”的
- (1) 相对于“多”自身的,
- (2) 相对于“一”的。

【注 155】 136B“对于所……自身”——“所假设的”即指假设中的主体,譬如“如若甲是”,“甲”是这个假设中的主体,即是被假设为和“是”结合的。人应当研究从这个假设对于“甲”所产生的结果。

【注 156】 136B“异于……个的”——譬如假设:“如若甲是”,所谓“异于这个的”即是“非甲”。

【注 157】 136B“再者……对里”——这是“巴曼尼得斯”所给的第二个训练方式,它和第一个完全相同。这两个训练方式可以普遍地表示如下:

(A)“如若甲是”,人应当研究从这个假设所产生的四种结果,即:

I. 对于“甲”的
- (1) 相对于“甲”自身的,
- (2) 相对于“非甲”的;

II. 对于“非甲”的
- (3) 相对于“非甲”自身的,
- (4) 相对于“甲”的;

(B)“如若甲不是”，所产生的四种结果，即：

III. 对于“非甲”的 {(5) 相对于“非甲”的，(6) 相对于“甲”的；}

IV. 对于“甲”的 {(7) 相对于“甲”的，(8) 相对于“非甲”的。}

【注 158】 136B“或者……质的”——这一点是新的，是以上所给的两个训练方式中所无的。以上的假设皆可以用“如若甲是”或“如若甲不是”代表，这句中所讲的乃是“如若甲是子”(或根据 135E—136A“但此……个不是”我们应当补充：或“如若甲不是子”)。这样，由“甲”和一个范畴——“是”——的结合或不结合，扩张到“甲”和其它一切范畴的结合或不结合。

【注 159】 136C“相对于异于它的里你……全体”——这句所讲的也是新的，也是以上两个训练方式里所无的。假设中的主体“甲”，异于“甲”的是“非甲”。“甲”和“非甲”合并代表一切范畴的总和；“非甲”包含“子”、“丑”、“寅”……“亥”。依照以上的两个方式，人应当研究：由假设

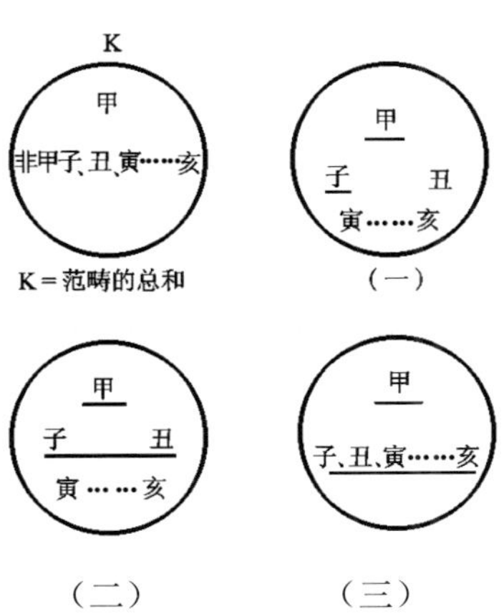

图　十　一

“如若甲是”所产生的对于“甲”自身和对于“非甲”的结果。那里只笼统讲“非甲”，这里却将“非甲”分为范围广狭不同的

三级。由每次假设所产生的结果，除去那些对于“甲”自身的以外，人还须研究（一）那些对于“非甲”里任何一个的，譬如“子”；（二）那些对于“非甲”里几个的，譬如“子”、“丑”；以及（三）那些对于“非甲”全体的，譬如“子”、“丑”、“寅”……“亥”。参看图十一中（一）、（二）、（三）。

【注 160】 136C“应当再……次选择的”——这点也是新的，也是以上两个训练方式中所无的。依照那两个方式，人应当研究由这次的假设：“如若甲是”和“如若甲不是”所生的结果；但这里“巴曼尼得斯”要求，在研究那些结果以外，还应当研究那些异于“甲”的，即“非甲”自己。这个研究又分为两个步骤：（1）相对于“非甲”自身和（2）相对于其所异。“非甲”的所异是“甲”，即相对于“甲”。根据以上所言的，“非甲”分为范围广狭不同的三级（参看［注159］），那么，步骤（1）复分为三：即（1）（一）、（1）（二）和（1）（三）。

【注 161】 136B—C“总之……不是”——这是“巴曼尼得斯”所讲的第三个训练方式。依据这个方式，从每一个肯定的假设，人应当作以下十个或十四个研究。

（A）（a）假设：“如若甲是”，或（b）“如若甲是子”，人应当研究

（1）（α）从所假设的产生的结果：

①相对于“甲”自身的……（研究一），

②相对于“非甲”的
- （一）相对于“非甲”中任何一个或“子”的……（研究二），
- （二）相对于“非甲”中几个或“子”、“丑”的……（研究三），
- （三）相对于“非甲”全体或“子”、“丑”、“寅”……“亥”的……（研究四）；

以及研究从

(B)(a)假设：“如若甲不是”或(b)“如若甲不是子”

(1)(β)所产生的结果：

①相对于“甲”自己的……（研究五），

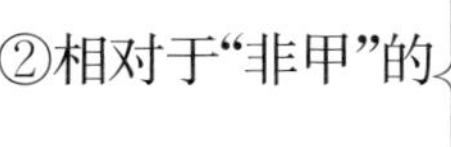
②相对于“非甲”的
- （一）相对于“非甲”中任何一个或“子”的……（研究六），
- （二）相对于“非甲”中几个或“子”、“丑”的……（研究七），
- （三）相对于“非甲”全体或“子”、“丑”、“寅”……“亥”的……（研究八）；

此外仍应当研究

(2)(α)“非甲”：

①相对于“非甲”自身……（研究九），

②相对于“甲”……（研究十），或更严格点，根据以上分“非甲”为范围广狭不同的三级，（参看[注 159]）研究）

(α)(β)(一)“非甲”中任何一个或“子”，

①相对于“子”自身……（研究九），

②相对于“甲”……(研究十)，

(二)“非甲”中几个或“子”、“丑”

①相对于“子”、“丑”自身(研究十一)，

②相对于“甲”……(研究十二)，

(三)“非甲”全体或“子”、“丑”、“寅”……“亥”

①相对于“子”、“丑”、“寅”……“亥”自身……(研究十三)，

②相对于“甲”……(研究十四)。

【注 162】 136A—C“巴曼……不是”——这节是“巴曼尼得斯”应“少年苏格拉底”的请求，指示这人的三个训练方式。如我们所知，研究本篇“谈话”的柏拉图学者除了 Wundt (a. a. O. S. 5—6)以外，还未有人给本节相当的注意，更休谈分析了。这样的忽视是不应当的，因为这里直接牵涉到一个考据方面的、因而间接牵涉到义理方面的问题。因此我们将这三个方式逐一仔细分析了，并且发现其中第一和第二是相同的(参看[注 157])，但第三和第一、第二皆不同(比较[注 157]和[注 161])。这个不同很有注意的价值。Wundt 指出，柏拉图在以下八组“推论”(137C—166C)里，事实上所采用的方式和本节里所讲的不同，这是他用以论证本篇“谈话”中的第二部分原是一篇独立的著作，并且还是在第一部以前著成，所持五个理由中的最后一个。但他却忽视了一点：即本节所讲的三个方式自身即差别很大。因此本篇中以后的“推论”事实上所采用的方式根本无法和本节所讲的不同方式尽同。由此可见 Wundt 怀疑本篇本非一贯著成，所持的

理由并不充足(参看[注 65])。

苏格拉底说:巴曼尼得斯呵!你叙述一件非常的工作,而且我不很懂。但你自己何不假设任何一点为我详细解说,以便我更透彻点学习?

巴曼尼得斯说:苏格拉底呵!你指派我这样年岁的 D
人一件繁重的工作。

苏格拉底说:但是你,齐诺,何不为我们详细讲?

毕陀朵罗斯说,齐诺笑着讲:苏格拉底呵!我们要求巴曼尼得斯自己。因为他所讲的不是一件轻微的事。或者你未见到,你指派一件怎样重大的工作么?如若我们人多些,那就不应当要求;因为在大众面前讲论这些话是不适宜的,尤其对于这样年岁的人。因为大众不知道,没有这个经过一切的详细解说和论证的过程,就不能遭遇 E
着真理,以具有知识。这样,巴曼尼得斯呵!我和苏格拉底一同请求,庶几我自己经过了好些时以后又可详听。

盎提丰讲,毕陀朵罗斯说,当齐诺讲完了,毕陀朵罗斯自己、亚里士多德以及其他的人要求巴曼尼得斯指明他所说的,不要拒绝。巴曼尼得斯讲:必然被说服了。然而我想,我有易彳考斯的马所有的情感。那个竞跑的老马在车辆下即将竞赛,由于经验,对着未来战栗。那人将 137A
他自己和这马比拟,说:他也这样老了,违背自己的意志,

被强迫着走入爱的道路。我回忆往昔，觉察也有大的恐惧，怎样以如此的年龄，必须游泳过这样性质的、这样广阔的论证的海。然而我必须使你们愉快，既然如齐诺所
B 说的，这里只是我们自己。那么我们将从何处开始，我们将首先假设什么？既然这看起来是做一件研究性质的游戏，如若你们愿意，让我从我自己，从我自己的假设开始，作一个关于一自身的假设：如若一是或如若非一，应当产生什么结果？

齐诺说，无疑的。

巴曼尼得斯说：那么谁将回答我呢？或者那个年纪最小的？因为他最少多事，并且他最可以以他所想的回答；同时他的回答给我以休息。

C 亚里士多德说：巴曼尼得斯呵！关于这一点，我为你准备了；因为你讲年纪最小的即说我。但请你问吧，我将回答。

【注 163】 136E“因为……知识”——参看以上 135D“尤其……自己”。柏拉图的著作里所谓“大众”一词含有轻视的意思。在他的所谓“苏格拉底”谈话里，我们已见到专门家(τεχνικός)的重视。“大众”即是和专门家立于相反地位的人，他们即是缺乏专门知识的。这个对“大众”的轻视显然渊源于对雅典民主政治的反感。

【注 164】 137A“易毕……道路”——参看易毕考斯著作残篇第二条，Bergk 辑。

【注 165】 137A“你们”——就原义增加。

【注 166】 137B“研究……游戏”——这是一个为柏拉图学者常常引用的名词。许多解释本篇“谈话”的人不愿或不能深入研究本篇的主要部分，即第二部分，常常将那部分的意义看轻。柏拉图自己在这里称 137C 以下的“推论”为一种 παιδιά或“游戏”恰好给他们藐视那部分的机会。譬如 Taylor(ibid p. 39.)即这样说：“… it follows that the dialogue is very largely of the nature of a *jeu d'esprit.*”他虽然表面上未提出这里的 παιδιά一字来，但事实上 jeu d'esprit 即可视为那个字的翻译。凡是以本篇中第二部分为“精神游戏”的人皆忘记一件事实，即 παιδιά这字的字义虽然是“游戏”，但在柏拉图的老年著作里这字却用以指那最严肃的工作，譬如《提马也奥斯篇》59D 以及《法篇》656C，803C 皆是如此。在这里也是同样的情形；而且柏拉图深恐肤浅的读者就字面解释，特意明明白白地讲，这种“游戏”乃是 πραγματειώδη。πραγματεία 一字在柏拉图的时代已有“学术研究”的意义(参看 Wundt a. a. O. S. 27—28)。本篇“谈话”里的第二部分乃是柏拉图著作中的最严肃的——即在二千六百年的欧洲哲学史上也只有黑格尔的 Wissenschaft der Logik 与之媲美——它只是研究性质的“游戏”，决非一个无聊的“精神游戏”。须知一个研究问题的哲学家没有余暇去作“精神游

戏”;那种举动只属于不能严肃工作的人。

【注 167】 137B“我自己的假设”——如若我们在这里不严密地以同一名词翻译同一个名词,我们可根据 ὑπόθεσις 的字源译为“基本的肯定”。历史上的巴曼尼得斯的基本思想是:万有是一,参看 Fr. 8,5—6 Diels。

【注 168】 137B“关于……自己”——περὶ τοῦ ἑνὸς αὐτοῦ 里的 αὐτοῦ Taylor(ibid)以为指那讲话的“巴曼尼得斯”,译为“我自己的”;但这是个错误的翻译。因为如若情形真是如 Taylor 所想象的,我们盼望 ἐμαυτοῦ 代替 αὐτοῦ,正如见以上一个半句里的。反之,τὸ αὐτῷ 在柏拉图的著作里习惯了联成一个哲学的术语;这里的 αὐ τοῦ 乃是和 τοῦ 联为一词,意为“一自身”,即指“一之相”(参看[注 56])。这样,以下(137C—166O)所谓“一”皆是“一之相”的简称(参看 129D—E“但若……开来”)。

【注 169】 137B“如若非一”——Wundt(a. a. O. S. 6,1)指出,此处流传的读法有误;以后所讨论的不是“如若非一(是)”,乃是“如若一不是”。他说抄本 H 无 ἕν 字(这个读法 Burnet 和 Diès 的两种校勘本皆未载),但他根据以下 166 C 以及 Proklos 注页 1033,3—5Cousin[2] 主张修改为 εἴτε μὴ ἔστιν(“如若一不是”)。我们认为他的修改完全确当,虽然译文仍根据流传的读法。

【注 170】 135C—137C“巴曼……回答”——这段是本篇“谈话”中第二部分的引论,它的中心题目是“训练”。“训练”或 γυμνασία 一字在本段中在文法上不同的形式里总共出现了五次(135C,135D[bis],136A,136C)。许多解释本篇的人即根据这些出处,以为本篇中第二部分只不过是形式逻辑方面的训练,在内容方面并无意义。这种解释不始自现代,在古代已有代表(参看 Proklos ibid 630 ff. Cousin[2])。以本篇的中心部分为形式逻辑方面的训练,虽已较以这部分为“精神游戏”将它看为严肃的多了,但失于浅薄却是两种看法的共同弊病。正如以这部分为“精神游戏”的人只执着 παιδιά一字的字义,未能看到它的所指,以这部分为形式逻辑方面训练的人也只执着 γυμνασία 一字的字义,未能看到它的所指。

柏拉图在本篇里所讲的“训练”究竟是甚么,即在本段里我们已可看出:它乃是一种推论。这些推论的出发点是一个假设,因此每一个推论的结论和这结论所从出的假设合并即获得一个悬拟判断的形式,譬如“如若一是,一不是多”[推论 I.(1)],或“如若一是,一有部分”[推论 II.(1)]。从逻辑学上我们知道,悬拟判断的前句(Vordersatz)表示根据(Grund),后句(Nachsatz)表示由这根据所生的必然效果(Folge)。效果在某某意义里是蕴涵在根据里的,譬如在以下两个悬拟判断:“如若一个动物是牝的,它有母性”;“如若一个动物是牡的,它有父性”里,“母性”即蕴涵在“牝”内,“父性”即蕴涵在“牡”内。所以本篇“谈话”第二部分中每一个推论实际上只是——这里我们必须创造一个术语以表达这件事实——“内涵者在思想里的外演”(Explikation des Impli-

zierten im Gedanken)。在这段里"巴曼尼得斯"已经表示了，本篇第二部分是以"相"为对象的(参看 135E"然而……相的")。这里所谓"相"不是柏拉图在其它"谈话"里普通所讲的，乃指"相"中某某一种(关于这一种"相"的内容参看[注232(2)])，以后《哲人篇》中的"最普遍的种"(254B ff.)皆包括在内。因此这部分中所讲的"相"皆指"最普遍的种"；若用后起的名词讲，这部分以范畴为对象。(以下凡在注中以"相"与范畴并举，如言："相"或范畴，皆指"相"中这一种。)这样，那种推论只是在思想里将范畴方面的蕴涵外演，即是就着蕴涵观察范畴间的关系(Betrachtung der Kategorialrelation an Hand der Implikation)。

"巴曼尼得斯"并不坚持，这样的推论应从一个固定的范围和另一个固定范围之间的一个固定的关系出发，但他特别申明，这样的推论可以从"任何你每次假设为是的、或不是的、或者有其它性质的"出发。于是那种推论仿佛只注重蕴涵的关系，不注重蕴涵的内容。因此人误认那些推论只是形式逻辑方面的训练，并无内容方面的意义。

这样的解释即从表面上已可见其谬误。如若本篇第二部分的目的只是形式逻辑方面的训练，为何柏拉图将这部分写得这样长，比较第一部分长三倍有奇？我们没有理由可以设想，"学院"中的人物在柏拉图的眼中是这样的蠢笨，以致他认为，若使他们了解那种推论中蕴涵的关系，一两个例子还远不够，必须这样许许多多的例子方可。我们不可忘记，"学院"中人非他，乃 Eudoxos，Speusippos，Xenokrates，Theaetetos, Aristoteles, Heracleides Ponticus, Philippos 等等，他们皆是人类值得骄傲的人，皆是西洋哲学史上、数学史上、天文学史上以及生物科学史上开辟新纪元的人！

这只是从表面上看。若我们再从深处看，我们可以发现，凡以为本篇第二部分只是形式逻辑方面训练的人根本未见到以下一点。假设我们这里有两个悬拟的前提：(1)“如若一个动物是牝的”，(2)“如若一个动物是牡的”。从(1)我们推论(一)“它有母性”；从(2)我们推论(二)“它有父性”。(一)和(二)皆是正确的推论。但从(1)推论(二)或从(2)推论(一)皆是错误的。何以如此？从形式方面我们不能了解那种分别。这个分别的原因乃是：前两个推论和对象的内容一致，不冲突；后两个和对象的内容冲突，不一致。由此可见，任何一个这样的推论，如若它不是无固定的内容的像“如若甲——乙，则甲——丙”(或“如若甲——乙，则丙——丁”)一样，它皆不只是形式的；反之，它必牵涉到对象的内容。因为这样的推论实际上乃是悬拟判断的构成。这种判断表示效果和根据间的必然关系。后句之所以如此，固然以思想的逻辑结构为基础，然而最后却取决于对象的内容。因此从“一”的隔离了的孤立推论“一”不是多(137 C“如若……会呢”)或从“一”和“是”的结合推论“一”是多(142 D—143 A“那么怎样……如此”)，也不能只是形式逻辑方面的训练。这样，本篇“谈话”的第二部分肤浅地看去，只是这样的训练；深入地看去，乃是关于对象内容方面的研究。所谓“训练”实际上乃是就着蕴涵研究范畴间的关系。

巴曼尼得斯说：很好。如若一是，除了一不是多以外会有其它的结果么？

怎会呢？

【注 171】 137C“如若一是”——从这里起直至本篇篇末，总共八组推论。“如若一是”是其中第一组的假设。它和第二组的假设从表面上看起来似乎没有分别；但仔细考究，即知其不然（参看[注 237(2)]）。这里所假设的虽是“一是”，但着重点只在“一”，不在“是”。因此第一组推论的前提实际上乃是在这组推论里另一处明白讲出的：“如若一是一”（137D）。

在所谓“如若一是”里，“一”的意义和“是”的意义是互为消长的；因此实际上所假设的不是：和“是”结合的“一”，乃是：是“一”的“一”。是在这里只成了一个文法上所必需的词，失去了万有论上的内容。以下 142 C 重述这个假设时，即抛弃了这里的文字形式，只将这里实际上所假设的坦白地讲出来，即“如若一一”（εἰ ἓν ἕν）。

所谓“如若一一”乃是假设一个锁闭在它自己里的“一”（ein in sich abgesch lossenes Eines）。它不是和“是”结合的，乃是隔离了孤立的。以下即就着“一”的隔离了的孤立（Isolierung des Einen）以推论“一”和其它的“相”——其它的“最普遍的种”或范畴——的关系。

【注 172】 137C“会有……果么”——ἄλλο τι 乃 ἄλλο τιή的

省略。

就原文含义于译文中增“结果”。

【注 173】 173C“如若……会呢”——(I. 1)这是第一组推论中的第一个推论，它就着“一”的隔离了的孤立以推论“一”和“多”的关系；结论是：“一”不是多。这个结论的意义乃是：如若“一”是隔离了孤立的。它不和它的极端相反的——“多”——结合。

“一”不和“多”结合已蕴涵在“一”的隔璃了的孤立里。假设“一”和“是”是结合的，那么在“一”这方面除了“一”——“一”的关系以外，还有“一”——“是”的关系。这后一关系即为“一”增添了一方面，因此“一”是多。但“一”的隔离了的孤立否定了“一”和“是”的结合以及从这个结合所可产生的“一是多”的结果。这样，“一不是多”已蕴涵在“一”的隔离了的孤立里。

那么既不应有一的部分，一也不应是整个。

为何呢？

我想，部分是整个的部分。

是。

但整个是什么？那无一部分不备的岂不是整个么？

诚然。

那么，像一既是整个又具有部分，在每一情况里它就要是由部分组成的了。

必然的。

D 那么在每一情况里一就要因此是多，而不是一。

显然。

然而它应当至少是非多，而是一。

应当。

那么，如若一是一，它将既不是整个，也无部分。

无。

【注 174】 137C“我想……诚然”——这里第一句讲什么是“部分”；第二句讲什么是“整个”。解释“部分”离不了“整个”；解释“整个”也必用“部分”。言词所以如此，因为言词的所指，对象自身，是互相牵涉的。这样“部分”和“整个”既是极端相反的“相”或范畴，但又是不能相互分离独立的。凡和其中一个有关系，也必和其中另一个有关系（参看 142C—D“让我……诚然”）；凡和其中一个无关系，也必和其中另一个无关系。

【注 175】 137D“然而……而是一”——这是组成本节(137C—D)中论证的一个重要步骤。所谓“应当”乃指由于以上的假设必然如此：“如若一是一”，“如若一一”，“一”不是多(I. 1.)。

【注 176】 137C—D“那么像……无部分”——(I. 2.)这是第一组推论中的第二个推论，它从“一不是多”(I. 1.)推论“一”和以下一对极端相反的“相”或范畴：“部分”——“整个”的关系。这里所用的论证乃是 reductio ad impossibile 或“化为不可能”。所欲证明的乃是：“一”既无部分，也不是整个的。假设

"一"不是如此,那么它由部分组成,结果它是多。但这个结果和I.1.冲突;据I.1."一不是多"(参看[注173]),因此这个假设不可能。因此和它极端相反的是必然的结果:即"一"既不是整个,也无部分。

这个结论的意义乃是:如若"一"是隔离了孤立的,它和这两个自身极端相反的"相"或范畴:"部分"——"整个"中任何一个无结合。

这样,如若一无部分,它也无首端、末端和中间;因为这些就要成为它的部分了。

对。

【注177】 137D"这样……了对"——(I.3.)这是第一组推论中的第三个推论,它从"一无部分"(I.2.)推论"一"和"首端"、"末端"以及"中间"的关系。因为首端、末端和中间皆是特殊的部分,一既无部分,它也无首端、末端和中间。"首端"、"末端"和"中间"组成一组自身相反的。这里结论的意义乃是:"一"和"部分"的无结合,规定了"一"和这一组自身相反的特殊"部分"无结合。

再者,末端和首端乃是每一个的界限。

怎样不是?

那么一是无限的,如若它既无首端,也无末端。

无限的。

【注 178】 137D“再者……端无限的”——(I. 3a.)这是附加于 I. 3a. 的,它从 I. 3. 的一方面,即从“一”无首端和末端,以推论“一”是无限的。“首端”和“末端”皆是“界限”。“一”既无首端和末端,因而它是无限的。这个结论的意义乃是:和“首端”以及“末端”无结合的“一”和“界限”也无结合。

那么它也无形状;因为它既不分有圆,也不分有直。

E 怎么?

我想圆的是那个,它的终点无论在何处距离中心同样远近。

是。

再者,直的是那个,它的中间在两端之前。

是如此。

这样,一就要有部分了,并且就要是多的了,如若它分

138A 有直线形或圆形。

诚然。

既然它无部分,那么它既不是直的,也不是圆的。

对。

【注 179】 137D“那么它……有直”——圆和直是两种基本的形,从以下它们的定义(“我想……之前”)人可知圆不可化

为直,直不可化为圆。但它们只是基本的形,却非一切的形。圆、直以外尚有其它的形,譬如弧形、折线形。但前者是圆的变化,后者是直的变化。圆和直虽然各有不同的变化,且可综合成复杂的形(参看以下 145 B),但它们却是两个基本的形。因此凡不能分有它们的,即根本不能有任何的形。这里的论证即从一切基本的特殊形状以至形状。论证的方向和以上 I. 3. 里的刚刚相反,那里是从部分以至特殊的部分(参看[注 177])。

【注 180】 137E"我想……远近"——"圆"的这个定义由来已久,它事实上已见于历史上的巴曼尼得斯的著作中(Fr. 8, 44 Diels,参看 Philop. in Arist. Phys. III. 6p. 435,4 Vilelli)。

【注 181】 137E"直的……之前"——Proclus in Euclid Friedl. pp. 109—10 解释直线如下:人若由直线的一端沿着这直线前视,这线的另一端为它的两端之间的点所遮掩。这里所谓"中点在两端之前"就是讲:若人从甲端沿直线前视,中点在乙端之前,若人从乙端沿直线前视,中点在甲端之前。

"直"的这个定义以后亚里士多德完全接受了(Topica VI 148 b 26)Taylor(ibid p. 130)从亚里士多德的著作中举出许多语句来,以证明这人不但知道本篇"谈话",而且还直接援引它。Topica 里的这一节也在他所举的之内。他所举的其余各节里虽然有好多条很有疑问,然而这一条却是确当的。

【注 182】 137D—138A"那么它……的对"——(I. 4.)这是第一组推论中的第四个推论,它推论隔离了孤立的"一"和"形"的关系。基本的形只有两种,圆和直。因为"一"不分有其中任何一种,所以它无形状。它所以不分有它们,因为否则由定义它将(一)有部分,(二)成为“多”了。但(一)和 I. 2. 冲突(参看[注 176]),(二)和 I. 1. 冲突(参看[注 173])。因此,如若“一”是隔离了孤立的,它既不是圆的,也不是直的。这个结论的意义乃是:如若“一”是“一”。它和以下两个相反的“相”或范畴:“圆”——“直”中任何一个无结合。

再者,一既是这样的,它就要不在任何处所,既不是在其它的里,也不是在它自身里。

怎样?

如若它是在其它的里,它就要为那它所在的从周围包围,并且它在许多处所以许多部分接触这个;但因为它是一,是无部分的,不分有圆的,它不能周围在许多处所接触。

不能。

但是,再者,如若它是在它自身里,正因它是在它自身

B 里,它自身,不是其它的,就要是它的包围者了;因为任何一个在任何另一个里,后者却不是包围者,是不可能的。

不能。

那么包围者自身是一个,被包围的是另一个;因为同一个不能同时整个地既做又受那两件事;这样,一不仍然是一,却是二了。

决不能。

这样,一不是在任何处所,既不是在它自身里,也不是

在其它的里。

不是。

【注 183】 138A“如若它是在其……这个”——“在其它的里”乃是“在某处”(ποῦ)的一种。依据柏拉图的分析，它由两个重要成分组成，即“包围”和“接触”。若“甲”在“乙”里，(一)“甲”被“乙”包围，(二)“甲”接触“乙”。柏拉图关于这点的分析，以后亚里士多德事实上毫无变动地承受了；这在他给“位置”(τόπος)所下的定义里反映出来。“位置乃包围物体的界限，就着这界限，它接触被包围者”(Phys. IV 4,212 a 6—6a ed. Ross)因为“接触”是一个可以互换地位的关系(umkehrbare Relation)，无论讲：被包围者接触包围者(如柏拉图所说)，或包围者接触被包围者(如亚里士多德所说)，事实上无有分别。

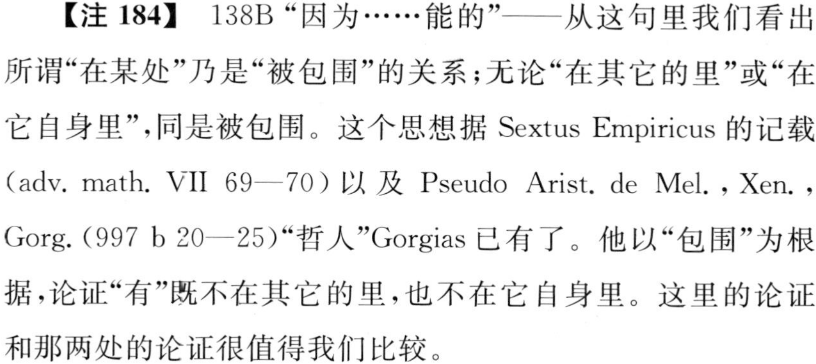

【注 184】 138B“因为……能的”——从这句里我们看出所谓“在某处”乃是“被包围”的关系；无论“在其它的里”或“在它自身里”，同是被包围。这个思想据 Sextus Empiricus 的记载(adv. math. VII 69—70)以及 Pseudo Arist. de Mel., Xen., Gorg. (997 b 20—25)“哲人”Gorgias 已有了。他以“包围”为根据，论证“有”既不在其它的里，也不在它自身里。这里的论证和那两处的论证很值得我们比较。

【注 185】 138B“那么……二了”——“那两件事”即指“包围”和“被包围”。“因为同一个不能同时整个地既做又受那两件事”，意思即是：因为同一个不能同时整个地既包围又被包围。由此证明包围者和被包围的是两个,不是一个。这个结论所根据的一条原则在《国家篇》里已精密地叙述出来(IV 436 B, 439 B);那篇中著名的“心灵三分说”即建筑在这个原则上。

【注 186】 138 A—B“再者……里不是”——(I. 5.)这是第一组推论中的第五个推论,它推论以上所讲的“一”和 ποῦ 的关系。ποῦ 在这里表示一个范畴,但严格讲起来,还不是后世所谓的“空间”范畴。它只表示“在某处”。“在某处”有极端相反的两种:即(一)“在其它的里”和(二)“在它自身里”。本段即就着它们推论。先后两个论证皆以“包围”为中心。(一)若隔离了孤立的“一”在其它的里,它即被这个包围。被包围者在周围许多处所接触包围者。但“一”不能如此;因为从假设,它是“一”(参看[注 171]),从 I. 2. 它无部分(参看[注 176]),从 I. 4. 它不分有圆(参看[注 182])。(二)若它在它自身里,它即分裂为包围者和被包围的了;但这和 I. 1. 冲突(参看[注 173])。因此它不在任何处所。这个结论的意义乃是:如若“一”是隔离了孤立的,它也不和以下两个极端相反者:“在其它的里”——“在它自身里”中任何一个结合:这也就是:它不和“在某处”一范畴结合。

如若一是如此,你看它可否能静止或变动?

为何不能?

因为如若它变动,它或者运动或者变异;因为这些是仅

c有的变动。

是。

如若一变异于它自身，它无论怎样不能仍然是一了。

不能。

这样，它不在变异的形式里变动。

显然不。

那么它由运动变动么？

也许。

但是，如若它运动，它或者在同一处旋转，或者由一地点变换到另一地点。

必然的。

那么，如若它旋转，它必然在中心停止不动，并且有它自己的其它部分围绕着中心运动。然而那既无中心也无部分的，怎能任何时在中心上成圆形的运动呢？ D

决不能。

但是，它更换地点，一时变成在这里，一时变成在那里，这样变动么？

如若它变动，必这样。

这一点岂不是已经被指明了，即它不能是在任何的里？

是。

那么它更不能进入任何的里。

但是，它更换地点，一时变成在这里，一时变成在那里，这样变动么？

如若它变动，必这样。

这一点岂不是已经被指明了，即它不能是在任何的里？

是。

那么它更不能进入任何的里。

我未见到怎样。

如若任何的进入任何的里，当前者犹在进入的历程里，它岂不必然是尚未在那个里面；如若它已在进入的历程里，它岂不已非完全地在那个外面？

必然的。

E 如若任何其它的将进入另一个里，那么只有那具有部分的方可；因为它的一部分可以已经在那一个里面，同时它的另一部分却是在外面。但那没有部分的，我想它是在无一样式里可以同时既不整个地在某个之内，也不在它之外。

显然的。

那既无部分、也非整个的，岂不格外不能进入任何处所，因为它既不能部分地又不能整个地进入？

显然。

139A 那么一既不由于向任何处所前进或进入任何的里面而变换地点，又不在同一处旋转，又不变异。

似乎不。

那么一是在变动的一切形状里不变动的。

不变动的。

【注 187】 138B—C“因为如……的变动”——“变动”是《哲人篇》里所认为“最普遍的种”(254 C)之一。这里柏拉图分它为两类:运动和变异。同样的分类见于另一篇“谈话”里。运动指空间里的变动(参看以下“但是……地点”);变异指性质方面的变动,如由少变老,由白变黑,由软变硬等等(《苔耳业苔陶斯篇》181 C—D)。

【注 188】 138C“如若一……一了”——变异是个矛盾的现象,它包含两个矛盾的成分。在变异历程里变异者同时是(一)不异于它自身,(二)异于它自身。(一)若变异者是异于它自身,变异即不可能;因为变异者变异,正由于它不是异于它自身。(二)变异者是异于它自身;因为变异正是变为异于它自身。这里的结论即建筑在(二)上。

【注 189】 138C“如若一……然不”——(1)这一节以第一组推论的假设:“如若一是一”(参看[注 171])为基础,论证“一”不在变异的形式里变动。如若“一”变异,“一”即不再是“一”了;这和那个假设冲突。

(2)但同一个结论柏拉图可以根据 I. 1.(参看[注 173])得来;推论的步骤如下:在变异历程里,变异者既是不异于它自身,又是异于它自身。但同一个不能同时是整个不异于和异于它自身。如若“一”变异,“一”即非“一”,它乃是多,或有部分。但前者和 I. 1. 冲突,后者和 I. 2. 冲突(参看[注 176])。

【注 190】 138C“但是……另一地点”——运动在这里又以地点变换与否为标准,分别为极端相反的二类,即旋转和变换地点的运动。(同样的分类见于《苔耳业苔陶斯篇》181 C。)这

样,“变动”这一范畴在本篇 138 B—C 有以下的类别:

- 变动
  - (1)变异
  - (2)运动
    - (1)旋转
    - (2)地点变换的运动

【注 191】 138C—D“那么如……决不能”——(1)旋转乃是一中心静止,边缘旋动的运动。这样,(一)旋转乃是个自身矛盾的现象,它由两个极端相反的成分组成:静止和转动;(二)旋转者乃合相反的部分:中心和边缘而成。当柏拉图在《哲人篇》中讲:变动在某种形式里分有静止(256 B),他心中大约即想到(一),但在本节里他只注重(二)。

(2)本节根据 I. 3.(参看[注 177])和 I. 2.(参看[注 176])推论“一”不旋转。如若它旋转,它必有中心和边缘;但它既无中心,也无任何部分。

【注 192】 138D“这一……在任何的里”——以上 138A—B 已证明的是:“一”既不在其它的里,也不在它自身里。这句显然回指以上那段,然而这里却更改为“一不能在任何的里”。这样,柏拉图以“任何的”统括“一”和“其它的”。“一”和“其它的”乃是万有间的不对称的剖分;于是万有统属于“任何的”之下。在这点上柏拉图为以后斯多噶派的范畴论奠定了基础(参看[注 198(2)])。

【注 193】 138D“能进入任何的里”——γίγνεσθαι 意思是 γὶ-γνεσθαι ἔν τῷ(比较再下一句)。因此意译如上。

【注 194】 138D“如若任……外面”——柏拉图在这里

分析运动的另一种，即变换地点，或由一处所进入另一处所。这个运动也是一个矛盾的现象，它由两个矛盾的成分组成。它们是“不在内”和“不在外”。那在由“甲”进入“乙”的历程中的运动者（一）尚未在“乙”里面，因为它正进入“乙”；这进入历程正因为它尚未在“乙”里始可能。（二）它不完全在“乙”外面，因为它正进入“乙”；正因为它不完全在“乙”外面，始可有这进入的历程。

【注 195】 138E“将进……另一个里”——τοῦτο 即指再上一句中 ἔν τῷ γίγνεσθαι πείσεται 即谓遭遇这事；因此意译如上。

【注 196】 138E“如若任……之外”——这里根据 I. 2.（参看［注 176］）推论“一”不变换地点。以上的分析指明，凡在进入某一处所历程中的皆是（一）尚未在那处所之内，但同时（二）又非完全在那处所之外。那么它即同时既是在那处所之内［由（二）］，又是在那处所之外［由（一）］。这样，只有一个复合的方能进入某一处所；在这历程中它的一部分已在内，另一部分尚在外。然而据 I. 2.“一”无部分，因此它不能变换地点。

【注 197】 138E—139A“那么一……的不变动的”——这一节总结以上自 138 B（“如若……”）以来所讲的。“一”不在变动的任何形状里变动；它是不变动的。它（一）不变异，（二）不旋转，（三）不变换地点。达到这个结论，以上采取的步骤关于（二）和（三）是相同的：即“一”无部分（参看［注 191（2）］及［注 196］）。但关于（一）柏拉图也可同样论证（参看［注 189（2）］）。这就是讲：凡在变动历程中变动的皆不能是简单的、严格的一:反之,它必是有部分的、复合的,何以如此?因为变动者在变动历程里或者同时处于两个极端相反的状况里,或者同时有两个极端相反的两个作为。

这又何故?对这问题的解答引导我们认识希腊哲学中关于变动的基本概念:变动是矛盾的,它由极端相反者组成,譬如在变异里它由“不异”和“异”,在旋转里由“静止”和“转动”,在变换地点里由“不在内”和“不在外”,再如在生和灭里由“无”和“有”……组成。从这些例子我们已可见那个基本概念是从初期以至柏拉图时代的希腊哲学家所共有的,然而它在以后亚里士多德的《物理学》里尤其显著。组成亚里士多德哲学的几个基本概念之一,即是一对极端相反的:“现实”——“潜能”。这个矛盾即存于变动里。“现实”和“潜能”本是应用于解答变动问题的;但变动自身既非单纯的“潜能”,也非单纯的“现实”。它乃是“潜能的现实”(III 1,201a 10—11)。这就是讲:变动乃是这个矛盾中的历程,即由这两个矛盾成分组成。

但是我们肯定,一不能在任何的里。

我们肯定。

那么一也永不能在同一个里。

为何?

因为它是在同一个里,它就要是已在任何的里了。

诚然。

但它不能是在它自身里,也不能是在其它的里。

诚然不。

那么一是永不在同一个里。 B

似乎不。

但是那个是永不在同一个里的既无宁静，也不静止。

因为那不可能。

【注 198】 139A"因为……里了"——(1)这是最近于原来词句的翻译。Jowett 的译文("Because if it were in the same it would be in something")也许比我们的还要清楚些，但它离开原句的构造太远；条件副句完全是 Jowett 就意义造成的，为原文所无。

(2)这个论证很明显；它的关键乃在："同一个"是"任何的"的一个殊例。这就是讲："任何的"的外延比较"同一个"的广阔，而且前者还包括后者，虽然从《哲人篇》我们知道"同"是六个或五个"最普遍的种"之一(254E—255C)，万有中每一个是同于它自己，即和它自己是同一个。"任何的"以后在斯多噶派的范畴论里成为最高的范畴，造成这派的范畴论和亚里士多德的范畴论之间的最显著的差异。它在斯多噶派的哲学里所以获得这样崇高的位置，也就因为它的外延是最广阔的(参看 Plotin Enn. VI 1,25 以及 Alex. Aphrod. top. 301,19 Wallies)。

【注 199】 139A"但它……它的里"——"巴曼尼得斯"刚才由"一"不能在任何的里论证"一"不能在同一个里，这里他回转来补证，"一"不能在任何的里。"在任何的里"可以就

它的外延完密无遗漏地分为在其它的里和“在它自身里”。但“一”既不是在“其它的里”，也不是“在它自身里”；因此它不是在任何的里（参看[注 186]）。

【注 200】 139A—B“但是……可能”——本节的论证参看[注 267]。

那么，这样看起来，一既不静止，也不变动。

看起来决不。

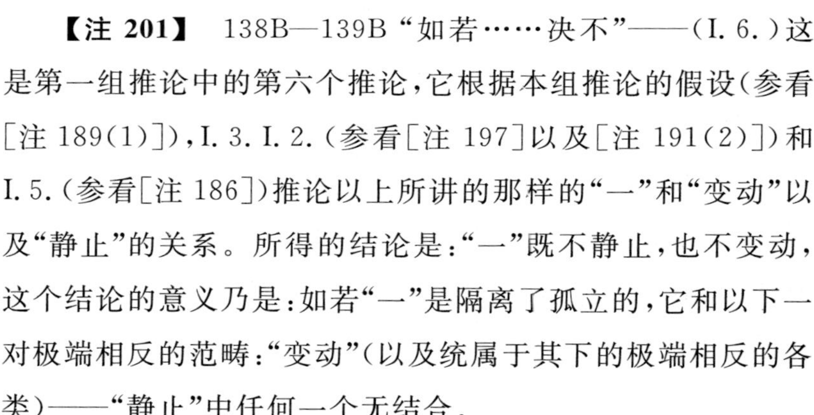

【注 201】 138B—139B“如若……决不”——（I. 6.）这是第一组推论中的第六个推论，它根据本组推论的假设（参看[注 189(1)]），I. 3. I. 2.（参看[注 197]以及[注 191(2)]）和I. 5.（参看[注 186]）推论以上所讲的那样的“一”和“变动”以及“静止”的关系。所得的结论是：“一”既不静止，也不变动，这个结论的意义乃是：如若“一”是隔离了孤立的，它和以下一对极端相反的范畴：“变动”（以及统属于其下的极端相反的各类）——“静止”中任何一个无结合。

一将也不是同于其它的，也不同于它自身，再者，它也不是异于它自身，也不异于其它的。

怎样？

我想，如若它是异于它自身，它就要是异于一，就要不是一了。

显然。

再者,如若它是同于其它的,它就是那一个,却不是它自身,结果它就要不是这样是它所是的了,不是一,却 C
异于一。

诚然不是一。

这样,它将不是同于其它的,也不是异于它自身。

不。

既然它一直是一,它将不是异于异的;因为那异于任何的不属于一,却只属于那异于异的,而不属于任何其它的。

对。 D

那么一将不由于是一而是异的。你这样想么?

决不。

但是,如若不由于这点,它将不由于它自身是异的,如若不由于它自身,它自身不是异的;它既决不是异的,它将是异于无一个。

对。

它也将不同于它自身。

怎样不?

一的性质和同的性质决不是同一个性质。

为何?

因为无论何时,任何的变为同于任何另一个,并不即变为一。

但何以？

因为它变为同于多时，它必变为多，不变为一。

显然。

但是如若一和同毫无差别，当任何的变为同时，它永远变为一，当它变为一时，永远变为同。

E 诚然。

那么，如若一将是同于它自身，它将不与它自身为一，这样，它是一，却将不是一。但这不可能。那么一既不能是异于其它的，也不能同于它自身。

不能。

【注 202】 139C“既然……于一”——关于这一点参看［注 294(1)］。

【注 203】 139C“因为……它的”——这里解释何以“一”不异于其它的；这里的两个半句分别讲出消极的和积极的两个理由来。关于前一个理由参看［注 202］；后一个理由乃建筑在以下一个基础思想上。

这个思想在以下另一处(164 C)明白陈述出来，它是：异的是异于异的。（它表现于“类似”和“不类似”方面的，我们以上——［注 99］——已见到。）它表示一种关系，其中两个关系者可以不影响原有的性质互换地位；组成这关系的三个成分中任何一个蕴涵其它的两个。以下的术语：ἕτερον ἑτέρου 是柏拉图用以陈述这个思想的；它常见于本篇“谈话”里和《哲人篇》里。

本节和本篇另一处(146 D)皆是从关系推论关系者的。凡一关系皆有两个关系者。“异”的关系只存于异的和其所异者之间。因此“是异于任何的”只属于异的,不能属于其它的。(这里所谓“任何的”即是异的的所异者。)

【注 204】 139C“决不”——这不是回答“巴曼尼得斯”的问句“你这样想么?”的,乃是对他以上刚讲的“那么……是异的”而言。

【注 205】 139C“那么……不异于任何的”——(1)“巴曼尼得斯”在上一节里刚从“异”的性质这一方面论证:何以一不是异于其它的(“因为……它的”);在这里他从“一”这一方面推论同一点。我们刚才已见到,只有异于异的才是异。但“一”从开始即只被假设为“一”。它不能由于“是一”而是异于其它的。然而它只是“一”,如若它不能由于“是一”而是异于其它的,它即不能由于它自身而是异于其它的。那么它根本不能是异于其它的。这个结论乃是原始假设必然的结果。

(2)“异”是一个最普遍的关系,它将万有中任何一个和其余的一切联结。柏拉图在《哲人篇》中解决“分离问题”虽然用他的“通种论”;但对“分离”的根本反驳乃是它的“相对不是论”。所谓“不是”不是“无”,乃是“异”。万有中任何的是异于其它一切的;因此万有互相联络,其中没有“断裂”(《哲人篇》257A ff.;参看陈忠寰:《分离问题》,§21)。在本篇“推论”中的第一个假设里,“一”只是“一”;这样,它不能和其它一切的发生这个最普遍的关系,它已是从原则上和它们分离了。

【注 206】 139D“一的……个性质”——这一点和以上

139 C 中所言的“那么一将不由于是一是异的”事实上遥遥相对。“一”所以不由于“是一”而是异的，乃因为“一”和“异”不是同一个性质，如若它们是同一个性质，“一”即由于“是一”(那么即由于“是异”)而是异的；“因为是异于任何的……却只属于那异于异的”。正如“一”和“异”不是同一个性质，“一”和“同”也不是同一个性质。139D—E(“它也……已不能”)论证“一”不同于它自身，即是以这一点为论证的中心。

【注 207】 139D—E“为何……诚然”——“因为无……远变为同”一节在这主要的论证——“一”不同于它自己——里只占次要地位，它证明何以“一”和“同”不是同一个性质；它的功用只是在回答“少年苏格拉底”的为何一问题。如若我们将它置于括弧内，那个主要论证的思路就显然了。

【注 208】 139E“那么……不是一”——万有中每一个皆有两个基本方面：它一方面是异，它另一方面是同。异是异于异的；同是同于自身。(这就是以后《哲人篇》中“通种论”的主要意义的一部分。)以上 139C—D(“一直……的对”)已讲明“一”不是异于其它的。这样，从表面上看起来，“一”虽然失去了两个基本方面之一，和万有中其它的一切断绝联络(参看[注 205(2)])，似乎还可保存其另一方面。因为“一”是“一”，即从这一点，它应当是同于它自身的。然而这隔离了孤立的“一”即这“自同”也不能有。

何以如此？因为“一”和“同”不是同一个性质(φύσις)。如若“一”同于“一”，同于“一”的“一”是同的，所同的“一”是“一”，这样，第一组推论中所讲的“一”就它是同于“一”的这方面，它是同的,就它是所同的"一"这一方面,它是"一"。于是它既是同的,又是"一"。但"同"和"一"不是同一个性质,因此它不和它自身为一。这样,如若"一"同于"一",这"同"即将"一"分裂为二,分裂为"一"和"同"的;它不再只是"一"。但据原始假设,它只是"一"(参看[注 171]),因此它不能同于它自身。

这个论证的意义非那仅从表面上求解本篇"谈话"的Taylor所能领悟,他以为这个论证的基础只在字义的分别上("…Since the meanings of 'the same with' and 'are' are distinguishable, a thing which is the same with itself (or with anything else) is not one." Ibid p. 68, 1)!这里有个惊人的误解:柏拉图所讲的乃是:τοῦ ἑνος φύσις 和 τοῦ ταὐτοῦ φύσις 不是同一个 φύσις;这和字义丝毫无关。(Taylor 若以这里的分别为"字义"的分别,我们奇异,为何他不拿着一本物理学书说它是一本字典?)二者的混淆不但暴露出他个人的不能深思;而且从这里我们还可明白看出那在解释希腊哲学的英文书籍中一个流行的错误,即用主观的字句(subjektive Ausdrücke)来陈述希腊人的客观的思想(objektive Gedanken)。

这样,一是不异于或同于它自身、也不异于或同于其它的。

诚然不。

【注 209】 139B—E "一将……然不"——(I. 7.)这是第一

组推论中的第七个推论，它推论“一”和“异”以及“同”的关系。“异”和“同”是一对极端相反的“相”或范畴，它们表示两个极端相反的关系。每一关系必有两个关系者；一切关系者又可分别为极端相反的两大类，即自身和其它的。因此“异”、“同”有四种不同的形式。这里讨论的对象是“一”；因此这四类形式乃是以下两对极端相反的：（一）“一”异于它自身，（二）“一”同于它自身，（三）“一”同于其它的，（四）“一”异于其它的。本段推论的结果是四个否定的结论。关于（一）和（三）论证较简单；它的根据乃是：“一”是“一”。关于（二）和（四）论证比较复杂；前者的根据乃是：“一”和“同”不是同一个性质，后者的根据乃是：“一”和“异”不是同一个性质（参看［注 206］）。然而它们所以不同的最后原因仍是：“一”是“一”。“一是一”乃是第一组推论的假设（参看［注 171］），所以这两对极端相反的结论乃必然从原始假设产生。本段结论的意义乃是：如若“一”是隔离了孤立的，“一”不和这一对极端相反的“相”或范畴：“异”——“同”中任何一个在它们的两对极端相反的形式中任何一形式里结合。

但是一将既不是类似，也不是不类似任何的，既不是类似，也不是不类似它自身以及其它的。

为何？

因为，我想，有同的性质的类似。

是。

这已被指明了，同在性质方面和一是分离的。

这已被指明了。 140A

但是如若一离开了是一另有其它的性质，它就要成为多，不只是一；但这是不可能的。

是。

那么一在无一样式里成为同于其它的或同于它自身的。

显然不。

那么它也不能是类似其它的，也不能是类似它自身。

看起来不。

但是一也不成为异的，因为这样它也要成为多，不只是一。

成为多。

如若有同的性质的类似，有异的性质的，异于它自身或异于其它的，就要是不类似它自身或其它的。 B

对。

因为一在无一样式里有异的性质，它看起来在无一样式里是不类似它自身或其它的。

决不。

那么一既不是类似，也不是不类似其它的，既不是类似，也不是不类似它自身。

看起来不。

【注 210】 139E“也不……不类似”——这个词句是纯粹否定的，意谓无“不类似”一性质。“两重否定构成肯定”在这里不适用，因为“不是”否定整个的“不类似”，却不只否定其中的否定。因此这里毫无肯定的意义，不能作为“是类似”解。

以下“也不是不等于”……因此。

【注 211】 139E“有同……性质”——(1)这是 ταὐτόν πεπονθὸs 的意译；直译应是：感受同的。πεπονθὸs 的意义是“感受”，比较由此字所产生的名词 πάθos(＝拉丁文 affectus)。如何“感受”会有“性质”的意义？这乃因为认凡一物的性质皆是它所感受的结果(这一点 πεπονθὸs 比较 πάθos 表达的尤好)。

(2)“有同的性质”以及 139 E—140 B 这一段(“但是……来不”)中它处所讲的“有异的性质”，显然指有“同”的性质和有“异”的性质(参看[注 278(2)])。

【注 212】 140A“但是……可能”——这是 139E—140B 一段(“但是……来不”)中论证的中心。从假设：“如若一是一”(参看[注 171])“一”只有一个性质，就是这“一”。姑以“壹”代表这性质。若“一”在“壹”以外另有一性质，譬如甲，那么“一”不仅是壹，乃是壹和甲。它既是壹和甲，“它就要成为多，不只是一。”所谓“成为多”乃指它不仅有一个，乃有多于一个的性质。但据假设，它只有一个性质，即“壹”；因此它不能在“壹”以外还有“甲”。

【注 213】 139E—140B“但是……来不”——(I. 8.)这是第一组推论中的第八个推论，它推论以上所讲的“一”和“类似”

以及“不类似”的关系。“类似”和“不类似”也共有四个形式，正如“异”和“同”有四个形式一样（参看[注 209]）。本段的结果也是四个否定的结论。结论虽有四个；但论证只有两个。这两个论证又只是一个论证的两种实施。这一论证的中心是：“一”不能在“壹”以外还有“甲”（参看[注 212]）以“类似”和“不类似”先后代入“甲”，即产生本段结论中所举的四个否定的结果。“一”所以不能在“壹”以外还有“甲”，乃因为否则“一”不只是“一”。所以这里的结论仍然足那原始假设的必然结果。这结论的意义乃是：以上所讲的那样的“一”不和以下两个极端相反的“相”或范畴：“类似”——“不类似”中任何一个在任何形式里结合。

再者，如若一是这样，它将既不是等于，也不是不等于它自身和其它的。

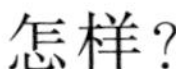

怎样？

如若它等于某某，它将和它所等于的有同样多的计量单位。

是。

如若它大于或小于那些和它有公共计量单位的，它比那些小些的将有多些单位，比那些大些的少些单位。 C

是。

对于那些和它没有公共计量单位的呢，在一些情形下它将有小些的单位，在另一将有大些的。

怎样不？

那不分有同的，岂非不能有同样多的单位或其它任何相同的？

不能。

那么，一不能是等于它自己或其它的，因为它无同样多的单位。

看起来不。

但是如若它有多些单位或少些单位，它有多少单位，
D它就要有多少部分；这样，它将不仍然是一，但有多少单位，它即是多少。

对。

如若它只有一个单位，它即将变为等于这一单位；然而一是等于任何的，已被指明为不可能。

已被指明。

因为一不分有一个单位，也不分有许多个，也不分有稍微几个，它又根本不分有同，那么，看起来，它将无一时是等于它自身或其它的，再者，也不大于、也不小于它自身或其它的。无疑是这样。

【注 214】 140C“没有公共计量单位的”——柏拉图早即见到数和形中皆有这样的分别：有些有公共计量单位，有些没有。《曼诺篇》中的“数学僮仆”不能用数讲明两倍四方尺面积的正方形面积所有的边是所给面积的边的几倍（82B ff.），

即因为所求面积的边和所给面积的边无公共计量单位。《苔耳业苔陶斯篇》中所记载的苔耳业苔陶斯的发现(147E ff.)实际上也就是以一数的方根和一方数的方根有无公共计量单位为标准分数为两类。在《法篇》里柏拉图以希腊人不能分别有公共计量单位和无公共计量单位两性质为一件可耻的事(VII 820B—C)。这里他即分别这两种性质。

【注 215】 140B—C“如若它等……一大些的”——这里所讲的事实上是“等于”、“大于”和“小于”的定义。希腊人用以表示这几点的语句,其构造和我们所用语句的构造不同;因此每一节里有些词句只是意译。但这三个定义我们可以严密地用现代数学公式表达如下:

(一)“等于”:

设　m=计量单位。

如若　$x=y$,

　　$y=am$,

则　$x=am$.

(二)“大于”和“小于”;

(甲)x 和 y 有公共计量单位 m。

如若　$x>y$,

　　$y=am$,

则　$x=(a+b)m$.

如若　$x<y$,

　　$y=am$,

则　$x=(a-b)m$.

(乙)x 和 y 无公共计量单位。

设　x 的计量单位为 m'，

　　y 的计量单位为 m''.

如若　$x<y$，

　　$y=am'$，

　　$y=am''$，

则　$m'<m''$.

如若　$x>y$，

　　$x=am'$，

　　$y=am''$，

则　$m'>m''$.

(二)(乙)里所讲的，譬如四方形的边和它的对角线：

设　$x=$四方形的边。

　　$x\sqrt{2}=$同一四方形的对角线。

　　$x<x\sqrt{2}$。

$$\frac{x}{a}=m'.$$

$$\frac{x\sqrt{2}}{a}=m''.$$

$$\frac{x}{a}<\frac{x\sqrt{a}}{a},$$

则　$m'<m''$.

【注 216】　140D“如若……可能”——这一节乃讨论上一节(104C—D)“但是……是多少”中未尝顾到的一点。那一节讲“一”不能有多些或少些计量单位，因为否则它必然有部分。然而从那里，人尚不能立即推论：它既不是大于也不是小于任何的。因为尚有一种情形不包括在上节所言的以内，这就是：如若“一”只有一个单位。在这情形里，“一”一方面无部分，但另一方面它还可以小于一切有两个以上单位的。本节即论证，这种情形也不可能。如若“一”只有一个单位，它即等于那个单位。但以上（140 C）已证明“一”不能是等于任何的；所以它也不能只有一个单位。

【注 217】 140B—D“再者……是这样”——（I. 9.）这是第一组推论中的第九个推论，它推论“一”和“等”以及“不等”的关系。这一对极端相反者也应和“异”——“同”一样。只有四个不同的形式（参看 I. 7.）；但“不等”又别为“大于”和“小于”，因此又增多了两个形式。于是本段的结果乃是六个否定的结论。它们的根据有些是 I. 7.（参看［注 209］），有些是 I. 2.（参看［注 176］）。本段中结论的意义乃是：如若“一”是隔离了孤立的；“一”不和以下一对极端相反的“相”或范畴：“等”——“不等”（或不和以下一组相反的：“等”——“大于”——“小于”）中任何一个结论。

怎样？一看起来能是年老些或年少些或和任何的有 E
同一年龄么？

为何不？

因为，我想，如若它和它自身或和其它的有同一年龄,它将要分有时间方面的相等和类似;在那两个——类似和相等——里,我们已讲过一皆无份。

我们诚然讲了。

这点我们也讲了,就是它也不分有不类似和不等。

诚然。

141A 既然一是这种性质的,那么它将怎样能是比任何的年老些或年少些,或者和任何的有同一年龄?

无一样式。

那么一既不是年少些,也不是年老些,也不和它自身或和其它的有同一年龄。

显然不。

【注 218】 140E—141A“怎样……然不”——(I. 10.)这是第一组推论中的第十组推论,它推论以上所讲的“一”和“同年龄”以及“年老些”、“年少些”的关系。这些关系共有六个不同的形式(参看 I. 9.)。本段的结论是六个否定的结论。它们有些以 I. 9.(参看[注 217]),有些以 I. 8.(参看[注 213])为根据。这段中结论的意义乃是:如若“一”是隔离了孤立的,“一”不和以下一组相反的“相”或范畴:“年老些”——“年少些”——“同年龄”中任何一个结合。

如若一是这样子的,那么它也根本不能是在时间里;如若任何的是在时间里,它岂不必然永远变得比它自身年老些？

必然的。

年老些的岂不永远是比年少些的年老些。

为何不？

那么那变得比它自身年老些的同时也变得比它自身 B
年少些，如若它变得年老些必有一相对者。

你怎样讲？

这样：没有一个异的必须刚变得异于异的，如若这个已经是异的了，反之，它应当已经是异于这个的了，如若这个已经是异的；已变成异于这个的了，如若这个已变成异的；将是异于这个的，如若这个将是异的；既不已变成，也不将是，也不是，但只变得异于这个——此外无它样式——如若这个刚在变为异的历程里。

必然的。 C

但是年老些是对于年少些的差别，并不是其它的。

它是对于年少些的。

那么那变得比它自身年老些的，必然也同时变得比它自身年少些。

仿佛如此。

【注 219】 141B“那么……对者”——“如若它变得年老些必有一相对者”乃是译意；直译当如：如若它必有某个，相对于这个,它变得年老些。

但这一节仍然难懂。其原因在此:因为如若“甲”变得比它自身年老些,那么它自身即是一相对者,此外似乎不再须一相对者;但这里在“它自身”以外,凡变得比它自身年老些的,必须有一相对者。这也就是篇中的“亚里士多德”不了解这话的原因。

以下一节即解释这一点(参看[注 220]);但我们这里可以预先讲以下几句话:如若“甲”变得比它自身年老些,“它自身”只相对于“甲”,并不相对于“甲变得比它自身年老些”。相对于“年老些”的是“年少些”;相对于“变得年老些”的是“变得年少些”;因此相对于“甲变得比它自身年老些”的是“甲变得比它自身年少些”。这一点若用希腊文表达,可以表达得很清楚。它应是πρεσβύτερον ἑαυτοῦ γὶγνεται νεωτέρου ἑαυτοῦ γιγνομένου(比较 Burnet 校勘本 152A7—9 词句)。这样,凡变得比它自身年老些的必也同时变得比它自身年少些。

【注 220】 141B“这样……程里”——(1)这一节是以关系为对象的一个重要分析,它不普遍地,但只就着时间分析关系。同样的分析已见于《国家篇》(IV 348B)中,但这里的是更基本点。这里所用的例子是“异”。“异”是一个很普遍的关系,譬如我们讲:“甲异于乙”。这里只笼统地讲出“甲”和“乙”的“异”的关系来,未曾顾及两个关系者的“异”在时间上的价值。现在让我们将这时间上的价值也收入分析的范围以内。假设“乙”已经是异于“甲”了,那么“甲”怎样异于“乙”呢?它不能刚变得异于“乙”。如若“甲”仍在刚变得异于“乙”的历程中,“乙”还未已经是异于“甲”。但这和假设冲突，因此不可能。这样，如若“乙”已经是异于“甲”了，“甲”必也是已经异于“乙”了。如若“乙”刚变得异于“甲”，“甲”必也刚变得异于“乙”……。这个分析的结果，普遍地讲，乃是：“甲”和“乙”“所以”相异的，在时间里必有同样的价值。所谓在时间上有同样的“价值”，乃指“甲是……”、“乙是……”；“甲刚变……”、“乙刚变……”……。

现在我们用一个具体的事例以解释柏拉图的这个思想。假设有甲、乙二人，他们的财富相等。甲利用他的资本生产，渐有盈余。这样他变得比乙富些。“富些”是“异”的一种，是财产方面的“异”，是相当于“穷些”的差别。甲“所以”比乙富些的乃是财产的差别。应用以上分析的结果：财产的差别在时间上必有同样的价值。于是甲变得比乙富些，同时乙变得比甲穷些。

(2)解释柏拉图仅止于此。他所见到的一点是无误的，但我们进一步研究这原则本身：何以凡一个关系里的两个关系者“所以”成为关系者的，在时间上必有同样的价值？关系者既是两个，何以甲对于乙和乙对于甲在时间上不能有不同样的价值？这因为关系者虽有两个，但它们“所以”成为关系者的只是一点。甲“所以”变得比乙富些的和乙“所以”变得比甲穷些的只是一点：二人所有财产的差别。因为两个关系者“所以”成为关系者的只是一点，同一点在时间上不能同时有不同样的价值。因此两个关系者“所以”成为关系者的，在时间上必有同样的价值。

【注 221】 141C“但是……如此”——这是以上节中的分析(参看[注 220(1)])为根据所得的结论。“年老些”是

"异"的一种，是年龄方面的"异"，是相当于"年少些"的差别。R_1"所以"比 R_2 年老些的，乃是年龄上的差别。年龄的差别，根据以上的分析，在时间上必有同样的价值。因此如若 R_1 是比 R_2 年老些，同时 R_2 是比 R_1 年少些；如若 R_1 变得比 R_2 年老些，同时 R_2 变得比 R_1 年少些。如若这个关系里的两个关系者（R_1 和 R_2）不是不同的"甲"和"乙"，乃是同一个"甲"的两方面，乃是甲和它自身，那么当"甲"变为比它自身年老些时，它同时变得比它自身年少些。

柏拉图的这个结论常遭人责难，譬如 Taylor 称它为"违背常识的空洞意见"（"verbal paradox"），Diès 看它为"诡辩"。Taylor 仍然只从表面上看这个结论，不知道以上那个重要的分析是这个结论的根据（因为他的批评见于他关于那节以前的一节的注里，ibid p. 70. 1）。Diès 所见比较深得多。他以这个结论的错误来源是"文字的乱用"（un abus de langage）。他的主要根据是：柏拉图在《霞米代斯篇》（168A—169C）中反对同一个可是一个关系中的两个关系者，并且他又举出柏拉图在那里所说的困难来："年老些的将是年少些"（Diès ibid p. 77. 2）。他的这个批评有以下的困难。本节里的结论乃是根据一个详细的分析，就着时间对于关系的分析；这样详细的分析是《霞米代斯篇》中所无的。我们不能贸然承认，那篇中的思想是真理，和它冲突的即是"诡辩"，而况这个所谓"诡辩"还是出于在柏拉图的思想里有悠久历史的（参看［注 220(1)］）分析呢。这个结论是否是"诡辩"，我们还须就事实讨论。

于是这里牵涉到这个结论——当"甲"变得比它自身年老

些时，它同时变得比它自身年少些——自身的价值问题。从表面上看起来它和事实冲突。事实告诉我们，一个去年二十岁的人今年变为二十一岁了，但他并不同时变为十九岁。但另一方面，分析“异”的关系所得的结果乃是：“甲”和“乙”“所以”相异的，在时间上必有同样的价值。这样，如若其中一个关系者变，另一个必然和它相应地变。在无一情形里一个变，另一个不和它相应地变的，而且后者变正是前者变的条件。这里仿佛理论和事实冲突。

然而仔细的研究告诉我们，情形并非如此。两个关系者虽然同时地、相应地变，但变的种类不同。这里的分别可借用亚里士多德的术语来表述。一个关系者“由己地”变，另一个“依它地”变。“甲”随着时间的流动向前进了，它变为比它自身年老些；但它并未逆着时间向后退（那是一件不可能的事），变得比它自身年少些。这里是两种不同的变；前者是“由己的”，后者是“依它的”。后者虽然是依附前者的，但无后者的依附，前者根本不可能。所以在这点上，后者是前者的条件。后者是不变的变。因为它不变，所以二十岁的人变为二十一岁，却不同时变为十九岁；但另一方面正因为它变，这人才变为二十一岁。

“由己的”和“依它的”两个术语，虽然不是柏拉图自己的，但他却在“由己的”变以外还发现了“依它的”变。这点我们可以从《苔耳业苔陶斯篇》明白看出（155A—C）。这样，我们虽借用晚出的术语来解释柏拉图的思想，然而未犯“时代错乱”的毛病。（其详参看陈康《柏拉图的年龄论研究》中 IVa，载在北京大学文科研究所讲演集中。）

正因为 Taylor 未尝见到两个关系者必然同时地、相应地变，以致他妄称柏拉图的结论为“违背常识的空洞意见”；正因为 Diès 未尝见到两个关系者的变是不同种类的，以致他诬这里的结论为“诡辩”。

然而它也不变得比它自身多些或不少些时间，但变得和它自身相等的时间；关于是、已变成以及将是也是一样。

这些也是必然的。

【注 222】 141C“然而……然的”——以上刚讲了，凡在时间上的皆同时变为比它自身年老些或年少些。但这变年老些的或年少些的历程并不比较这变者自身在时间上的绵延多占些或少占些时间，却是和这个绵延所占的时间同样长短的。譬如一人活六十岁，他变得比自身年老些和年少些的历程也只有六十年。关于“是”、“已变成”、“将是”……也和关于“变”是同样的情形（参看 C. Ritter, Platons Dialoge. Inhaltsdarstellungen I. der Schriften des späteren Alters S. 12）。

那么看起来必然是：那些是在时间上的和分有时间的，每一个有和它自身同一的年龄，同时却也变为比它自身年老些和年少些。

D

恐怕如此。

但是一在这些性质上毫无份。

无份。

那么它在时间里也无份，它也不在任何时间里。

决不，像至少这个论证所证明的。

【注 223】 141A—D“如若一……明的”——(I. 11.)这是第一组推论中的第十一个推论，它推论“一”和“时间”的关系。所得的结论是：如若一是隔离了孤立的，它将是不在时间里。这里所采用的论证是间接的。它第一步分析凡在时间里的有何性质；分析的结果是：凡在时间里的有极端相反的两个性质：(一)有和它自己同一的年龄，(二)同时变得比它自身年老些和年少些。第二步它根据 I. 10.(参看[注 218])推论以上所言的那个“一”不在时间里；因为它既不比它自身年老些，也不年少些，也不和它自身有同一的年龄。这个结论的意义乃是：如若“一”是隔离了孤立的，它不和时间结合。

现在怎样？已是、已变成、已在变，看起来皆非表示过去时间的分有么？

确实的。

再者，将是、将变、将已变成，不表示未来新时间的分 E
有么？

是。

正在是、正在变，不表示现在时间的分有么？

诚然。

那么，如若一在无一情况下分有任何时间，它也不在过去已变成，也不已在变，也不在过去已是；也不在现在已变成，也不正在变，也不正在是；也不在将来将变，也不将已变成，也不将是。

明显极了。

任何的怎样分有是，在这些样式的任何一个以外，还有其它样式么？

没有。

那么一在无一样式里分有是。

似乎不。

那么一在无一样式里是。

显然不。

【注 224】 141D—E“现在怎……极了”——这是 141D—E(“现在怎……然不”)一段中论证的第一步。时间有三部分：过去、现在和将来。“已是”、“正在是”和“将是”即表示这三部分时间的分有。既然，据 I. 11.(参看[注 223])“一”不在任何时间里，那么“一”也不已是，也不正在是，也不将是。

【注 225】 141E“在这……没有”——(1)“是”的分有只有三种样式，即“已是”、“正在是”和“将是”。这事实上即等于讲：“是”的分有只有在时间里(参看以下 151E—152A“是不……联结”)；时间以外没有“是”，没有超时间的“是”。

这是希腊哲学中很奇异的一点，以为“是”只在时间里。如若一人的思想不出于感觉——外感觉和内感觉——的对象以外，这样的意见并不足怪。但在希腊哲学家中正是那以高级认识的对象（νοητόν）为玄学中心的（历史上的）巴曼尼得斯，却以为他的“有”是在时间里的（Fr. 8，5Diels）；正是那以主张“相论”著名的柏拉图，却在《会饮篇》里明白地提出，“相”永远是在时间里的（ἀεὶ ὄν211A）。这样，高级认识的对象——若用中世纪哲学上的术语讲来——只是 sempiternus，不是 aeternus。本节以为“是”只在时间里，正是这同一个思想的另一表现。

（2）所谓“是”只在时间里，“是”必分有时间，意义如下：无论“甲是”或“甲是子”，这个“是”不能逃脱“已是”、“正是”和“将是”以外。这思想显然受了语言的影响，在语言方面确实是如此。如若人表示“甲是”，人必然讲 τι ἔστι 或 τι ἔσται；因此人以为在事物方面也是如此。

（3）因为“是”只被认为在时间里，无论关于感觉对象或高级认识对象皆是如此，所以这里所讲的时间里的，“是”并不等于后世所谓的“存在”（参看［注 228（2）］）。它的范围比较“存在”广；“存在”只是“甲是子”中“子”的一种殊例。

【注 226】 141E“在这……然不”——这是 141D—E（“现在怎……然不”）一段中论证的第二步骤。第一步骤所得的结果是：“一”也不已是，也不正是，也不将是（参看［注 224］）。但“是”的分有只有这三种样式；因此“一”在无一样式里“是”。所谓“是”，不指“存在”，它的范围比较“存在”广（参看［注 225（3）］以及［注 228（2）］）。所以 Diès（Ibid p. 78）名这段为“Existence pour soi et pour autrui”是不确的。

【注 227】 141D—E“现在怎……然不”——(I. 12.)(1)这是第一组推论中的第十二个推论,它推论以上所讲的“一”和“是”的关系。推论的步骤参看[注 226];所得的结论是:“一”在无一样式里“是”。这个结论乃是由 I. 11. 得来,I. 11. 又是由其它的得来的,这样逐渐向上回溯。由此可见这种结论乃是直接或间接以以上各个推论中的结论为基础。那些结论的意义是:“一”不和那些“相”或范畴结合。这样,如若“一”不和其它的“相”或范畴结合,结果必成为:它既不已是,也不正在是,也不将是,即它完全不是。“一”和它们的分离决定了“一”的“不是”。(关于“是”或“不是”的意义参看[注 228(2)])。这是它的隔离了的孤立最后所必有的结果。

(2)从这里我们可见“少年苏格拉底”关于“相”的意见根本是难维持的。他以为“相”不是多方面的,乃是严格的一(参看[注 48])。但本段指给我们看,如若一个相或范畴,譬如“一”,是隔离了孤立的,是严格的一,不和其它的“相”或范畴有关系,结果:它必然在无一样式里“是”。

142A 那么一也不像是一这样是;因为它就要业已是了,如若它是和分有是。但是看起来,如若人应当信任这样的论证,一既不是一,也不是。

恐怕如此。

【注 228】 141E—142A“那么一也……如此”——

(I.13)(1)这是第一组推论中的第十三个推论;它的结论是:“一”不是“一”。它毁灭(aufheben)了“一”自己。我们以上已讲过,那假设为是“一”的“一”虽然没有其它的性质,似乎至少应有自同性,至少是同于它自身;但因为“同”和“一”不是同一个性质,是“一”的“一”即使同于它自身也不能(参看[注208])。但是“一”和“一”不应有差别,那么是“一”的“一”至少有“一”这一性质,至少是“一”。但这里的结论是:它不是“一”。“一”既然不是任何其它的,也不是同于它自身,甚至不是“一”;这样“一”根本遭毁灭了。

这个结论是以 I.12.(参看[注 227])为根据的。如若“一”在无一样式里是,它也不已是,也不正在是,也不将是,结果它也不能是“一”。因为如若它是“一”,它必然 ἕν ἦν,ἕν ἔστιν或 ἕ ἔσται(参看[注 225(2)]),但这样它已分有“是”了;然而它不分有“是”。结果是:“一”不是“一”。这个结论的意义乃是:如若“一”是隔离了孤立的,“一”即不是“一”。这就是讲:“一”的隔离根本毁灭了它自己。

(2)达到这个结论的论证给我们一个格外强有力的证明,即 I.12 里所讲的时间里的“是”不是后世所谓的“存在”。因为从“一”不“存在”(Dasein)如何能推论它不是“一”(Sosein)?依据后世的“存在”概念我们讲善人、善事存在,善不存在,我们不能由“善”的“不存在”推论它不是“善”。反之假设“善”不是,我们很可由它的“不是”推论它不是“善”,即从未分化的“不是”推论一种特殊的“不是”。

(3)第一组推论中所假设为是“一”的“一”,至此不但不是任何其它的,也不是同于它自身,甚至不是"一"。这里 Wundt (a. a. O. S. 35)相信它发现了柏拉图的"否定神学"(Negative Theologie)。所谓"否定神学"乃是中世纪的一个术语,它所表示的乃是:人唯有从否定有限事物的一切性质里求理解神。以本篇"谈话"的第二部分为"神学",是新柏拉图派的偏见。Plotinos 所讲的"一"是神,因此这派也以为本篇里所讲的"一"是神。Wundt 以为这里是"神学",这个意见乃是新柏拉图派的偏见的遗留。假如西洋哲学史上从未曾产生过那一种学派,大约绝不会有人想象这里所讲的是"神学"。这就是说:如若我们能摆脱门户之见,大约决无一人会附和 Wundt 的。再者,"否定神学"只否定神有我们所知道的一切其它的性质,并不否定神是神。但这里的结论却就是"一"不是"一"。所以第一组推论既不是神学,更不是"否定神学";它完全是另外一回事。它的意义详后(参看[注 232(1)])。

如若某某不是,任何的能属于这个"无",或是它的么?

怎么能?

那么既无名字属于它,也无以它为对象的言论、任何知识、感觉以及意见。

显然没有。

那么它既不被命名,也不被言说,也不被臆测,也不被认识,万有中也无任何的感觉它。

似乎不。

【注 229】 142A“如若某……的么”——(1)这不是精密的翻译。第三格(c. dat.)和第二格(c. gen.)固然有“属于它”和“它的”的意义,但它们所表示的不只此。然而一个精密无遗漏的翻译是不可能的,除非历举这两格所表示的一切可能关系。

(2)这句话的意义乃是:如若任何的不是,它即是“无”;没有任何其它的和“无”有第三和第二格所表示的一切关系。

(3)所谓“是”不是后世所谓的“存在”;它的范围比较“存在”广(参看[注 226]);所谓“不是”或“无”(参看[注 89(1)])也非后世所谓的“不存在”;它的范围也比较“不存在”广,它乃是和“甲不是”或“甲不是子”中的“不是”相同。如若人否定任何其它的和这样的“无”有第三格和第二格所表示的一切关系,这并无困难。因为假设我们关于这样的“无”有认识,那就是:它是被认识的或可认识的;这样,它根本就不是“不是的”;不是“无”了。Taylor(ibid p. 72,1)首先将这里的“无”和“不存在”混淆,然后指责这里所讲的有问题。但他竟忘了以 non-existent 解释 μή ὄν 只是出于他自己的意见,并非根据柏拉图所言的。因此根据这个解释所言的皆是无的放矢。

【注 230】 142A“以它……对象”——此乃 αὐτῷ 一字在这里的意译。αὐτῷ οὐδὲ λόγος... 不能直译为“也无言论……属于它”。因为这样的句子在中文里的意思是:它无言论……。这里的“它”乃是主格,但原文的意思是:也无以它为对象的言论……意思恰好相反。——以下 155D,E,160D 同此。

【注 231】 142A“如若某……乎不”——(I. 14.)(1)这是

第一组推论中的第十四个推论，它推论隔离了孤立的“一”和认识的关系。所得结论是：这样的“一”是在无一认识形式里可认知的。推论的步骤很简单：它从I. 12.（参看［注227(1)］）出发，首先推论任何的不能和“无”有“属于”……的关系，再将“名字”、“言论”、“知识”、“感觉”和“意见”代入刚得的结论里，结果乃是：人不能给“无”名字，不能关于它有所言说，不能认识它，不能感觉它，不能对于它有何意见。但从I. 12“一”乃是“无”；所以这个结论实际上即是关于“一”的。它的意义乃是：如若“一”是隔离了孤立的，“一”不能有任何可知性。

(2)这个论证自身值得我们留意。它第一步所得的结论是万有论方面的：“甲”不能和“无”有“子”的关系。它第二步所得的结论是认识论方面的。这后一结论所以产生乃由于将“名字”、“言论”、“知识”等等代替第一步所得的结论中的“甲”。从这里我们可以见到希腊哲学和现代西洋哲学间根本不同的一点。后者着重认识问题，产生了认识论的唯心论，结果将万有消灭在认识里。这就是说：认识是统括一切的，万有包括于其中。在古代希腊哲学中万有和认识的关系刚刚相反。认识只是万有之一；统括一切的是“有”。本节的推论即建筑在这基本思想上。（关于认识只是“有”的一种，比较亚里士多德所谓的“有”的四种意义里的第三种——《物理学以后诸篇》Δ7. et al——以及如何矛盾律在亚里士多德根本只是一条万有律，由此方有思想律——《物理学以后诸篇》(Γ3，1005 b20—25)。

(3)在苏格拉底以前的哲学里，人即分别两种不同的认识：感觉和知识；柏拉图在《费都篇》——《国家篇》时期中承受这种分别，并且以之为标准，分万有为感觉对象和知识对象（譬如《费都篇》79A，《国家篇》VI 509D）。这样，万有若是感觉对象，即非知识对象；若非感觉对象（或意见对象），即是知识对象。但这里“一”既非感觉对象，却同时也非知识对象。在本篇“谈话”的另一处（155D）我们还要见到，“一”既是感觉对象，同时又是知识对象。这一点我们以后还要详细讨论，这里只提出来以便注意。

（4）以上我们已经见到，如若“相”和个别事物分离，结果乃是：分离的“相”对于我们是不可知的。关于所谓分离的“相”是不可知的这一论证还有一未曾解答的问题（参看[注 137（2）]）。本段里所讲的不可知者乃是隔离了孤立的“一”。这点是解决以上的那一个问题的一个步骤；全部的解决我们将在以后发见。

那么这是可能的么，关于一的这一切是如此？

我想不。

【注 232】 137C—142A “巴曼尼得斯说……想不”——（1）这一大段是本篇“谈话”第二部分中八组推论的第一组，它总共包含十四个推论。每一个论证的步骤我们皆已分析了。在逐一研究了部分以后，我们要整个地研究那一组推论。它的意义何在？它在全篇“谈话”里所尽的是甚么职务？

本篇第一部分一共余留下五个未得解答的问题。我们已经提出来，一切的关键皆在以下问题的解答里：即极端相反的

"相"是否相互分离而不相互结合(参看[注 143])。以上我们又曾见到"少年苏格拉底"引为值得惊异的事,如若有人指明,"相"相互结合和相互分离(参看以上 129D—130A 并[注 52]);这个愿望在本篇第二部分里得到满足。

本组推论即部分地满足这个愿望。它指出在什么条件下极端相反的"相"或范畴相互分离,不相互结合。这个条件乃是:如若"一"是隔离了孤立的。在这个条件下"一"不和"多"结合,也不和下列的"相"或范畴中的任何一个结合:"部分"、"整个"、"首端"、"末端"、"中间"、"形"("圆"、"直")、"在其它的里"、"在它自身里"、"变动"("变异"、"运动"、"旋转"、"变换地点的运动")、"静止"、"异"、"同"、"类似"、"不类似"、"等"、"不等"、"大于"、"小于"、"年老些"、"年少些"、"同年龄"、"时间"、"是"、"名字"、"言论"、"知识"、"感觉"、"意见",甚至毁灭了它自己。

"多"是"一"的极端相反者;它们组成一对极端相反的范畴。其余的范畴共组成十三大组和几个附属的小组。这些组中大部分皆是一对一对的极端相反的范畴;其余的乃是一组一组的相反的范畴。本组推论中结论的意义乃是:如若"一"是隔离了孤立的,那些对极端相反的以及那些组相反的"相"或范畴皆不在"一"里相互结合。这样,柏拉图不仅指出,在什么条件下极端相反的"相"或范畴不相互结合(那是解决以上所述的问题必须的步骤),并且还附带地指出,在同一条件下相反的"相"或范畴也不相互结合。

(2)我们将这些"相"或范畴系统的列为下表:

范 畴 表

1. “一”——“多”

2. “部分”——“整个”

3. “首端”——“末端”——“中间”

4. “形”:“圆”——“直”

5. “在其它的里”——“在它自身里”

6. “变动”——“静止”

“变异”——“运动”

“旋转”——“变换地点运动”

7. “异”——“同”

8. “类似”——“不类似”

9. “等”——“不等”

“大于”——“小于”

10. “年老些”——“年少些”——“同年龄”

11. “时间”:“过去”——“现在”——“未来”

12. “是”:“已是”——“正是”——“将是”

13. “名字”——“言论”——“知识”——“感觉”——“意见”

(表一)

那么,你可愿意,我们再回到原始的假设,在这个历 B
程里,我们看看可有什么性质不同的结果?

我极其愿意。

那么我们假设,如若一是,关于它所生的那些结果,无论它们凑巧是怎样性质的,我们都必须同意;不是这样么？

是。

你从第一点留意起吧。如若一是，它能一方面是，另一方面不分有是么？

不能。

这样，一的“是”是不同于一的；否则“是”不是那个的
C“是”，那个，即一，也不分有“是”，讲“一是”和讲“一一”，反而是相似的了，现在的这个假设不是：如若一一，乃是：如若一是，什么结果必然产生；不是这样么？

诚然。

是岂不表示某个异于一的？

必然地。

当人概括地讲“一是”时，那么那所言的可是异于“一分有是”么？

诚然不异于。

【注 233】 142B“在这……的结果”——这是原文的意译；直译约如：可有什么性质不同的在这历程里呈现于我们。

【注 234】 142B“如若一是”——这是本篇“谈话”第二部分中第二组推论的假设。这个假设从表面上看起来仿佛仍是和第一组推论的假设相同；但事实上它们是两个完全不同的假设。这个假设的意义，“巴曼尼得斯”随着说明（参看[注237]）。

【注 235】 142B“我们必……同意”——这里的意思乃是：关于这个假设所生的那些结果，必是我们同意（动词ὁμολόγειν）的对象；换句话讲，我们必须透彻地讨论那些结果，以达到我们的同意（名词 ὁμολογία）。（因此 Jowett 并未误解原文，但他的译文只是解释，不是翻译。）

【注 236】 142B—C“这样，……样么”——这一节所要证明的一点乃是：“一”的“是”和“一”不同。以上刚讲了：“一”分有“是”。“一”所分有的“是”，即“是一”的“是”，和“一”自身不同。何以不同？因为，假设它们是同一的，那么“是”即是“一”，就不会再有“一”的“是”，“一”也不会再分有“是”（参看以下 143 B“如若一……有是”以及[注 400(2)]）；而且所谓“一是”和“一一”必将成为同意的了。但事实上不然。因为第二组推论的假设不像第一组的是“如若一一”，乃是“如若一是”（参看[注 171]以及[注 237(2)]）。

【注 237】 142B—C“那么你……不异于”——(1)这一段解释第二组推论的假设。这个假设是“如若一是”（ἓν εἰ ἔστιν）。“如若一是”，“一”必然分有“是”。“一”所分有的“是”或“一”的“是”和“一”自身不同。因此“如若一是”中的“是”所表示的必异于“一”（否则“一”所分有的“是”或“一”的“是”必和“一”相同，但这已证明为不确（参看[注 236]）。这样，这个假设中的“是”所表示的不是：“一”是“一”，乃是“一”分有“是”。“如若一是”，所以“一”必然分有“是”，正因为“如若一是”即表示：如若“一”分有“是”。

(2)这个假设所以异于第一组推论的假设的乃是：这里不

像那里偏重“一”；这里所着重的乃是“是”。因此这个假设不能化为“如若一一”，它乃是由两个不能化为一个的成分所组成；它所表示的乃是“一”和“是”的结合。它事实上所假设的不是一个隔离了孤立的“一”，乃是所谓“是的一”或由“一”和“是”合成的“集体”(complexus)。这样，这个假设虽然表面上仿佛是和第一组推论的假设相同，但事实上它们乃是两个完全不同的假设。

让我们再问，如若一是，什么结果将要产生，你想想这个假设岂不必然表示，一是这样的，像有部分？

D 怎样？

这样：如若我们将宾词是加到主词是的一上去，或将宾词一加到主词一个是的上去，是和一不是同一个宾词，但那个主词却是同一个，那就是我们所假设的，即是是的一，那么这个主词岂不必然是一个整个，即是是的一，一和是即成为它的两部分？

必然的。

这些部分中的每一个我们仅呼为一部分，还是部分应称为整个的的一部分？

整个的的。

那么那个是一的即是整个的，又有部分？

诚然。

【注 238】 142D"这样……两部分"——这一节是意译的。τί τινὸς λέγεσθαι 即后世逻辑学中所谓:将宾词加到主词上去(etwas von etwas anderem prädizieren)。

这一节的论证如下:如若我们将宾词"是"加到主词"是的一"(即和"是"结合的"一")上去,或将宾词"一"加到主词"一个是的"(即和"一"结合的"是")上去,那么我们所加的两个宾词:"是"和"一",是两个不同的宾词;但主词呢,无论我们称它为和"是"结合的"一"或和"一"结合的"是",实际上皆是那由"一"和"是"合成的"集体",那即是第二组推论所假设的(参看[注 237])。我们既然将两个不同的宾词加到同一个主词上去,这个主词必然包含这两个宾词所表示的两个成分,因此乃是它们的总和,它乃是整个;另一方面,"一"和"是"即是组成它的两个部分。

【注 239】 142C—D"让我……诚然"——(II. 1.)(1)这是第二组推论中的第一个推论,它从原始假设:"如若一是"(参看[注 237(1)])。推论"一"和"部分"以及"整个"的关系。所得的结论是:"一"是整个,又有部分。这个结论的意义乃是:和"是"结合的"一"也和以下一对极端相反的"相"或范畴:"部分"——"整个"结合。

(2)本段比较 I. 2.(参看[注 176])。那里的结论和这里的仿佛是矛盾的。前者是:"一"既不是整个,也没有部分;后者是:"一"是整个,又有部分。我们在这里不应忘记——像许多解释本篇"谈话"的柏拉图学者不但确实忘记了,甚至始终未见到——这里所谓"一"和那里所谓"一",严格讲起来,不是同一个“一”。那里是隔离了孤立的“一”，这里是和“是”结合的“一”。本段的结论只必然地适合于后者，并不适合于前者；那段的只必然地适合于前者，并不适合于后者。这就是说：柏拉图并未主张，“一”必然地同时是整个和有部分，又不是整个和无部分。他的意思乃是：在一条件下，“一”不和这对极端相反的“相”或范畴结合；在另一条件下和它们结合。

第二组推论中其余的结论和第一组中其余的也仿佛是矛盾的。那些仿佛矛盾的结论的意义和以上所讲的相同：因此以后不逐一重复。

那么怎样？是的一的部分中每一部分，一和是，离开
E 另一部分么？一离开是的部分，是离开一的部分么？

这是不可能。

那么每一部分将又有一和是，并且至少由两部分组成，依照同一个论证永远是如此，凡成为一部分的，它将永远有这两部分；因为一将永远有是，是将永远有一，结
143A 果每一部分必然永远地变为二，永不是一。

无疑地。

是的一岂不要是这样无限的多么？

看起来如此。

【注 240】 142D“离开另一部分么”——这乃是就原文中含义增补的。

【注 241】 142D—E“那么怎……可能”——(1)“是的一”乃是由“一”和“是”合成的“集体”,它有“一”和“是”两部分。“一”自身是是的(ὄν—seiendes),“是”自身是一个(ἕν—eines)。因此“是的一”所有的两部分中每一部分不离开另一部分。

(2)这个思想:“一”和“是”不相离,乃是后来亚里士多德的“最普遍说”的来源。依这说,“一”和“是”虽是不同的两个,但因为它们相互随从,在某种意义里它们是同一个。譬如“一个人”和“一个是的人”,这两个词句所表示的并无不同(《物理学以后诸篇》Γ1,1003 b 22—29)。所以如此,乃因为“一个”里已含有“是的”的意义,反之,“是的”里已含有“一个”的意义。

关于这一点,Taylor(ibid p. 133)又有他的奇特的意见,他认为亚里士多德的那个思想是攻击柏拉图的(“polemical”)。我们且比较那两位哲学家自己的词句。柏拉图讲:“一”和“是”不相互离开(ἀπολείπεσθον),亚里士多德讲:“一”和“是”相互随从(ἀκολουθεῖν ἀλλήλοις)。除了 Taylor 以外还会有任何人能想象后一个思想上不是继承前一个,乃是攻击前一个的?

【注 242】 142E“每一部分(必)”——就含义知现在分词 γιγνόμενοι 的主词乃是 μόριον,于是译如上。

【注 243】 142D—143A“那么怎……如此”——(II. 2a.)第二组推论中的第二个推论目的在推论“一”和“多”

的关系。达到这个目的，前后有两个不同的论证，这里是其中的第一个。它的结论是："是的一"是无限量的多。这个结论的意义乃是：如若"一"和"是"结合，"一"也和它的极端相反的"相"或范畴"多"，结合。

达到这个结论的论证如下：它从原始假设"如若一是"出发。这假设认为"是的"的"一"乃是和"是"结合的"一"（参看[注 237]）；但因为"一"和"是"不相离（参看[注 241(1)]），于是部分"一"和部分"是"每个自身又皆是一个由"一"和"是"合成的"集体"；这样，虽最小的一部分也由"一"和"是"两部分组成，以至于无穷。因为所组成的部分（konstituierter Teil）是无限小，所以组成的部分（konstituierender Teil）是无限多。结果乃是：和"是"结合的"一"乃是无限多。

请再这样研究。

怎样？

我们讲，一分有是，因此它是？

是。

并且因此是的一呈现为多。

是这样。

怎样？一自身，我们讲它分有是，如若我们用思想单单抓着它自身，丢开那我们说它所分有的，那么这个自身将呈现为一呢，还是也呈现为多？

我想，一。

让我们看看:如若一不是是,但是正像它是一,它才 B
有是,一的是必然是另一个,一又是另一个。

必然地。

那么,如若是和一是两个异的,一异于是既不由于是一,是别于一也不由于是是,但是它们由于异,由于别乃相互别异。

诚然。

所以异不同于一,也不同于是。

怎么同呢?

【注 244】 143A“请再……研究”——在译文中就含义增。

【注 245】 143A“请再……也呈现为多”——第二组推论里关于“一”和“多”的关系的推论共有两个不同的论证。在 II.2a 里柏拉图推论“是的一”和“多”的关系(参看[注 243]),从这里起直至 144E“……疑的”他推论“一”自身和“多”的关系。所谓“是的一”乃“指”和“是”结合的“一”;第一个论证即就着“一”和“是”的结合推论“一”和“多”的关系。这样,“一”和“是”的结合乃容纳在推论的出发点里,这个出发点乃是由“一”和“是”合成的“集体”。

第二个推论是怎样,我们可以从本节看出它的特点来。“一”虽然和“是”结合,但我们在思想里丢开和“一”结合的“是”,单单抓着一自己,来推论“一”和“多”的关系。这样,我们在选择推论的出发点时，不顾及“一”和“是”的结合，不就着这个结合推论，不将这个结合容纳在推论的出发点里。因此这个出发点不是那由“一”和“是”合成的“集体”，只是这个“集体”中的“一”。

这里有个重要的、但普通为人忽视了的问题，即这里讨论的出发点和第一组推论中的出发点有无分别？解答这个问题，我们先辨别以下三个不同的出发点：

(一)第一组推论里的，

(二)第二组推论中 2a 的，

(三)这里的。

(一)是“是一的一”，和其它任何一个“相”或范畴，譬如“是”，隔离了孤立的“一”；那里的推论从“一”的孤立，从“一”不和“是”的结合出发。(二)是“是的一”，和“是”结合的“一”；那里的推论从“一”和“是”的结合出发。(三)是“一”自身，那和“是”的结合在思想里不被顾到的“一”；那里的推论不从“一”和“是”的结合出发。

(三)不从“一”和“是”的结合出发的推论，和(一)从“一”不和“是”结合出发的推论，是两个完全不同的推论。在(三)里“一”和“是”的结合只未被容纳在推论的出发点里，但这个结合并未遭否认。因为未遭否认，所以在推论的历程里随时可以得到认许。(事实上在 143B 里“一”分有“是”随即被提出来。)但在(一)里，“一”和“是”的结合在推论的出发点里即被否认，因此这个结合在这个推论的历程里永不能再遭肯定。这乃是(三)和(一)之间的异点。

【注 246】 143B“如若一……又是另一个”——143A—144E(“请再……疑的”)中的推论固然不从“一”和“是”的结合、只从“一”自身出发,但事实上“一”分有“是”。这个分有虽然可以摈于推论的出发点以外,但在推论的历程里人必承认它,它在这里即被承认了,并且“巴曼尼得斯”再从它推论“一”所有的“是”和“一”自身不同。这样,“一”分有“是”,“一”和“是”的结合虽然不是这一段里论证的出发点,却是这个推论历程里的一个阶段,而且即是第一个阶段。由此产生其它的结果,以至这个历程的最后结论。这样,这一段里的推论和II. 2a.里的分别在此:这里的推论不自II. 2a.的出发点出发;它的出发点仍退后一步。因为这一段中推论历程的第一个阶段实际上乃等于II. 2a.的出发点。

【注 247】 143B“如若一……同呢”——本篇“谈话”等两部分中八组推论所讨论的,虽然皆是关于后世所谓范畴的(参看[注 170]),但其中无一组完全以范畴引绎(Kategorienableitung)为对象,更休谈如康德所谓的“Deduktion der Kategorien”了。然而在第二组推论里却有一节是数的引绎(Zahlenableitung),它即起始于此。但这里,严格讲起来,只为数的引绎做了一个初步的工作,从“一”分有“是”引绎“异”。

“一”分有“是”,那么“一”所分有的“是”和“一”自身是各异的。既然“一”和“是”相异,这异的缘由何在?这个缘由既不是“一”,也不是“是”,“一”不因为它“是一”,乃异于“是”;“是”也不因为它“是是”,乃别于“一”(参看以上139C“一直……和其它的”)。它们的别异乃由于“异”。这样,必先(非时间的)有“异”,它们始能相互别异。

“异”既是“一”异于“是”和“是”异于“一”的缘由,它即和“一”不是同一个有,和“是”也不是同一个有。否则“一”即由于“是一”而异于“是”,“是”即由于“是是”而异于一;但这已证明为不可能。

因此这里有“一”、“是”和“异”三个不同的;由此柏拉图引绎出一切的数来(参看[注 249(2)])。

C 那么怎样?如若你愿意,让我们从它们里选择是和异,或者是和一,或者一和异,在每次选择里我们岂不选择了那能正当地被称为一双的?

怎样?

这样:人能讲是?

能。

又能讲一?

这也能。

岂非它们中间的每一个被讲了?

是。

当我讲是和一时,我岂非讲了一双?

诚然。

如若我讲是和异,或异和一,我岂不这样每一次讲了一双。

是。

那么,那些正当地被称为一双的,它们能是一双,却 D
不是二么?

不能。

那么是二的,它们里的每一个有何方法不是一么?

无一法。

如若每两个相合是二,那么它们中的每一个是一。

显然。

如若它们里的每一个是一,任何一个一加到任何一对上去,岂不总共是三?

是。

三岂非奇数,二岂非偶数?

怎么不是?

怎样?既有二,岂不必然地有两倍,既有三,三倍,如 E
若二即是两倍一,三即是三倍一?

必然地。

既有二和两倍,岂不必然地有两倍二?既然有三和有三倍,岂不必然地有三倍三?

怎样不?

怎样?既有三和两倍又有二和三倍,岂不必然地有两倍三和三倍二?

很必然地。

那么就有偶倍偶数和奇倍奇数以及奇倍偶数和偶倍 144A

奇数了?

是这样。

如若这些情形是如此,你想有何数遗漏了,不必然地存在么?

决无。

那么,如若一是,必然地有数。

必然地。

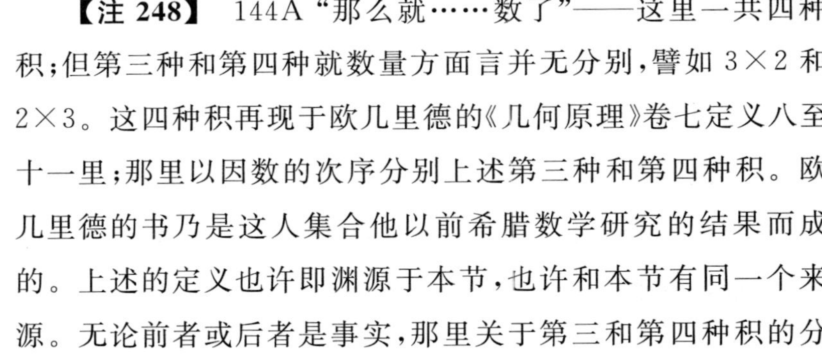

【注 248】 144A“那么就……数了”——这里一共四种积;但第三种和第四种就数量方面言并无分别,譬如 3×2 和 2×3。这四种积再现于欧几里德的《几何原理》卷七定义八至十一里;那里以因数的次序分别上述第三种和第四种积。欧几里德的书乃是这人集合他以前希腊数学研究的结果而成的。上述的定义也许即渊源于本节,也许和本节有同一个来源。无论前者或后者是事实,那里关于第三和第四种积的分别即可引以为本节的注释。

【注 249】 143C—144A“如若你……然地”——(1)这里引绎数。我们刚见了,怎样由“一”分有“是”引绎出“异”来(参看[注 247])。从“一”、“是”和“异”里,若“是”和“异”或“是”和“一”或“一”和“异”被并举,就有了一双;由一双起,柏拉图引绎出二——一——三——奇数。偶数两倍、三倍——两倍二、三倍三、两倍三、三倍二——偶倍偶数、奇倍奇数、奇倍偶数、偶倍奇数——一切的数,或普遍地讲,素数。“一”分有

“是”即是“一是”所表示的(参看[注 237(1)]),因此一切的数乃是由“一是”引绎出来的。这就是讲,从“一”和“是”的结合就有数,就有一切的数了。

(2)我们进一步考察这个数的引绎。柏拉图讲:这里无任何的数遗漏了,即一切数都引绎出来了。所谓一切数,乃指一切正整数。因为:(一)希腊数学还未发现 0,于是也无负数;(二)分数皆为比,譬如 1/2 即是 1∶2。然而依以上所言的,怎样引绎出一切正整数来呢?在上述那一组引绎的结果里,当然以以下四个为最重要:

(一)偶倍偶数,

(二)奇倍奇数,

(三)奇倍偶数,

(四)偶倍奇数。

由(一)、(三)、(四),我们有正整数中的一切偶数;然而由(二),我们并不即有正整数中的一切的奇数,但只有这些奇数中的一部分,即那些不是素数的。这样,由(一)、(二)、(三)、(四),并不能有一个联续无间断的正整数数系(Zahlenreihe);换句话讲,这个数系里有间数。这一点即在这个数系的一小段里即可见到,譬如由 1 至 10 这一段里。由(一),我们有 4、8;由(二),有 9;由(三)、(四),有 2、6、10。1 和 3(以及 2)已单独地引绎出来了,因此我们将它们收入这个数系;然而所得的结果仍然只是一个不联续的系。

1,2,3,4,——6,——8,9,10。

这样,在 4 和 6 之间缺少一个正整数,在 6 和 8 之间也缺少一个正整数。这只是数系的一小段，其中已有缺漏，在整个数系里必有更多待填补的间断；这些间断即是一切素数的位置。柏拉图既以为一切的正整数皆可依以上所言的引绎出来，那么这些素数如何补充？若无法补充，结果必影响许多其它的数，这些素数的一切的倍数，譬如 10 即是其中的一个。

我们且看看(一)、(二)、(三)、(四)自身如何引绎出来的。(一)和(二)乃由于 2·2 和 3·3 的普遍化，(三)和(四)乃由于 3·2 和 2·3 的普遍化；2·2，3·3，3·2，2·3 由于 2＝2·1 和 3＝3·1；2 又由于一双，3 呢？由于 2＋1。

这最后一点乃是对于我们当前问题的解答最重要的一点。3 在希腊数学里是奇数中的第一个素数(参看[注 251(2)])，它乃是由加得来的。上述的四种积实际上乃是四种乘法的结果。那个数系中除了 1，2，3 以外，一切偶数和一切非素数的奇数皆可由那四种乘法引绎出来。但素数不是任何数(除了它自己和 1)的积，它不能由那些乘法，只能由在它前一位的偶数加 1 得来，譬如 2＋1＝3。柏拉图既然将奇数中的第一个素数用加法得来，他又说，他引绎出一切的数来了，那么其它素数的引绎也必同样地由于加了。这样，由于以上的四种乘法引绎出正整数数系中大部分的数来；那个数系里间断待补的素数即由每一素数前一位的偶数加 1 得来。这样，一切的数方可引绎出来。

关于柏拉图的数的产生的学说，我们这里只就着本节里所言的讨论，因此不涉及亚里士多德《物理学以后诸篇》中末二卷里所言的。其实那里所批评的和这节里所言的显然不是

同一个学说。关于那个"数的产生"的学说，参看 J. Stenzel 先生的 Zahl und Gestalt bei Plato und Aristoteles，S. 43 ff.

再者既有数，就必有多，而且有的数量是无限的；或者数不变为数量方面无限和分有是的么？

确实变为。

如若一切的数分有是，数的每一部分岂不也分有是？

是。

那么是分配于许多有的每一个了，它不离去有中的 B
任何一个，最小的或最大的？或者提出这问题即无理由？是怎样能离去有中的任何一个呢？

在无一样式里。

那么是割裂为最可能小的和最可能大的以及各式各样的有，它在一切的之中分为最多的，它的部分是无限。 C

是这样。

那么它的部分是最多的。

自然最多的。

【注 250】 144A"或者……无限"——(1)在这句(参看[注 251(1)])里柏拉图意谓：数是数量方面无限的、无穷尽的。这一点他在以上一节(143C—144A"如若你……然的")里事实上已证明了，虽然他未明白地讲出来；因为由每一个新引绎出来的数由以上所讲的乘和加(参看[注 249(2)])复产生许多其它的数来，这样以至于无穷。

(2)柏拉图所以发现数是无穷尽的，乃由于乘和加的并用。这样，数的滋生不是顺序的。因为由于那四种乘法只产生出数系中的大多数的数来，其中的间断尚须由加来填补。关于这一点亚里士多德的意见和其师的不同；在他的数无穷尽的学说里无那“不顺序”和“填补”的困难。他虽然以为数系有两个方面，趋向较小的和趋向较大的，但因为希腊数学不知道 0，所以他认那趋向较小的一方面以 1 为终点，所谓“无穷尽”只是就着趋向较大的一方面的。在这后一个方面里，每一个固定的数皆有其它的数在数值方面超过它。这样，由于加，数系延至无穷（《物理学》III7，207a 33—b 13；6，206a 15—16）。

【注 251】 144A“或者……的么”——(1)这是所谓修辞的问句，它的目的是在得一肯定的答复。

(2)这个肯定的答复否定问句的内容，它正所以证明以上一点，即“既有数，就必有多，而且有的数量是无限的”。既有数，所以就有多，因为所谓数（ἀριθμὸs）在古希腊是不包括 1，乃由 2 起始的（ἓν[1]不是ἀριθμὸs[数]，乃是 ἀρχή τοῦ ἀριθμοῦ[数之始]，参看亚里士多德《物理学以后诸篇》N1，1088 a 6—8 et Ross ad loc.），但 2 即已是多。至于既有数，“有”的数量是无限的，其故如下：根据上一节的结论“必然有数”（以上 143C—144A），数即分有“是”，它自身即是“有”；既然有数量方面无限的数（参看[注 250(1)]），那么即有数量方面无限的“有”。这样，“有”的数量是无限的。

【注 252】 144B—C“那么是割……无限”——万有论(Ontologia 旧译“本体论”,但不精确)成为一学科始自亚里士多德(《物理学以后诸篇》Γ 1—2,cf. K 3);但本篇已为这个学科奠定基础。它指出来,“是”(οὐσία)分为一切的“有”(ὄντα),“割裂为最可能小的和最可能大的以及各式各样的有”,那么万有有一共通点,即分有“是”;因此“有某某知识,它观察是的,像这个是是的,以及那些由己的属于它的”(Arist. ibid 1003 a 21—22)。

【注 253】 144A—C“再者……然最多的”——这里自成一个段落;它的目的在证明“是”在无限多的“有”里分裂为无限多的部分。Burnet,Diès(两种校勘本)以及 Taylor(英译本)的分段皆错误。依照他们的分段,143A—144E(“请再……疑的”)一段中的思路人无法寻出;反之依照我们的分段(参看[注 258(2)]),这一段中论证的步骤井然。

现在怎样?它们里的任何的既是是的部分,然而又不是一部分么?

那怎样能?

但是我想,如若它是,像它一直是时,它必然地永远是一个任何的,不能是无一个。

必然地。

那么一附在是的每一个单独部分上,不离开小些的或大些的或其它任何部分。

是这样。

D 一既是单一的，它能同时整个地在许多处么？你想想这一点。

我想了并且见到，那是不可能的。

如若不是整个地，那就是分裂地；因为我想，除去分裂了，一在无一其它样式里将同时参加于是的每一部分里。

是。

再者，那分裂为部分的必然是这许多，如它的部分。

必然地。

那么我们刚才讲的不真，我们说，是分为最多的部
E 分。因为它不分为比一多些的，但是，看起来，它和一分为相等的部分；因为是既不离开一，一也不离开是，但它们是两个，永远在一切的里维持均等。

看起来完全如此。

那么，一自身由于是分裂为许多的，而且在数量方面是无限的。

显然。

那么，不但是的一是多，而且一自身也必然地由于是分为多。

无疑地。

【注 254】 144C“那怎样能”——从 Burnet 衍 B. 和 T. 两抄本中的 τοι。

【注 255】 144C“但是……无一个”——这个论证难懂，不是因为它深奥，乃是因它和文字的关系太密切了。如若任何的(τι)是，它必是一个任何的(ἕν τι)，不能是无一个(μηδὲν)。τι 是单数；μηδὲν以及上一句里的 οὐδὲ ν 皆是 ἕν(一)的否定字(比较英文中的 none＝n-one 或德文中的 keines＝k-eines)。因此这个论证是很显然的。如若(单数)任何的是，它必然是一个任何的，不能是无一个。

【注 256】 144D“一既……然地”——(1)上一节(144C“现在……这样”)所得的结论是：“一附在是的每一单独部分上”，由此很可以生出以下的结果来，即：“是”有许多部分，“一”即有许多个。但这里次一步所要证明的不是这一点，乃是“是”有许多部分，“一”也有许多部分。换言之，所要证明的不是：每个“一”附在“是”的每一部分上，乃是“一”的每一部分附在“是”的每一部分上。本节即论证这一点。

这个论证的基础乃是：一个单一者不能同时整个在众多者里。如若“一”只是一个，它只有分裂为部分，方可同时附在“是”的各部分上。

(2)这个基本思想我们在本篇“谈话”的第一部分里(以上 131A—C“象相……决不”)已经见过了，那是在“巴曼尼得斯”批评“少年苏格拉底”的“相论”中的“分有”的。那个批评共分两部分，其中前一部分即建筑在同一个思想上(参看[注 68])。许多柏拉图学者以为本篇第一部分中“巴曼尼得斯”对

“少年苏格拉底”的“相论”的批评皆在本篇第二部分里遭到反驳。但在这里，我们遇见一件和那个解释冲突的事实：同一个基本思想在第一部分中见于对“分有”的批评里，又在本节出现了——但不是遭着反驳，乃是重复地应用。关于第一部分中的其它的批评，我们以后还要见到同样的情形（参看[注299(2)]、[注300(2)]以及[注384]）。

【注257】 144D—E“因为它……均等”——以上已讲了“一”附在“是”的每一部分上(144C)，但附在“是”的每一部分上的不是整个的“一”，乃是“一”的一部分；这样，“一”分为许多部分(144C—D)，而且分为和“是”一样多的部分。其所以如此，乃因为“是”和“一”各不相离。这样，“一”和“是”虽是两个，但它们永远在一切的里维持均等：凡有“是”，必有“一”；凡有“一”，必有“是”，比较亚里士多德的“最普遍说”，见[注241(2)]）。

【注258】 144A—144E“请再……疑的”——(II. 2b.)

(1)这是第二组推论中第二个推论的第二个论证。柏拉图既在同一推论中的第一个论证里推论了“是的一”和“多”的关系，在第二个论证里再从“一”自身推论“一”和“多”的关系(参看[注245])。这个重复的意义乃是：不但从“一”和“是”的结合出发必然达到“一”和它的极端相反的“相”或范畴——“多”——的结合，而且即使我们在推论的出发点里将“一”和“是”的结合置于不顾，单从“一”自身出发(只要我们不从“一”的隔离了的孤立出发，象在第一组推论里)，推论的结果也必然是和同一推论中的第一论证(即II. 2a.)相同。

(2)这里的推论由以下三个步骤达到上述的结论:(一)证明有一切的数或无穷尽的数(143B—144A“请再……然地”),即“有”是无限多;(二)证明“是”在无限多的“有”里分裂为无限多的部分(144A—C“再者……然最多的”);(三)证明“一”分裂为和“是”同样多的部分(144C—E“现在……疑地”)。

再者,因为部分是整个的部分,像一是整个,它是有限的;或者部分不为整个包围么? 145A

必然地。

但是包围者即是界限。

怎样不?

那么,我想,一如若是,它既是一又是多,既是整个又是部分,既是有限者又是数量方面无限者。

显然。

【注 259】 144E—145A“再者……显然”——(II. 3.)(1)这是第二组推论中的第三个推论,它推论“一”和“有限者”的关系。这里的论证很简单,它以 II. 1.(参看[注 239(1)])为根据。“是的一”既是整个,又是部分。部分乃是整个的部分;整个乃是部分的总和(参看以上 137 C)。因此那个是整个的也就是整个的一切部分。部分为整个所包围;因此部分是有限者。于是产生了以下的结论:和“是”结合的“一”是有限者。

(2)II. 2a. 和 II. 2b. 里所得的结论不仅是:“一”是多,而且还是:“一”是无限的多(参看[注 243]和[注 258(2)])。那么 II. 2. 的结果和本段的结果合并,即成为“一”既是无限者又是有限者,如本段末节里所陈述的。这个结论的意义乃是:如若“一”和“是”结合,“一”也和以下一对极端相反的“相”或范畴:“无限者”——“有限者”结合。

(3)在同节里柏拉图又重述 II. 1. 和 II. 2. 的结论,以表示下列三对极端相反的“相”或范畴的结合皆以“一”和“是”的结合为条件:(一)“一”——“多”、“整个者”——“部分”、“无限者”——“有限者”。

如若一是有限者,它没有端么?

必然有。

怎样?如若它是整个,它无首端、中间和末端么?或者,没有这三个,任何的能是整个么?如若它们中间的任何一个离去任何的,这个将仍然能是整个么?

将不能是。

B 看起来,一也有首端、末端和中间。

有。

【注 260】 145A—B“如若一是有……间有”——(II. 4.)这是第二组推论中的第四个推论,它推论“一”和“首端”、

“末端”以及“中间”的关系。结论是:“一”既有首端,也有末端,也有中间。达到这个结论先后有两个论证。第一个根据 II. 3.(参看[注 259(1)])。从“一”是有限者推论“一”有端。从这里事实上已不难达到上述的结论。(因为从有端可以推论有首端和末端,由有首端和末端可以推论有中间,因为中间据以下 145B 是距离两端相等的。)但这个论证未完即中止。第二个论证以 II. 1.(参看[注 239(1)])为根据。“一”是整个。依据整个的定义(以上 137 C),“一”必有首端、末端和中间。这个结论的意义乃是:如若“一”和“是”结合,“一”也和以下一组相反的“相”或范畴:“首端”——“中间”——“末端”结合。

再者,中间去各端距离相等;因为不这样即不是中间。

不是。

如若一是这样性质的,看起来,它也分有任何的形,直、圆或任何由这两种形混合成的。

分有。

【注 261】 145B“再者……是中间”——这节我们以为不属于 II. 4.,乃属 II. 5.。何以不属于 II. 4.? 因为 II. 4. 里的论证已经达到它所欲达到的结论了(参看[注 260]);这节若再加上去,在论证方面是多余的。何以属于 II. 5.? 因为它是那个推论中不可缺少的一个步骤(参看[注 262])。

【注 262】 145B“再者……的分有”——(II. 5.)这是第二组推论中的第五个推论,它推论有以上那些性质的“一”和“形”的关系。结论是:它有任何的形,直、圆或由这些混合成的。这个结论很易由 II. 4.(参看[260])推得;因为凡有中间和两端的就有任何形状。但这段里的推论不根据 II. 4. 的全部,只根据其中的一部,即“一”有中间。因为仅此一点已足以达到上述的结论了。所谓“中间”乃是那去各端距离相等的。这样,中间已蕴涵两端;凡有中间的,亦即有任何形状。这个结论的意义乃是:如若“一”和“是”结合,“一”也和以下一组相反的:“直”——“圆”——“圆和直的混合形”结合。

如若一是这样的,它岂不将是既在它自身里也在其它的里?

怎样?

我想每一部分都在整个以内,无一部分在整个以外。

是这样。

C 一切部分都为整个所包围么?

是。

再者,一就是它自身的一切部分,不比一切部分多点或少点。

不多不少。

一岂不也是整个?

怎样不?

如若一切部分是在整个里,一又是一切部分并且它又是整个,一切的部分为整个所包围,那么一为一所包围;这样,一自身即是在它自身里了。

显然。

【注 263】 145C“如若……显然”——145B—C(“我想……显然”)论证“一”在它自身里。本节总括这个论证,它似乎是步骤井然,但事实上乃是不必要的繁冗。它由以下五步骤组成:

(一)一切部分都是在整个里;

(二)“一”是一切部分和整个;

(三)一切部分都为整个所包围;

(四)“一”为“一”所包围;

(五)“一”是在它自身里。

我们很易看出,这个论证是不简洁的;因为如若人将(二)代入(一)内,即可得(五),(三)和(四)并不是必须的。这就是讲:达到这个结论并不必以“包围”为“中介”(μέσον)。因为柏拉图以“包围”是组成“在某处”的一个重要成分(参看[注186]),所以他也将它收入这个论证里了。

然而,另一方面,整个是不在部分里,不在一切部分里,也不在任何部分里。因为如若它在一切里,必然地在 D

一个里；因为如若不在任何一个里，它不能更在一切里；如若那个即是一切中的一个，但是整个不在它里面，它怎样将要是更在一切里呢？

在无一样式里。

它也不在几部分里；因为如若整个是在几部分里，大些的就要是在小些的里了：那是不可能的。

不可能。

整个是既不在一部分里，也不在多于一的部分里，也不在一切部分里，它岂不必然地是在任何一个其它的里，或者更不在其它处所？

E 必然地。

如若它是不在任何一处，它即不是任何一个，但是它是整个，既然它是不在它自身里，它岂不必然是在其它的里？

诚然。

【注 264】 145C—D“然而……处所”——这一节的职务是论证整个不在部分里。它分三方面论证：

（一）不在一切部分里，

（二）不在任何一部分里，

（三）不在几部分里。

因为如若整个是在一切部分里，它必是在一部分里，如若它是不在任何一部分里，它必不能在一切部分里；于是（一）归并在

（二）内。

证明（三）的理由是：否则大些的（指整个）就要是在小些的（指几部分）里了；但那是不可能。关于（二）没有明白的论证，只有简单的肯定；关于（一）也是同样的情形。然而适用于论证（三）的理由同样适用于论证（二），由（二）再产生（一）。

关于（三）和（二）论证方面毫无问题，但关于（一）情形不同。如若人肯定整个在一切的部分里，人可以不肯定（甲）整个是在一切部分的单开来的每一个里（i. e. distributively），只肯定（乙）整个是在一切部分的总和里（i. e. collectively）。以上的论证只证明（甲）不可能；但所要证明的乃是（乙）不可能。

这个困难只有在一种情形下可以不产生，即是如若这里所讲的"整个"乃是所谓（广义的）"有机整体"，比如亚里士多德在 Topica VI 13，150 a 15—21 所举的：砖、瓦、木料的总和并不即是一所房屋，或如他在另一处所说的：一个音节并不只是组成这音节的字母，此外还有其它的（《物理学以后诸篇》Z17，1041 b 16—17）。（广义的）"有机整体"大于一切部分的总和。这样，以上的论证可以证明整个——即（广义的）"有机整体"——是不在一切部分总和里；否则大些的就要是在小些的了。但那是不可能。

然而我们没有根据可以认本节所讲的"整个"是（广义的）"有机整体"；在另一方面，如若我们能援引以上第一组推论中的话来解释本节，那么结果刚刚相反。依据 137 C 整个乃是"那无一部分不备的"，这就是说：它是部分的总和。（参看《苔耳业苔陶斯篇》203 E ff.。那里虽然提出来讨论，音节不即是组成这音节的一切字母,然而苔耳业苔陶斯终必承认,“整个”和“一切”没有分别。)部分的总和何以不能是在一切部分里?

【注 265】 145E“如若……一个”——从这句话我们可以见到以下两点:

(1)本篇谈话第二部分所讨论的皆是关于后世所谓范畴的,何以柏拉图将“在某处”和其它基本的范畴如“一”、“多”、“异”、“同”、“整个”、“部分”……并列?原因乃是:他不以“在某处”只是个别事物的范畴,乃是一切“有”的范畴(比较以“时间”为一切“有”的范畴,参看[注 225(1)])。

(2)新柏拉图派以及与其相近者,比如 Wundt(a. a. O.),关于以上第一组推论中的“一”的解释由此愈可见其完全是曲解。因为那隔离了孤立的“一”不在任何处所(以上 138 A—B),那么它即不是任何一个,即是“无”;宇宙间根本无那一个。

那么,既然一是整个,它是在其它的里,既然它是一切的部分,它在它自身里;这样,一必然既在它自身里,也在其它的里?

必然地。

【注 266】 145B—E“如若一是这样……里必然地”——(II. 6.)这是第二组推论中的第六个推论,它推论有以上所讲的性质的“一”既在它自身里,也在其它的里。正如结论是二重的，论证的历程也是各自为段落的两个。它们皆以 II. 1.（参看[注 239]）为根据：从和“是”结合的“一”有部分，推论“一”在它自身里，从“一”是整个，推论它既不是在部分里，又不能不在任何处所，因此必在其它的里。这样，“一”既在它自身里，也在其它的里。这个结论的意义乃是：如若“一”和“是”结合，“一”也和以下一对极端相反者：“在它自身里”——“在其它的里”结合。

如若一是这样性质的，它岂不必然既变动又静止？

怎样？

如若它是在它自身里，我想，它静止；因为如若它在 146A
一个里，不离去那个，它是在同一个里，即在它自身里。

它是。

那永远是在同一处所的，无疑必是永远静止的。

诚然。

【注 267】 145E—146A“如若一……诚然”——(1)这里的推论有须讨论的地方。它的最后基础乃是“一”在同一个里或在同一处所。由此所得的结论：“一”是静止的，并无必然性。因为在同一处所的很可在同一处所运动，即旋转。

反之，如若静止是和运动对立的，人固然可以从“不在同一处”推论不静止（意为：有变换地点的运动），如以上 139A—B。然而我们可以同样推论不旋转（即在某种意义里静止）。

这样，从肯定或否定“在同一处所”皆不必然产生“静止”或“不静止”的结论。其所以如此，因为旋转是一个自身矛盾的，它是静止的运动(参看[注 191(1)])。

怎样？另一方面，那永远是在其它的里的，岂不必然永远是不在同一个里，永远是不在同一个里的，岂不永不静止，永不静止的，岂不变动？

是这样。

【注 268】 146A“怎样……变动”——柏拉图在这里从“一”永远在其它的里推论“一”变动。这里所谓“变动”不是广义的(参看[注 190])，显然仅指变换地点的运动；因为“永远在其它里”或“一时在这里，一时在那里”只蕴涵这一种运动。然而这里的论证，虽然加了这种限制以后，仍然有问题。II. 6. 的结论只是：“一”(在它自身里和)在其它的里(参看[注 266])，本节却在这个结论上加了“永远”。“在其它的里”是一个相对的词句。因为加上“永远”就生了新义、原来结论里所无的意义。“在其它的里”原指不在“一”里，却在那异于“一”的里；“永远在其它的里”乃指一时在这里，一时在那里。ἄλλοτ' ἄλλοθι 乃是变换地点运动的特征(比较以上 138D)。这样，变更 II. 6. 的结论：“在其它的里”为这里的前提：“永远在其它的里”事实上已将“变动”隐含地预先承认了。因此产生出以下的结论来：“一”变动。

那么,一既是永远在它自身里和其它的里,必然永远变动和静止。

显然。

【注 269】 145E—146A“如若一……显然”——(II.7.)这是第二组推论中的第七个推论,它推论有以上所讲的性质的“一”和“变动”以及“静止”的关系。这个推论以 II.6.为根据(参看[注 266]):从“一”在它自身里推论“一”是静止的,从“一”永远是在其它的里推论“一”变动。这两个论证皆有可议之处,我们已指出来。然而为了了解本篇“谈话”里的中心思想,知道柏拉图所欲论证的是什么,比知道他事实上所得的结果是什么还重要。他在这里的目的乃是:既在 I.6.(参看[注 201])里证明了那里所谓的“一”既不变动、又不静止,在本段里证明这里所讲的“一”既静止又变动。这个结论的意义乃是:如若“一”和“是”结合,“一”也和以下一对极端相反的“相”或范畴:“变动”——“静止”结合。

再者,如若一有以上的那些性质,它必是同于它自己,异于它自己,对于其它的它也是这样地同和异。 B

怎样?

我想,每一个对于每一个有以下的关系:或是同或是异;如若既不是同又不是异,乃是另一个的一部分,对于那一个它有部分的关系,或者像对于部分那样,它是整个。

显然。

【注 270】 146B“我想……个的”——柏拉图认为，联络万有成为一个整个的宇宙的，共有四种不同的关系。它们是(一)“同”，(二)“异”，(三)“部分”和(四)“整个”。任何一个“有”必是同于任何一个的，或异于任何一个的，或是任何一个的部分，或是整个，以任何一个为部分。

“同”是任何一个对于它自身的关系；“异”是任何一个对于它自身以外任何一个的关系(比较《哲人篇》256 A—E 以及陈忠寰：《分离问题》，德文版，§17B)。(一)和(二)仿佛已足以将万有联络为一个整个的宇宙了，因为任何一个(“甲”)和它的其它的(“非甲”)似乎已将万有包括无遗了。但这个矛盾的对分在这里有个缄默的假设，即组成万有的皆是单纯的：“甲”和“乙”、“丙”、“丁”……(“非甲”)，然而事实上许许多多的“有”是复合的，比如“甲乙”。“甲乙”兼有矛盾对分下的两类：因此“甲”既是同于“甲乙”，也是异于“甲乙”，这就是：“甲”既是不同于“甲乙”，也是不异于“甲乙”。前者对于后者是部分对于整个；后者对于前者是整个对于部分。因为组成万有的不只是“甲”和“乙”、“丙”、“丁”……(“非甲”)，此外还有“甲乙”……。所以整个的宇宙以上述四种关系为基础。这就是讲，万有中的每一个和每一个必有这四种关系中的任何一种。

基本关系虽然有四，然而它们显然属于高下不同的两个层次。凡是同的或异的并不皆是另一个的部分或是以另一个

为部分的整个（比如“甲”——“甲”或“甲”——“乙”）；反之，凡是部分或整个皆同于它自己（“甲”同于“甲”，“甲乙”同于“甲乙”），且异于部分和整个以外一切其它的（“甲”异于“非甲”，“甲乙”异于“非甲乙”）。柏拉图以后在《哲人篇》里显然看到这一点；（三）和（四）在“最普遍的种”里无位置。

那么一是它自身的一部分么？

在无一样式里。

那么它也不像对于部分那样是它自身的整个，因为那样它对于它自身就是一部分了。

不能。 C

但是一是异于一么？

决不。

那么它也是不异于它自身。

自然不。

这样，如若它对于它自身既不是异的，又不是整个，也不是一部分，它岂不已必然地是同于它自身？

必然的。

【注 271】 146B“那么它……分了”——这是一句义理毫不深奥、但结构不易直译的句子；因此我们将这句里的副句根据 Heindorf（ap. Waddel ibid ad loc.）的解释意译。Heindorf 以为这个副句的意义是 οὔτω γὰρ ἄν πρὸ s ἑαυτὸ μέρος ὄν.

这样，他认这个副句里的现在分词(ὄν)是表示原因的。

这全句的意义如下：如若“一”对于它自身和整个对于一部分一样，那么，反转过来，它对于它自身就必像一部分对于整个；但这不能。因为以上刚讲了，“一”不是它自身的一部分。

怎样？那个是在异于它自身的处所的，但同时它自身和它自身在一处，岂不必然地是异于它自身，如若它是在别处？

我想这样。

但是一已被指明是这样，它同时是在它自身里和在其它的里。

已被指明。

D 那么，看起来，一是这样异于它自身。

看起来如此。

现在怎样？如若任何的是异于任何的，它岂不将是异于那个是异的么？

必然地。

那些是非一的岂不皆异于一，一也异于非一的？

怎样不？

那么一是异于其它的。

异于。

【注 272】 146D“那些……样不”——这里是不同的两点:(一)凡是“非一”的皆是异于“一”,(二)“一”也是异于“非一”的。(二)乃由(一)的肯定产生(参看[注 273]);关于(一)这里并无论证,只是简单地肯定。

这个简单的肯定即已重要;这里我们第一次见到柏拉图以“异于一”解释“非一”。这乃是他的“相对不是说”的先声。历史上的巴曼尼得斯以为“不是”是绝对的,它即是“无”。由于这个概念产生出两个在这概念下无法解决的问题。一是他自己已讨论的,万有论方面的变动问题(Fr. 8,6 ff. Diels),一是以后柏拉图提出讨论的,认识论方面的错误意见问题(参看《苔耳业苔陶斯篇》187D—200D)。和这个“绝对不是”的概念对立,柏拉图在《哲人篇》里(256 D—259 D),(参看本篇“谈话”160B—C)形成他的“相对不是说”。那里他详细论证,如何“不是”不是“无”,乃是“异”,乃是“有”的一种。所举以旁证的例子有“非大”、“非美”、“非善”等等。“非大”乃是“异于大”,“非美”“异于美”,“非善”“异于善”:这些正和本节所讲的“非一”是“异于一”一致。那个重要的“相对不是说”,即萌芽于此。

【注 273】 146 D“现在……它的异于”——这里柏拉图论证:“一”异于其它的。如若“甲异于乙”,即是“甲”异于异的,即是“甲”异于异于“甲”的。这样,“乙”也是异于“甲”。以“非一”和“一”分别代替“甲”和“乙”,即产生这个结论:“一”是异于其它的。因为“非一”异于“一”已蕴涵“一”异于“非一”。这个结论和以上 139 C 里的虽然完全不同,而且仿佛矛盾,但

建筑在同一个 ἕτερον 的思想上（参看[注 203]）。

看呵！同自身和异岂不是彼此相反的么？

怎样不？

这样，同将能任何时是在异的里，或异在同的里么？

将不能是。

那么，如若异将是永不在同的里，在万有中即无一
E 个，异在它里一些时间；因为如若异在任何的里任何时间，在那个时间里异即在同的里了。岂不是这样么？

是这样。

既然异是永不在同的里，它将永不能在万有中的任何一个里。

显然。

那么异既不能在非一里，也不能在一里。

诚然不。

那么一不能由于异而异于非一，非一不能由于里而异于一。

不能。

因为它们不分有异，它们也不能由于它们自己而相异。

147A 怎样能？

如若它们既不由于它们自身、也不由于异而相异，它

们岂不完全地避免了相异么?

避免了。

再者,非一也不分有一,否则它将要不是非一,而在某种情形里是一了。

显然。

那么非一也不是数;否则它将要不这样完全是非一了,至少有数。

诚然不。

怎样?非一是一的部分么?如若这样,非一就要分有一?

就要分有。

这样,如若在一切情形里一是一,非一是非一,一即不能是非一的部分,也不能是以非一为部分的整个;反 B
之,非一也不能是一的部分,也不能是以一为部分的整个。

不。

但我们已讲了,那些既非部分、又非整个、又不相异的,将是相同的。

我们已说了。

那么我们现在是否肯定:一和非一的关系既是这样,一和非一就是相同的?

我们肯定。

【注 274】 146D—E“那么如……一个里”——这一节从“异”不在“同”的里，推论“异”不在万有中任何的里任何时间。任何长短的时间皆是可分的，至少可分为两个单位：a_1 和 a_2。假设“甲”在“乙”里任何时间。“甲”当 a_1 在“乙”里时，它只在“乙”里。时间由 a_1 绵延至 a_2；“乙”在这个绵延里持续；“甲”继续在“乙”里由 a_1 至 a_2。“甲”当 a_2 在“乙”里时，它在和它当 a_1 所在的“乙”里同一个“乙”里。这样，那时它不仅在简单的“乙”种里，乃在同一的“乙”里。因此如若“异”在“乙”里任何时间，它即在同的里，不仅如此，而且如若“异”在“乙”里，它即在同的里。因为在某个里只有在时间里，任何长短的时间又皆是可分的。但“异”不能在同的里，因此它不能在“乙”里。

这个推论以以下一点为中心：即继续地在任何的里，即是在“同”的里。为何如此？对这问题的解答引导我们去分析“自同”；在这个分析里，也许我们越出柏拉图的思想以外。这节里所讲的“同”不是“甲”和“乙”相同的“同”，乃是“甲”和“甲”、“乙”和“乙”自同的“同”。“自同”是自身矛盾的。一方面必有两个关系者，如若只有一个，即根本无“同”；另一方面，两个关系者必只是一个“乙”，如若是“甲”和“乙”，即无“自同”。这样，“乙”必分裂为两个，但同时又仍不失为一个。这只有在时间的两个单位里方可能，即后一个时间单位里的“乙”同于前一个时间单位里的“乙”。“乙”在前一个时间单位里只是“乙”，在后一个时间单位里乃是同一个“乙”。同一个“乙”即是由前一时间单位持续到后一时间单位的“乙”。

"自同"即是在时间里的持续。由 a_1 至 a_2 继续地在"乙"里的,当 a_2 时之所以是在同的里,因为"乙"在时间里持续,由 a_1 至 a_2 时,"乙"自身即是一个同的了。

【注 275】 146E—147A"那么异……避免了"——(1)这节论证"一"和"非一"完全不相异。所谓完全不相异,乃指它们不在两种样式中任何一种里相异。这两种样式乃是(一)由于"异"和(二)由于它们自身。它们不由于(一)相异,因为"异"不在它们里;不由于(二)相异,因为它们不分有"异"。

(2)本节里对于了解柏拉图的范畴论很重要的一点,乃是这里的"分有"的概念。分有的结果,或由于分有所获得的,对于分有者不只是一个偶然的性质,乃是它的组成分子,乃是它自身。假设"一"分有"甲","甲"即是"一"的组成分子;"非一"分有"甲","甲"即是"非一"的组成分子。这样,因为"一"和"非一"皆不分有"异","异"即既不是"一"的、也不是"非一"的组成分子。所以"一"和"非一"不能由于它们自身相异。

和这里"分有"的概念对立的是"在里"的概念。后者只表示一种非本性的(unwesentlich)结合。如若"甲"在"乙"里,"甲"并不是"乙"的组成分子,并不是"乙"自身。这样,虽然"异"不在"一"里,也不在"非一"里,然而它们不因此即由于它们自身而不相异,但只由于"异"不在它们里而不相异。

这样,"分有"表示本性的结合,"在里"表示非本性的结合。这个分有的概念为我们证明,柏拉图的范畴不仅是相对的(relative),而且是由关系组成的(relational)。(参看[注113])。关于这一点的详细解释留待它年的《希腊范畴论》,然而现在参看以下[注 339](2)。

(3)对于本节中精深意义的了解,我们本难期望于只从表面上察看本篇"谈话"的 Taylor;他在这里又有使人无从置信的解释。他说:"诡辩派者"(Eristic)坚持巴曼尼得斯的意见,"多"既非人所可思维,也非人所可命名的,因此不承认"一"有许多性质:既是一,又是异(ibid 79—1)。我们对这样的解释只有惊叹其幻想之强。试问为本节背景的"诡辩派者"为谁? 根据古代何人记载知此?

【注 276】 147A"那么……有数"——这句的意义大体上是明晰的,但在细微方面还有些问题。因为它一方面讲"是数"(ἀριθμὸς εἴη),一方面又讲"有数"(ἀριθμόν ἔχοντα)。但这个困难我们以为是可以解决的,如若ἔχοντα在这里代替μετέχοντα("分有")。我们刚才见到"分有"在上节里(参看[注 275(2)])表示本性的结合,由于分有所获得的对于分有者不是一个偶然的性质,乃是它的组成分子。这样,分有数的亦即以数为它的组成分子,因此它即可以是数。至于ἔχειν可以代替μετέχειν用,即在本篇"谈话"中已有先例(比如以上134B)。

这句的意义乃是:如若"非一"是数,它即不是完全的"非一"。Taylor (ibid ad loc.)引希腊关于数的通常的定义:"许多单位"来解释,这大约是正当的。也许人可以另样解释,说:因为每一个数在某一方面是个整一的(Einheit)。但这有些困难,因为依据亚里士多德(《物理学以后诸篇》M8,1084 b21—22)的记载。只有"相类"(εἰκότικος ἀριθμὸς),并非一切的数,是这样:每一个是个整一的,不是"许多单位"。

那么,看起来,一既是异于其它的,也异于它自身,同于其它的,也同于它自身。

至少由于这个论证,恐怕看起来如此。

【注 277】 146A—147B"再者……如此"——(II.8.)(1)这是第二组推论中的第八个推论,它推论有以上所讲的那些性质的"一"和"异"、"同"的关系。但在 I.7.(参看[注 209])里一样,"异"、"同"共有四个不同的形式。这四个形式乃是以下两对极端相反者:(一)同于它自身;(二)异于它自身;(三)异于其它的;(四)同于其它的。推论的结果是四个肯定的结论:"一"是异于其它的,也异于它自身;它是同于其它的,也同于它自身。这个结论的意义乃是:如若"一"和"是"结合,"一"也和以下一对极端相反的"相"或范畴:"异"——"同"结合。

达到这四个结论的历程是四个各自独立的。两个关于"异"的论证,即(二)和(三)各自不同。(二)根据 II.6.(参看[注 266])推论:那同时在它自身里和在其它的里的"一"异于它自身。(三)的论证建筑在"异的是异于异的"原则上。两个关于“同”的论证，即(一)和(四)，所用的方法相同，皆是所谓剩余法。

(2)这个用剩余法的论证，在内容方面和在方法方面，在古代即受人批评。Damascius 在他的《柏拉图巴曼尼得斯篇注》里加了以下的按语：“car, ici, Parménide semble se jouer, et quelques-uns ont cru que ce n'etait qu'un étalage de vaine sophistique”(trad. Chaignet, III, 27, d'après Diès ibid. pp. 86—91)。我们知道，剩余法诚然是个危险的方法，但并非绝对不可靠的方法。因为在某种情形里，这个方法的使用可以获得绝对真的结果。譬如我们证明了，一个三角形既非锐角，也非直角，推论它必是钝角；或如我们证明了，一个雌雄异体的常态动物不是雌的，推论它必是雄的。这样，剩余法的可靠或不可靠，完全看使用这方法时预先肯定的各种可能是不是事实上的一切可能。柏拉图在使用这方法以前先借着“巴曼尼得斯”叙述了四种可能。这个叙述事实上是否详尽是另一问题。如若有人以为“巴曼尼得斯”在这里“开玩笑”，他必须证明，柏拉图自知他所陈述的四种可能事实上不是一切的可能。这样的证明丝毫无据；反之，从柏拉图用以叙述那四种可能的词句里，我们可以得到相反的证明。

再者，如若有人说，这里的论证只是“诡辩的炫耀”，他必须证明，柏拉图自知这里的论证是诡辩。然而这个证明是同样不可能的。这样，Damascius 虽然在时间方面去柏拉图比较我们近得多，然而他关于本段的记载和评语并无任何价值。这也不足为怪；新柏拉图派关于本篇“谈话”的分歧意见(参看

Wundt a. a. O. S. 7 ff.）足以证明这篇“谈话”的真义并未在那派里保存着。

那么一既类似、又不类似它自身以及其它的么？ C

也许。

既然一已经被指明为异于其它的了，我想，其它的也是异于那一个。

如何不？

岂不正像其它的异于一，一同样也异于其它的，既不多点也不少点？

怎么？自然如此。

如若既不多点也不少点，那就在类似的样式里了？

是。

一对于其它的有异的性质，其它的对于一也同样有异的性质。正像它们是如此，一和其它的、其它的和一也有同的性质。

你怎样讲？ D

这样：你不把每一个名字加在某一件事物上么？

我加。

那么怎样？同一个名字你能讲说不止一次么？

我能。

是不是：如若你说一次，你是称道那个有这名字的，但是如若你说多次，你就不称道那一个？还是：你说同一名字无论一次或多次，你很必然地每次讲那同一个？

为何不？

异岂不是加于某某的一个名字？

诚然。

E 那么当你说它时，无论一次或多次，你不将它加到那个有这名字的以外其它的上去，也不讲其它的。

必然不。

当我们讲其它的异于一，一异于其它的时，我们讲了两次异，每次我们毫不将它加到另一个性质上去，只加到那这个名字所指示的性质上去。

诚然。

148A 那么，正像一异于其它的，其它的异于一，就着这个异的性质，一和其它的没有旁的性质，但有同的性质；但是，我想，有同的性质的即类似，不这样么？

是这样。

正像一对于其它的有异的性质，就着这一点，一整个地是类似其它的整个；因为一整个地是异于其它的整个。

看起来如此。

【注 278】 147C“一对……同的性质”——(1)这两句在原文里只是一句，它里面含有两个比较(1. ὡσαύτως，2. ἦ …

ταύτη)。在中文里很难将它们用一个句子明白地、不引起误解地表达出。因此分译为两句;意义毫无变更。

(2)我们用"异的性质"和"同的性质"译见于147C—148C里的ἕτερον πεπονθὸs和ταὐτὸν πεπονθὸs以及它们文法上的其它变形(参看[注211(1)])。"异的性质"在中文里可有两个意义:"异的"性质和"异"的性质。譬如"甲"有"子"性质,"乙"有"丑"性质;那么"子"和"丑"是两个不同的性质,"甲"和"乙"即有"异的"(两个不同的)性质。再如"甲"异于"乙","乙"异于"甲",那么"甲"有"异"的性质,"乙"也有"异"的性质。"同的性质"亦有两个意义相当于"异的性质":ἕτερον πεπονθὸs和ταὐτὸν πεπονθὸs,在本篇"谈话"里也有这两个意义;所以如此译。

147C—148C中的"异的性质"指"异"的性质,"同的性质"指"同的"性质。人必须将这两个不同的意义辨清,否则这一节里的论证必然看起来仿佛是诡辩。

【注279】 147D—148A"这样……是这样"——这一节解释刚才的那个论证(147C"一对……同的性质")。它首先指出,凡一个名字皆有所指,在每次应用里同一个名字所指皆同。它再将这原则应用于"异"上,论证在"其它的异于一"和"一异于其它的"里,异指同一个性质,即"异"。结论是:即就着这"异"的性质,"一"和其它的有"同的"性质,即是类似的。

这个论证常受人指责;然而如若我们依照以下步骤考究它,我们不但可见它确非诡辩,而且还可发现,人所以难于了解它的原因何在。假设"甲变动","乙变动"。那么"甲"有"变动”的性质，“乙”也有“变动”的性质。即就着“变动”这一点，它们有“同的”性质。假设“甲有部分”，“乙有部分”，那么“甲”有“部分”的性质，“乙”有“部分”的性质。即就着“部分”这一点，它们有“同的”性质。“变动”和“部分”在内容方面不同。这样，“甲”和“乙”有“同的”性质，只须“甲”有某性质，“乙”也有某性质，至于这是什么性质完全无关。正如“甲”和“乙”皆变动，它们即就着“变动”这一点有“同的”性质，同样“一”和其它的相异，它们即就着“异”这一点有“同的”性质。人对于前者易解，对于后者难解，乃因为人执着这性质的内容。然而内容不是有“同的”性质的条件；有“同的”性质只是同有某性质；这个性质的内容是“同”，是“异”，是“变动”，是“部分”，或是任何其它的，皆不影响这“同有”。讲起来也奇怪，仿佛柏拉图自己也未能完全看透这一点（参看［注 280］以及［注 376(2)］）。

但是，再者，类似是和不类似相反。

是。

异也是和同相反。

这点也是。

但是这点也已被指明了，就是一同于其它的。

B 这已被指明了。

是同于其它的，乃是和是异于其它的相反的性质。

诚然。

既然一异于其它的，它被指明为类似。

是。

那么，既然一同于其它的，它将由于和类似化的性质相反的性质而不类似。我想，异使之类似，不是么？

使之类似。

那么同使之不类似，否则它将不是和异相反了。

看起来如此。 C

那么一将类似又不类似其它的：以它是异，类似；以它是同，不类似。

看起来一确有这样的解释。

【注 280】 148A—C"但是再……解释"——这一节论证"一"不类似其它的。柏拉图首先指出：

(一)"异"是"同"的相反者，

(二)"类似"是"不类似"的相反者，

(三)"是同于其它的"一性质乃是"是异于其它的"一性质的相反者；

然后从"一"是异于其它的，因而类似其它的，即"异"使它们类似，推论"一是同于其它的，因而不类似其它的"，即"同"使它们不类似。这里所应用的方法是比拟法。这个推论以两对极端相反者：(甲)(a)"异"——(b)"同"，(乙)(a)"类似"——(b)"不类似"为基础，比拟(甲)(a)——(乙)(a)已知的关系，以推论(甲)(b)——(乙)(b)的关系。

这个形式的推论在内容方面有困难。这个困难乃是：

“异”固然使之类似，然而“同”并不使之不类似，它也使之类似。所谓“异使甲、乙类似”乃指“异使甲和乙有‘同的’性质”。这一点根据以上所讲的很易解。“异”是一种相互的关系，它只存于异的和异的之间（参看[注 203]）。这样，如无“异”存于“一”和其它的之间，“一”和其它的必是异的和异的。这就是：它们必同有“异”的性质；于是它们有“同的”性质（参看[注 279]）。这样，“异”使它们类似。但是关于“同”情形正是相同，并不相反。“同”也是一种相互的关系，它只存于同的和同的之间。如若“同”存于“一”和其它的之间，它们必同有“同”的性质；于是它们有“同的”性质。有“同的”性质的类似；因此“同”并不使它们不类似，而且正和“异”一样使它们类似。其故详[注 279]。这个推论的错误，柏拉图在本篇“谈话”中另一处（158E—159A“我想……又相互类似”）纠正了（参看[注 375]）。

它也有这个解释。

那个？

以它有同的性质，它就没有它类的性质，没有它类的性质，就不不类似，不不类似即是类似。以它有异的性质，它就是它类的，是它类的即是不类似。

你讲的真。

【注 281】 148C“以它有……是不类似”——以上的一

个论证(147C—148A“既然……如此”)由“一”和其它的皆有“异”的性质推论它们有“同的”性质,以及“一”是类似其它的。那个论证是就“一”和其它的对于“异”这个性质的有无来推论,不就着这性质的内容。本节里共有两个推论:它们皆就着“同”和“异”的内容论证。

(一)“一”有“同”的性质。这就是:“一”是同于其它的。(二)“一”有“异”的性质。这就是:“一”是异于其它的。然而“同”或“异”不能无所凭借。“甲”若同于“乙”,必在某一点同于“乙”,若异于“乙”,必在某一点异于“乙”,但不能在任何一点同或异,(1)譬如“甲”有“子”性质,若“乙”也有“子”性质,“甲”始能同于“乙”,而且正在“子”这一点同于“乙”。这样,“甲”没有它类的性质……,“甲”类似“乙”。(2)譬如“甲”有“子”性质,“乙”有“丑”性质,“甲”始能异于“乙”,而且正在“子”这一点“甲”异于“乙”。这样,“甲”有它类的性质……,“甲”不类似“乙”。

那么,因为一既是同于其它的,又是异于其它的,由于这两点和由于其中某一点,一既类似又不类似其它的。

诚然。 D

【注 282】 148C—D“那么因……诚然”——这节总结自147C以来所讲的。那个总结论:“一”既类似又不类似其它的,可从(一)“一既是同于其它的,又是异于其它的”两点共同产生,也可从(二)这两点中的每一点单独产生。(二)须要详细点说明。从“一”是异于其它的推论“一”既类似又不类似其它的，见于以上 147C—148A 和 148C。在前一处柏拉图就着“一”和其它的同有“异”一性质推论，在后一处就着“异”这性质的内容推论。这样，从同一个前提获得“既类似又不类似”两个互相矛盾的结论。这个推论本身并无可议之处，从“一”同于其它的推论“一”既类似又不类似其它的，见于以上 148A—C 和 148C。后一处的论证虽无可责难，然而前一处的颇成问题。从“一”和其它的同有“异”的性质，可以正当地推论：“一”是类似其它的；但从“一”和其它的同有“同”的性质，不能无误地推论：“一”是不类似其它的（参看[注 280]）。这样，万有里的结构在这一点上并不严格地对称；柏拉图的推论就嫌太重形式了。

如若一已被指明了既同于它自身又异于它自身，它岂不也将被指明，同样地，由于这两点和其中某一点，类似和不类似它自身？

必然。

【注 283】 147C—148D“那么一……然的”——（II. 9.）这是第二组推论中的第九个推论，它根据 II. 8.（参看[注 277（1）]）推论和“是”结合的“一”和“类似”以及“不类似”的关系。所得的结果是两对矛盾的结论，即“一”既类似也不类似其它的，既类似也不类似它自身。论证历程虽有可议之处，但柏拉图的目的却在指出以上那两对矛盾的结论来。结论的意义乃是:如若“一”和“是”结合,“一”也和以下一对极端相反的“相”或范畴:“类似”——“不类似”结合。

怎样?关于一接触和不接触它自身以及其它的,是怎样的情形,请你考虑。

我考虑。

我想,一已被指明了是在它自身里像在整个里。

对。

一岂不也在其它的里?

是。

以它是在其它的里,它接触其它的;以它是在它自身里,接触其它的受阻碍了,然而正由于它在它自身里,它接触它自身。 E

显然。

这样,一接触它自身和其它的。

接触。

【注 284】 148E“以它……触其它的”——这里未叙出的论证我们可以引以上 138A 的话来补充:“如若它在其它的里,它就要为那它所在的从周围包围,并且它在许多处所以许多部分接触这个。”

关于下半句中所讲的“一”接触它自身,未叙出的论证准此类推。

以下一点怎样：凡将要接触任何一个的，必然在行列里列于那个它将要接触的以下一位，占据这个位置后于那个它将要接触的所在的位置？

必然。

那么，如若一要接触它自身，它必然在行列里紧逼在它自身的后面，占据一地点紧接着它自身所在处。

必然。

149A 假使一是二，并且同时在两个地点，它岂不可做这些事；但它一直是一时，它将不能罢？

诚然不。

一不接触它自身和不是二，是同样必然的。

同样。

【注 285】 148E“凡将……一位”——ἐφεξῆς表示一个行列，譬如甲乙丙……。ἐφεξῆς τίνι κεῖσθαι意为：在一行列中占某一个以下的一位置，譬如“丙”占“乙”以下的一位置。我们未寻得简洁的词句，暂译如上。

【注 286】 148E“那个它将要接触的［所］”——从 Heindolf 增 οὗ，但保留抄本的 ἅπτεται，读如 οὗ ἅπτεται。

但是，再者，一也将不接触其它的。

为何？

因为——我们肯定——那将要接触任何一个的，乃是隔离了的，在行列里必然列于它将要接触的以下的一位，在它们之间没有第三者。

显然。

那么至少必有两个，如若有接触。

必定。

如若第三点依次加到两点上去，它们将是三点，但接触乃是两个。 B

是。

这样，每次增加了一，同时也增加一个接触，结果：那些接触比数目的总量少一。原来的二比接触大好多，以至于数目超过接触，随后一切数目比一切接触也大好多。因为从原来的二以下数目增加一，同时接触也增多一个。 C

对。

那么有在数目方面不管怎样多，接触永远是比它们少一。

显然。

如若只有一，没有二，就要无接触。

自然无。

我们讲，异于一的既不是一，也不分有一，如若它是其它的。

不。

那么数是不在其它的里，因为一不在它里。

自然不。

那么其它的既不是一，也不是二，也没有其它数目的名字。

D 没有。

那么只有一是一，不能有二。

显然不。

既然没有二，那就没有接触。

没有。

既然没有接触，那么一也不接触其它的，其它的也不接触一。

诚然不。

【注 287】 149A“任何一个”——这乃是就上下文意义根据 148E 于译文中增加的。

【注 288】 149A“因为……三个”——(1)在以上 148E(“凡将……位置”)柏拉图诚然已将他自己的“接触”的概念叙述了，然而在本节里我们始见到这个概念的详尽陈述。“接触”包含以下几点：

(一)若“乙”接触“甲”，“乙”必和“甲”在同一行列里；

(二)“乙”必列于“甲”以下的一位(或紧紧逼近“甲”)；

(三)“乙”必是从“甲”隔离了的;

(四)在“甲”和“乙”之间必没有“丙”。

这个“接触”的概念是 II. 10. 里最后两个论证的基础(参看[注 292(1)])。

(2)柏拉图虽然在《费莱布斯篇》中事实上发现了“联续”(συνέχεια-continuum)一范畴,但在本篇“谈话”里,“联续”和它的极端相反的范畴:“隔离”(χωρισμός-discretio),他从未并提。然而这里所讲的“接触”和“联续”以及“隔离”皆有关系。由(1)(三)我们知道,它是“隔离”的一种;依(1)(四)它却是“联续”所有的特殊条件。如若“甲”和“乙”联续,这就是:“甲”和“乙”不为其它的隔离,就是在它们中间没有任何其它的——“丙”。“联续”和“隔离”是一对极端相反的范畴,然而“接触”同时具有(1)(三)和(1)(四)两点。这如何可能?

(1)(三)和(1)(四)是否能并存,却须研究。如若“乙”是从“甲”隔离了的,那么在“甲”和“乙”之间必有间断;这里即有个第三者——“丙”。“丙”即是将“乙”从“甲”隔离了的。假设“甲”和“乙”之间无“丙”,那么“乙”即不能是隔离了的。这样,(1)(三)和(1)(四)相消,不能并存。

因此将(1)(三)和(1)(四)同时收入“接触”一概念里颇有问题。我们这样的看法是正确的,本篇“谈话”里以下两处为我们证明:柏拉图在那里以“隔离”和“接触”对立,组成一对极端相反的范畴(参看[注 292(2)])。“隔离”既和“接触”对立,当然不能再是它的组成分子。

【注 289】 149A—B“如若……是两个”——ὅρος的原义

最好用严几道用以译 term 的“端”来翻译，因为ὅρος＝Lat. terminus，这里译为“点”，并不确当。所以不译为“端”，是因为这字在这里并不严格地有它的原义。比如一条线有两端，但不能有第三端加上去；然而两点以外还可加上第三点。因此暂借用“点”来翻译。这里重要处乃是“甲”、“乙”以外再加上“丙”；至于它们是点，还是其它的，皆不重要。

本节的意义如下：如若一行列里有“甲”、“乙”两点，那么它们中间有一接触“子”；若在“乙”以下再增加“丙”，那么“乙”和“丙”中间又有一接触“丑”。这样，总共即有两个接触，如图十二：

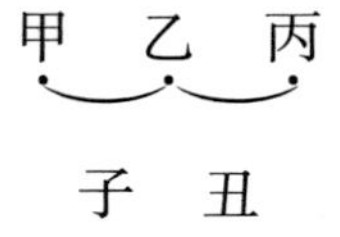

甲　乙　丙

子　丑

图十二

【注 290】 149C“从原……以下”——τὸ λοιπὸν的意义是“其余的”，这字在这里指从原来的二以下的一切阶段；因此意译如上。

【注 291】 149A—C“如若……然无”——这一节里的论证可以扼要写出如下：

如若有 2	点，即有 1	接触。
如若有 2＋1	点，即有 1＋1	接触。
如若有 2＋1＋……＋1	点，即有 1＋1＋……＋1	接触。
如若有 n	点，即有 n－1	接触。

如若 n=1,即有 1—1　　接触,或无接触。

这样,依照这一切,一接触又不接触其它的和它自身。

似乎如此。

【注 292】 148D—149D“怎样关……如此”——(II. 10.)(1)这是第二组推论中的第十个推论,以上所讲的“一”和“接触”以及“不接触”的关系。这里总共四个论证,其中第一和第二肯定“一”接触其它的和它自身;论证的根据是II. 6.(参看[266])。第三和第四否定“一”接触它自身和其它的;论证的根据是接触的基本概念(参看[288(1)])。这个概念中的四点每点皆预先承认(voraussetzen),“接触”牵涉“甲”、“乙”两个。但“一”是一,不是二,异于“一”的(或其它的)又不是一,不是任何数;因此产生否定的结论:“一”不接触它自身,也不接触其它的。本段结论的意义乃是:如若“一”和“是”结合,“一”和“接触”一范畴在两对极端相反的形式里有两个极端相反的关系:结合和不结合。

(2)关于本段还有以下两点须注意:(1)第一和第二两组推论普通的关系是如此,即同一点在这第一组里遭否定,在第二组里被肯定。然而在第一组推论里无相当于 II. 10. 的,C. Ritter (a. a. O. S. 161)以为本段相当于 I. 5.(参看[注186])。在 138A 里“巴曼尼得斯”诚然提到“接触”,然而那里论证的中心不是这个范畴，却是另一个范畴——“处所”——下的一类，即“在其它的里”。因此 I.5.并不相当于本段。

（二）μή ἅπτεσθαι（“不接触”）在本段中的意义从行文方面看起来只是 ἅπτεσθαι 的否定，并不表示一个和“接触”极端相反的“相”或范畴，不像ἀνόμοιον对于ὅμοιον（“不类似”——“类似”）或ἄνισον对于ἴσον（“不等”——“等”）。但从第二组推论的普通情形着眼，我们心理方面的习惯要求，本段应以“一”和一对极端相反的“相”或范畴为推论的中心；本段夹在讨论“一”和“类似”——“不类似”的关系以及“一”和“等”——“不等”的关系两段之间，使这要求格外加强。以下两处：165D 以及 166B 证明我们的这个要求符合事实，那里“接触”——“隔离”组成一对极端相反的“相”或范畴，正如“类似”——“不类似”、“同”——“异”各组成一对极端相反的“相”或范畴一样。根据那两节我们可以推论，这里所谓“不接触”虽具否定的形式，但有肯定的意义。它是一个和“接触”极端相反的、积极的“相”或范畴，并不只表示接触的缺乏。至于它在这里无肯定式的名字，乃因为“隔离”在这里已有用以表示“接触”的一个成分（由此愈可见以“隔离”为“接触”的一个成分有问题）（参看［注 288（1）和（2）］）。

“不接触”在此虽然缺少一个肯定式的名字，然而本段的目的却是显然的。它即在论证和“是”结合的“一”和以下一对极端相反的“相”或范畴：“接触”——“不接触”（或用 165D 和 166B 里的术语：“隔离”）结合。

那么一是既等于、也不等于它自身和其它的？

怎样？

如若一是比其它的大些或小些，或者倒转过来，其它 E
的比一大些或小些，那么不由于一是一，也不由于其它的是异于一，即不由于它们的所是，它们是互相比较大些或小些？但是如若它们中间的某一个在它们的所是以外皆具有等，它们就要相等；如若其它的具有大，一具有小，或者一具有大，其它的具有小：在两个相中任何一个以外还有大，那即是大些的，还有小，那即是小些的？

必然如此。

岂不有这两个相，大和小？因为如若没有它们，它们不能是相反的，它们也不能存于有里。

怎能？ 150A

【注 293】 149E“在两个相”——这里所谓“两个相”乃指以上刚讲的“一”的所是和其它的所是。

【注 294】 149E“如若一……小些的”——本节包含以下很重要的两点：

(1)任何的不由于它是什么而有其它的性质，比如“一”不由于“是一”而比其它的大些或小些，其它的也不由于“是异于一的”而比“一”大些或小些。在 I. 7.（参看［注 209］）推论“一”不是异于其它的里，这思想已占重要位置（参看 139C“一直……绝不”）。和这一点有密切关系的乃是：

(2)任何多方面的——“相”、“最普遍的种”或范畴以及个别事物——皆基于“相”的分有或“通种”(κοινωνία τῶν γένων)上。它固然以某某为中心,但此外仍必与其它的“相”或范畴结合,譬如“一”不能比其它的大些或小些,如若在“一之相”以外没有“大”或“小”和“一”结合。

从这里我们可以见到更清楚,何以第一组推论所得的结果必然皆是否定的。“一”只被假设为是“一”;但由于是“一”,它不能有任何其它的性质。如若它是多方面的,它必和其它的“相”或范畴结合;然而它只被假设为是“一”。

【注 295】 149E“岂不……有里”——这里是我们应当注意的一节;它论证有“大之相”和“小之相”。柏拉图的哲学虽然以“相论”为中心,但我们在他的著作中常常遇到的乃是肯定有某某“相”、某某“相”,很少遇到论证有某某“相”、某某“相”的。然而这里却是一个论证,因此值得注意。至于这论证本身的价值如何,那是完全另外一个问题。

这里的论证是二重的;后一层尤重要。在个别事物中我们见到大和小。假设没有“大之相”和“小之相”,事物中的大和小何能存于它们里,或更精确点说,何能产生于它们里?人可以同样地论证,有“美之相”、“善之相”……。因此这里的论证虽以“大之相”和“小之相”为对象,但它有普遍的效用。

这个论证的后一层乃以现象为基础。以后亚里士多德重复建设关于“相”的理论时,论证有“相”,也以现象为基础,虽然所根据的现象与此完全不同(参看陈忠寰:《分离问题》,德文版,§69B)。

那么如若小是在一里，它或者是在整个里，或者是在一的一部分里。

必然如此。

如若是在整个里，怎样？岂不或者伸展于一的全部，和一是同广狭的，或者包围一？

显然。

那么，如若小和一是同广狭的，小岂不就要是等于它；如若包围它，岂不比它大些？

怎样不？

小能是等于任何的或比任何的大些，执行大和等的职务，却不执行小的职务么？

B

不能。

那么小不能是在整个的一里，它如若在一里，那就在一部分里。

是。

但它也不能在一部分的全部里；否则它将要做和对于整个所做的相同的事：它将是等于或大于那部分，在那部分里它每次是。

必然地。

那么万有中无一个，小将在它里面，既然它不存于一部分里，也不存于整个里；除去小自身以外没有任何一个是小的。

似乎没有。

那么大也将不是在它里，因为如若大在它里，除了大
C 自身以外就有其它一个是大些的了，那就是大在它里面的；再者，因为如若这个是大，它必须超过小，但它没有小可超过；这点不可能，因为小不在任何一处。

显然。

但是，再者，大自身除了比小自身大些以外，不比其它的大些，小除了比大自身小些以外，也不比其它的小些。

确实不。

那么，既然其它的不具有大和小，它也不比一大些和
D 小些；大和小也不相对于一，而只相对于它们自己有超过和被超过的能力；再者，一既然不具有大和小，它是不比这两个，也不比其它的大些和小些。

显然不。

如若一既不比较其它的大些也不小些，那么它必然地既不超过它，也不为它所超过？

必然地。

那既不超过、也不被超过的很必然地是同广狭的，同广狭即相等。

怎样不？

【注 296】 150A“如若在整……围一”——(1)这一节完全是就广袤着想的;它的意义我们很易了解,如若我们设想:“一”和“小”皆是有广袤的。这样,如若“小”在“一”里,只有两个可能:或者“小”和“一”范围同样大,或者“小”包围“一”。

(2) ἐξ ἴσου的意义本和 ἴσον 无大分别;但在 149D—151E(“那么一……它将是”)一段里柏拉图往往由前者推论后者,譬如在本节和下节里即是如此。(其实它们只在文字上有别,意义上则相同。)我们既已用“等”或“等于”译 ἴσον,所以不能再用同一个词译ἐξ ἴσου。因为这一段的前一部分是就广袤,或更精确点,就大小(参看[注 307])论证的,所以译为“同广狭的”。

【注 297】 150B“那么万……个里”——这是总结从150A(“那么如若小在……”)以来论证“小”不在“一”里的。以上指出两个思想方面的可能来:如若“小”在“一”里,它或者是在整个的“一”里,或者是在“一”的一部分里。然而实际上柏拉图只讨论了“小”不在整个的“一”里和不在一部分的全部里。这里还余下一点未讨论,即“小”能否在一部分的一部分里。在未证明“小”也不能在这个里以前,我们还未能得到这里的结论。

然而根据以上所讲的补充这个论证实非难事;大约柏拉图正因此将它省去。假设“小”在一部分的一部分里,那么它或者(一)是在这个的全部里,或者(二)在这个的一部分里。如若(一),以上所讲的困难(“小”或者是等于这个,或者是比较它大些)将再产生。如若(二),那么仍然有两个思想方面的可能：在这个的一部分的全部里或一部分里。这样，这里是一个“无穷尽的后退”。所以“小”也不能在“一”的一部分的一部分里。

【注 298】 150B—C“那么大……一处”——这节里的思想既不高明（因为普遍的“大”被认为自身是大的）（参看[注299(1)]），也不深奥，然而文字却比较不普通。

（一）这里所肯定的是：“大”也将不在“一”里。证明这点，有两个理由：（甲）如若“大”在“一”里，“一”就要是比较“大”还大些，因为包围者大于被包围者。但任何的是比较“大”还大些，是不可能。（乙）大相对于小。如若“一”是大的，它必是比小的大些。然而它没有可超过的“小”，因为“小”不在任何一处。

（二）在文字方面，除了就含义于译文中增加“如若大在它里”和“可超过”以外，所需解释的是καὶ ταῦτα。关于ταῦτα，Waddell (ibid ad loc)确当地解释如下：“ταῦτα is idiomatic, we use singular.” Diès (ibid)的译文中相当于这字的地位的是“en face de soi”，在 Taylor(ibid)的译文中相当于这字的地位的是“inspite of”；但二者皆是解释，不是翻译。我们以为ταῦτα指本节所肯定的，“即大也将不在一里”。柏拉图已讲了一个理由，何以“大”是如此，现在他讲第二个理由时，重提一次那个肯定。这样καὶ ταῦτα在这句中所尽的职务和 Liddell and Scott 的普遍的解释约略符合，即“adding a circumstance heightening the force of what has been said.”因此我们译为“再者”。

【注 299】 150A—C“那么如若小是……一处”——(1)这一节论证“小”不在“一”里和“大”不在“一”里。“小”不在“一”里,因为如若它在“一”里,它必然等于“一”或大于“一”,但那皆是不可能的,因为“小”不能“执行大和等的职务,却不执行小的职务。”“大”不能在“一”里,因为那样,“大”反是小于“一”。这两个论证建筑在一个中心思想上。即“大”自身是大的,“小”自身是小的。

(2)柏拉图学者中间许多人持这样的意见:本篇“谈话”第一部分里,“巴曼尼得斯”对“少年苏格拉底”的“相论”的批评在本篇第二部分里全部遭反驳了。我们已经见过一次,怎样这个意见是错误的(参看[注 256(2)]),这里我们又见到同一情形。以上“巴曼尼得斯”对“分有”的批评共分两部分,其中的第二部分即建筑在同一个基本思想上,即“大之相”自身是大的……(参看[注 79])。同一个基本思想我们在这里果然又遇着了,但它不是如那些柏拉图学者所想象的遭了反驳,乃是重复应用了。

【注 300】 150D“大和小也……能力”——(1)“超过”(ὑπέρέχειν)和“被超过”(ὑπερεχέσθαι)指广袤或数量方面大些和小些。这句的意义乃是:“大”只比“小”大些,“小”只比“大”小些,但不比其它的,譬如“一”,大些和小些。这一点事实上只是同页 C 中所讲的原则(“但是……的小些”)的实施。

(2)本节和上一节(同页 C)使我们回忆起以上 133D—134A 里关于“主人之相”和“奴隶之相”所讲的话来。那节在“巴曼尼得斯”对于“少年苏格拉底”的“相论”关于“分离”这一点的批评里占重要的位置。许多柏拉图学者以为本篇“谈话”第一部分里关于“少年苏格拉底”的“相论”的批评全在第二部分里遭了反驳。这个意见我们在这里又见到它是错误的，因为同一个基本思想在那节里表达出来的在这里又重复出现；但它不是如那些柏拉图学者所想象的遭了反驳，乃是重复应用。（关于这点参看［注 256（2）］、［注 299（2）］以及［注 384］。）

E 再者，一对于它自身也是这样的情形；既然它没有大和小在它里面，它就不能超过它自身，也不能为它自身所超过，而是以它和它自身同广狭，它等于它自身。

诚然。

那么一既是等于它自身，又是等于其它的。

显然。

再者，如若一是在它自身里，它就是从外面围着它自

151A 身；以它是个包围者说，它就比它自身大些，以它是被包围者说，就小些；这样，它就比它自身大些和小些。

它是。

这一点岂不也是必然的，即在一和其它的以外没有任何别个？

怎样不？

但是，再者，有必然永远是在某处。

是。

那在任何的里的，岂不将是那小些的在大些的里，因为一个在另一个里不能是别样的？

绝不能。

既然离开了其它的和一以外没有别个，但是它们必须在某一个里，它们岂不必然是彼此在里面：其它的在一 B
里，一在其它的里，否则即是不在任何处所？

显然。

那么一方面因为一是在其它的里，其它的即比一大些，以它是包围这个的，一即比它小些，一是被包围的；但另一方面因为其它的在一里，依照同一个论证，一即是比其它的大些，其它的比一小些。

像是如此。

那么一既等于它自身和其它的，又比它自身和其它的大些和小些。

显然。

【注 301】 151A“但是再……某处”——这一点事实上已见于以上145E（“如若它是……何一个”）；那里和这里的差别只是前者从消极方面，后者从积极方面立言。无论从哪一方面讲，它的意义乃是我们在［注 265(1)］里已指明出来的，即是：“在某处”依照柏拉图在本篇“谈话”里的意思，不只是个别事物的范畴，乃是一切“是者”或“有”的范畴。Diès（ibid p.92.1)在这里比较《提马也奥斯篇》52B并加了以下的解释："le principe d'après lequel tout être est""necessairement part""ne s'appplque pas à l'être vrai"。然而《提马也奥斯篇》52B里所讲的乃是所谓"接受者"(ὑποδοχή, Tim,49A)；它和这里以及145E所讲的"在某处"不同。前者相近于后世所谓"空间"；但"在某处"就它分别为"在其它的里"和"在它自身里"(参看[注186])看，绝非"空间"。因此本篇"谈话"中关于这一点所讲的不必即和《提马也奥斯篇》中所讲的冲突。——事实上《提马也奥斯篇》中的自然哲学还待人仔细研究，因为现在研究柏拉图哲学的人，一方面皆承认那篇"谈话"和本篇以及《哲人篇》等等是同一个时期中的作品，但另一方面它里面的"相论"仿佛又回到《费都篇》——《国家篇》一时期的"相论"去。

【注 302】 151A—B"因为离……处所"——这里的论证若准以以上145E("如若它是……是在其它的里")中所言的，即未免有问题。因为从它的前提并不一定得到这里的结论："其它的在一里，一在其它的里"；以下的结论是同样可能：即其它的和"一"各在它自身里。

【注 303】 149D—151B"那么一……些显然"——这是II.11.(参看[注308])的第一部分，它推论"一"和"等"以及"不等"即"大于"、"小于"的关系。论证的观点是广袤，或更精确点用希腊术语讲，是"大小"(μέγεθος)。关于"一"等于其它的和等于它自身，以其它的和"一"皆不具有"小"和"大"为论证的中心；关于"一"比它自身和其它的大些和小些，以"包围"

和“被包围”两个概念为论证的中心：它们皆是从广袤的观点出发的。

但是，再者，如若一是大些、小些和等于它自身和其它的，它即和它自身以及其它的有相等的计量单位，又有多些和少些单位；既然有这样的单位，也就有这样的部 C
分。

怎样的？

那么，以它既有相等的单位，又有多些和少些单位，依照同样几点，它比它自身和其它的在数量方面小些和大些，又等于它自身和其它的。

怎样？

它比哪个大些，我想，它就比哪个有多些单位，并且有多少单位就有多少部分；比哪个小些呢，同样情形；等于哪个呢，也是同样情形。

是如此。

以它比它自身既是大些和小些，又是相等，它岂不和它自身既有相等的单位，又有多些、少些单位；既然有这 D
样的单位，也就有这样的部分么？

怎样不？

那么，以它和它自身有相等的部分，在数量方面它即是等于它自身，有多些部分，在数的方面即比它自身大些,有少些部分,即小些。

显然。

一对于其它的,情形岂不也将是如此?因为它表现为比其它的大些,它在数目方面也必然是比那个多些;因为小些,也少些,但是因为它在广袤方面相等,在数量上也是等于其它的?

必然的。

E 这样看起来,一又在数量方面将是等于、大于和小于它自身和其它的。

它将是。

【注 304】 151B“有相……量单位”——这里的意思不是:“甲”和“乙”有同一计量单位,乃是:同一计量单位,“甲”有许多,“乙”也有许多。

【注 305】 151C“那么……于它自身和其它的”——“等”——“不等”或“等于”——“大于”——“小于”是一切数学对象之间的关系,换句话讲,它们不只是大小方面的(μεγέθει),也是数量方面的(ἀριθμῷ)。因此讨论“一”和那一对极端相反的或那一组相反的“相”或范畴有无结合,既可以大小或广袤为观点,也可以以数量为观点。II.11.的第一部分即是以广袤为观点的(参看[注 303]),其第二部分即以数量为观点。不但如此,而且数量方面的“等”——“不等”或“等于”——“大于”——“小于”乃是从广袤方面的证明的(参看

[注 306(1)])。

【注 306】 151D“那么……即小些”——这里的论证,我们可以用现代的方式表述如下:

设 m 为部分,$a>b$。

$\because \quad am = am,$

$am > (a-b)m,$

$(a-b)m < am,$

$\therefore \quad a = a,$

$a > (a-b),$

$(a-b) < a.$

这样,柏拉图从大小推论数量。因为每一个大小(μέγεθος)皆是 a 倍它自身的一部分(单位);a 自身即是一个数量。

在亚里士多德的《物理学》里我们有一个相当于这个论证方法的例子。他由大小可以无限制地对分以论证数是增加无限的(III. 7,207b 10—11),因为对分的每一次在数量方面是 1,所以对分次数的无限增加即是 1 的无限增加。

【注 307】 151D“在广袤方面”——这里μεγέθει的不精确的翻译;原字应译为“在大小方面”。恐涉上文“大些”、“小些”发生误解,因而如此译。

【注 308】 149D—151E“那么一……它将是”——(II. 11.)这是第二组推论中的第十一个推论,它推论和“是”结合的“一”和“等”以及“不等”或“等于”、“大于”以及“小于”的关系。这个推论的第一部分以大小为观点,第二部分以数量为观点。大小和数量的分别在 I. 9. 里未曾有;这是本段较精密的地方。本段的结论是:“一”既是等于、又是大于和小于它自身和其它的。这个结论的意义乃是:如若“一”和“是”结合,它也和以下一组相反的“相”或范畴:“等于”——“大于”——“小于”在两对极端相反的形式里结合。

那么一也分有时间,并且因为它分有时间,它既是又变得比它自身和其它的年少些和年老些,又不比它自身和其它的年少些和年老些么?

怎样?

如若一是,是无疑地属于一。

是。

152A 是不即是在现在时间里对是的分有么,正如已是在过去,将是是在将来和是的联结?

是如此。

如若一分有是,那么它就分有时间?

诚然。

【注 309】 151E“那么……些么”——这节提出两点来,它们是从这里起直至155C(“……确实”)所要论证的。第一点是:“一”分有“时间”;第二点是:“一”既是比它自身和其它的年少些和年老些,又变得比它自身和其它的年少些和年老些,又不比它自身和其它的年少些和年老些。所谓又不年少些和年老些,意指有一种变形的相同年龄(参看[注 337])。

这第二点是根据第一点推论的。

【注 310】 152A“联结”——κοινωνία或“联结”是柏拉图老年的“相论”里的中心概念(所谓κοινωνία τῶν γένων),参看陈忠寰:《分离问题》,德文版 Kap. IV §§16—21)。本篇“谈话”第二部分中的积极方面,也就是陈述范畴联结的思想。然而这个术语在本篇里除此处外仅见于以下 166A(由同一字根所成的分词见以下 158D 意为“分有”)。它在这里和μεθέξις(“分有”)用为同意字。从此我们得到一个强有力的证明,即范畴联结或“通种”乃所以解决“分有问题”。

【注 311】 151E—152A“是不……联结”——这一节的意思显然很清楚,然而柏拉图未将它仔细陈述出来;他将“是”和“现在”混而未分。根据“已是”和“将是”两个例子,我们可以说,这节的意思仔细的表达应当如下:“是不即是在时间里对是的分有么,正如现在是是在现在,已是……联结?”这个意思具体地讲来即是:“甲是”乃是“甲”在时间里和“是”的结合,正如“甲现在”乃是“甲”现在和“是”的结合……。

【注 312】 151E—152A“那么……诚然”——(II. 12.)(1)这是第二组推论中的第十二个推论,它推论“是”的“一”和“时间”的关系。我们应当比较这个论证和 I. 12.(参看[注 227(1)]);它们建筑在同一个基础上,即“已是”、“正是”和“将是”的认识。这三个里的每一个皆由两个成分组成,即“是”和时间三部分之一,譬如“已是”即是:在过去和“是”的结合(参看[注 311])。关于这里论证的步骤,(参看[注 338(2)])。本段结论的意义,乃是:如若“一”和“是”结合,“一”即和“时间”

或它的相反的部分:“现在”——“过去”——“将来”结合。

(2)第一和第二两组推论所有的结果,从表面上看起来是互相冲突的;然而有许多思想是这两组论证的共同基础,譬如此处即是一例(参看[注 313(2)])。凡是以本篇“谈话”第二部分为“精神游戏”的,皆只见到表面上的矛盾,未尝领会到这表面上的矛盾所有的共同基础。

时间岂不前进么?

前进。

那么,如若一依着时间前进,它永远在变得它自身年老些?

必然。

我们记得么,年老些的变得比变年少些的年老些?

我们记得。

既然一变得比它自身年老些,它岂不变得比年少些的它自身年老些?

B 必然的。

它这样变得比它自身年少些和年老些。

是。

【注 313】 152A“时间岂……必然”——(1)这个论证很简单:时间向着将来流动,凡在时间里的,譬如“一”,随着它前进;正像时间的流动由过去而现在而将来,“一”去往昔的“一”

日远，因此不断地变为比它自己年老些。

(2)从这个简单的论证我们见到重要的一点。我们已指明：第一、第二两组推论，从表面上看去所得的结果是互相冲突的，然而许多论证皆以某某思想为共同基础（参看[注 312(2)]）。当前的论证给我们一个很好的实例。以上 I. 11. 论证“一”不在时间里，即从以下一点出发：如若任何的是在时间里，它必永远变得比它自身年老些（参看[注 223]）；这里论证“一”变得比它自身年老些，也是以“一”随着时间前进为条件。这里的论证和那里的共同以以下一个思想为基础，即“和时间的结合”蕴涵“变得比自身年老些”。至于这一点确实是两处论证的共同基础，柏拉图在下一句里援引以前那一节（参看[注 314]）可为我们证明。

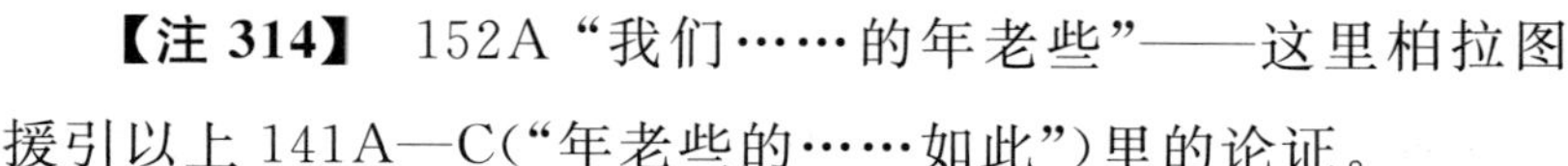

【注 314】 152A“我们……的年老些”——这里柏拉图援引以上 141A—C（“年老些的……如此”）里的论证。

一是年老些，岂不当它在变动的历程里处于介乎已是和将是之间的现在时么？因为从往昔前进到以后的将绝不越过现在。

确实不。

当一达到现在，那时它岂不停止变年老些，它不变，然而那时即是年老些了？因为如若它前进，它永不为现 C
在所执著。因为前进者是这样：接触两个，现在和以后，它离开现在伸展到以后，在现在和以后两个中间变动。

显然。

如若一切变动者必然不绕过现在，当它在现在里，它
D 永远停止变动，并且那时它即是那个它恰巧变成的。

显然。

当一在变年老些的历程里达到现在时，它停止变动，并且那时它是年老些了。

诚然。

它变得比某个年老些，它岂不也是比较那个年老些；但它变得比它自身年老些？

是。

年老些的是比年少些的年老些？

是比年少些的。

那么，当一在变年老些的历程里达到现在时，在那个时候它也是比它自身年少些。

必然。

E 再者，现在永远伴随一经过整个的是；因为一无论在
何时，那时候永远是现在。

怎样不？

那么，一既永远是比它自身年老些和年少些，又永远在变得比它自身年老些和年少些。

像是如此。

【注 315】 152B—C“一是……间变动”——这是一个比较难于了解的分析；我们且借下图(图十三)的帮助来解释它。时间流动，“一”在时间里随着它变年老些。时间的流动是由过去到现在，由现在到将来。因此“一”变动的历程必经过现在。当这个历程达到现在时，“一”停止变年老些，它不变年老些，它已变成年老些，它是年老些了。何以如此？因为凡是一个变动皆是由一始点到一终点；变动的历程即存于其间。当变动者尚未达到终点时，这个历程继续进行；当它达到这点时，变动的历程即完结。所以如若“一”仍向终点前进时，它还是在变年老些的历程中。当它达到这点时，这个变动历程即已完结。由过去出发的变动历程即以现在为终点。所以当“一”达到现在时，或当它为现在“执著”时，它已变成(γέγονα)年老些，即是年老些了。

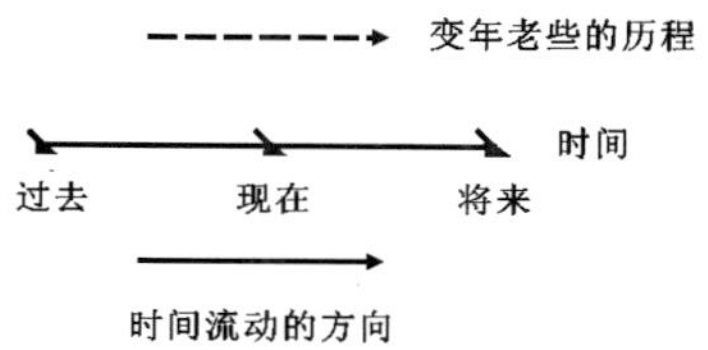

变年老些的历程
时间
过去　现在　将来
时间流动的方向

图 十 三

原文中困难之一，乃因为柏拉图在解释，仍以“一”达到现在即是年老些，不再以过去和现在，乃改以现在和将来分别地为始点和终点。如若人认清这是个不必要的变更，这个论证就易解许多了。

【注 316】 152E“再者……是现在”——这是不易了解的一节。第二组推论的假设是：一是。从 II. 12. 我们知道：“一是”乃是“一”在时间里和“是”的结合(参看[注 311])。所谓“经过整个的是”乃指经过“一”和“是”结合的整个时间。这样，伴随着“一”和“是”的结合的，应当即是这个整个的时间，

何以只是现在呢？这是必须解释的一点。

柏拉图自己的解释是："因为一无论在何时，那时候永远是现在。"这句话的完全意义我们不能立刻了解；然而这里我们已可见到以下一点：即在普通所谓的时间的三部分——过去、现在和将来——里，现在独占特殊的位置。如若"一无论在何时，那个时候永远是现在，"这就是说："一"，或普遍地讲，任何的是不在将来或过去里。让我们即从这一点出发，考求本节的意义。

"甲"如何不在将来里？譬如普通所谓某件事将在两分钟以后产生，乃指当时间流动两分钟以后，这事方产生。当这事产生时，将来已不是将来，乃是实现了的现在。再如普通所谓某事在三百年前已产生，乃谓在时间的流动达于三百年前那个阶段时，这事刚产生。当这事产生时，那个时候尚是未消沉了的现在，尚非过去。这样任何的无论在何时，那个时候皆是现在。

我们必须分别两种不同的"现在"。这里所谓的"现在"不是一个固定的现在(譬如一九四二年三月十四日二十三点十五分，当我写这字时)，乃是流动的现在。固定的现在不能伴随任何经过这个存在的整个时间，它只能在时间历程中某一阶段(Stadium)上伴随它。流动的现在不限于这个历程中任何一个阶段；时间在这历程的任何阶段上它自身是现在。因此"一无论在何时，那个时候永远是现在"，流动的现在。

【注 317】 152E"那么……是比它自身年老些和年少些"——这是根据以上所讲的得来的结论，它的究竟的意义我们可以借着图十四明显地看出。以上已讲了:“一”在时间里变得比自身年老些。这个变年老些的历程乃是由许许多多的互相衔接的阶段所组成,譬如K′,L′,M′,…… S′。时间流动的历程也是由无数量的互相衔接的阶段所组成,譬如A,B,……K,L,M,……S,……。前一个历程里的各阶段皆依次垂直于后一历程里的许多阶段,这就是讲,前一历程的速度和后一历程的速度相等(参看[注 326])。时间在这个流动历程里的每一阶段上皆是现在;当“一”在这变年老些的历程里每一阶段上时,它皆是在现在(参看[注 326])。以上已证明(参看[注 315]),当“一”在变年老些的历程里达到现在时,它即是比它自身年老些。因此“一”永远是比它自身年老些。年老些的是比较年少些的年老些。于是产生出这里的结论来。

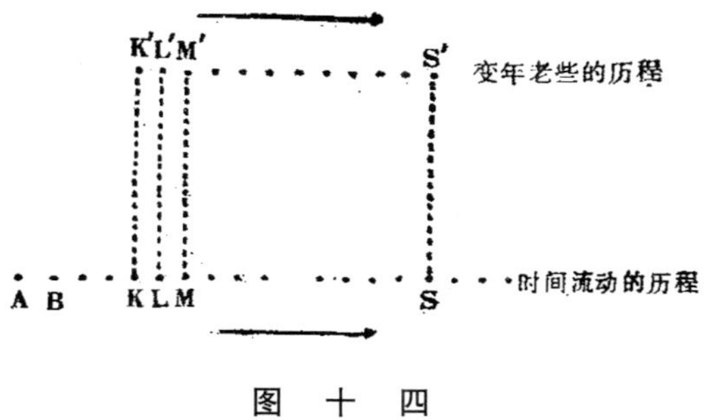

图 十 四

它持续了或者变了比它自身长、还是相等的时候?

相等的时候。

再者既然一变了或持续了相等的时候,它有同一年龄。

怎样不?

在同一年龄的是也不年老些也不年少些。

确实不。

既然一变了又持续了和它自身相等的时候，它也不是，也不变得比它自身年少些和年老些。

我想不。

【注 318】 152E“它持……是相等的时候”——“持续”是ἔστιν的意译；直译是“是”。以下仿此。

这句话的目的在问：“一”是否在时间里持续了它所持续的这些时候，还是比它所持续的长些时候？它是否变了它所变的这些时候，还是比它所变的长些时候？

怎样？比较其它的呢？

我不能讲。

153A 但是你至少能讲这一点，就是如若一的其它的是多数的，却不是单数的，它们即比一多。因为如若它们是单数的，它们是一，然而它们是多数的，它们是比较一多，且必有众数。

必有。

凡是众数的，分有比一大些的数。

怎样不？

怎样？在数里，我们将肯定大些的数还是小些的数较先产生和生成？

小些的。

那么最小的首先；这就是一。不这样么？ B

是这样。

那么一比一切分有数的较先生成；但是一切其它的皆具有数，如若它们是多数的，不是一个。

它们有。

我想，首先生成的生成前一些，其它的后一些，后一些生成的比较前一些生成的年少些；这样，其它的是比一年少些，一比其它的年老些。

它是。

【注 319】 153A“凡是……一大些的数”——Diès (ibid) 在他的译文里以为πλῆθος δὲ ὄν κτλ. 这一句的主词是τἆλλα（译为“et du moment qu'ils sont quantité……”），但这个意见事实上有困难；因为若果如此，ὂν应作ὄντα。我们的译文不以τἆλλα为这句的主词，乃以这句为普遍的陈述。但这也不能完全无困难；因为普遍的陈述通常似应作Tὸ δέ πλῆθος ὄν κτλ. 我们在这里将译文的困难指出，也许海内有人可以给我们些指导。

至于 Jowett 和 Taylor 关于这句的翻译，皆取意译，从“古文字学”(Altphilologie)的立场无有称道的价值。

【注 320】 153A—B“怎样在……它是”——这一节论证“一”是比其它的年老些。这个论证建筑在数系里先后位置和时间里前后位置二者的混淆上。较小的(正)数在数系里先于较大的(正)数,(正)1 先于一切其它(正)数,由此以推论,“一”是比其它的年老些,即在时间里较前产生。

这个混淆 Taylor (ibid p. 891)也见到了,但他加了一个怪诞的解释:“这在巴曼尼得斯或齐诺的口中是可以认为正当的,因为它们的毕泰哥拉斯学派的反对者未能作此分别。”他的目的是为柏拉图文过。但以这里的“巴曼尼得斯”为历史上的以利亚学派的大师已经够怪的了;尤其荒谬的乃是他完全忘了,不但这里和“巴曼尼得斯”对话的“亚里士多德”,而且即是“少年苏格拉底”,也非以利亚学派的“毕泰哥拉斯学派”的反对者。在这情形下,上述的那个混淆又如何能认为正当呢?

那个混淆不但不能认为正当,而且基础于那个混淆上的论证,若准以本篇“谈话”中的数的引绎(参看[注 249])是绝非正当的。假使数系里的先后和时间里的前后果真是无分别,本节里所得的结论也不能正当地产生。因为依照柏拉图的数的引绎,数系中各数的滋生并非顺序的(参看[注 250(2)])。这样,并非一切大些的(正)数必然地在一切小些的(正)数后一些生成。譬如,依照那个引绎,8(=4×2)固然必在 4 以后产生,5(=4+1)也是如此;然而 8 并不必比 5 产生后一些。

这一点怎样?一是违背它的本性生成的呢,还是不能违背?

不能。 C

但是,再者,一已被指明是有部分的,如若有部分,也有首部、末部和中部。

是。

一切的——一自身的以及某一个其它者的——首部岂不最先产生,随着首部,一切其它者产生,直至末部?

如何不?

再者,我们将讲:这一切其它者是整个的和一的部分,那个自身成为一和整个的,正当末部刚产生时产生。

我们将讲。

我想,末部最后产生,但一依照本性和它同时产生; D
结果是:如若一必然不违背本性产生,既然它和末部同时产生,它由于本性即比较其它的最晚产生。

显然。

那么一是比其它的年少些,其它的比一年老些。

在我看起来如此。

【注 321】 153C“整个的和一的”,“一和整个的”——这两个词句皆指整个的一。所谓“整个的一”不指那不可分割的单位,乃指由部分组成的整体。

【注 322】 153C“一切的……产生”——这是“一是比其

它的年少些”一论证(153B—D“这一……如此”)中的基本部分。根据 II. 1.(参看[注 239(1)])“一”有部分,因而有首部、末部和中部(参看[注 260])。凡有首部、末部和中部的,当它产生时,首部先产生,以后其它部分。在首部和中部产生时,还未有整个;整个在它的末部刚产生的那一刻生成。

怎样?一的或任何其它的首部或任何一部分,如若它只是一部分,却不是几部分,既然它是一部分,它岂不必然地是一么?

必然地。

E 那么,一和第一个产生的同时产生,也和第二个同时,并且不离弃其它产生的之中任何一个,那继续任何一个产生的,直至经过了一切达到最后的,成为整个的一,在产生的历程里它不离弃中部、首部、末部和其它部分。

显然。

那么,一和一切其它的有同一年龄;结果是:如若一

154A 是不违背本性的,它即既不是比其它的早一些或迟一些生成的,却是同时。依据这个论证,一比其它的既不是年老些,也不年少些,其它的比较一也不;但依据以上的论证,一既年老些也年少些,其它的比较一也是如此。

诚然。

【注 323】 153E“并且……个产生的”——这里的意思乃是:“一”不但和第一部分以及和继续第一部分产生的第二部分同时产生,而且和一切其它继续一切其它的部分产生的部分同时产生。

【注 324】 153D—E“怎样……年龄”——这里推论证“一”和其它的有同一年龄。“一”是整个,由部分组成的,然而每一部分又皆是一。因此当这整个的第一部分产生时,“一”也产生了。这就是说,“一”和它同时产生。“一”不但和第一部分,乃和一切其它的部分同时产生。这样,从第一部分直至最末一部分,“一”皆和它们同时产生。当最末的一部分产生了时,整个的“一”产生了。这样,“一”和一切其它的部分同时产生,它和它们有同一年龄。

这个论证和以上一个和这个相反的论证,即“一”是比其它的年少些(153B—D“这一……如此”),建筑在“一”的两个矛盾方面上,即“一”是整个和“一”是部分。就“一”是整个,它只在整个的最末一部分产生时,始产生,因此它后于一切其它的部分产生,或说年少些。就它是每个部分,它和每个部分同时产生,因此它和一切的部分,或其它的,有同一年龄。第二组推论中的第一个结论即是:和“是”结合的“一”和以下一对极端相反的“相”或范畴:“整个”——“部分”结合(参看[注239(1)])。这样,这两个论证和结论已蕴涵于II.1.里了。

一是并且成为这样。但是关于它变得比其它的和其它的变得比它年老些和年少些怎样呢?是否像关于是是怎样的情形，关于变同样地是怎样的情形，还是另外一样？

B 我不能讲。

然而我至少能讲这一点：如若一个比另一个是年老些，它不能再变得比它最初已经变成了的年龄方面的差别更年老些，那个是年少些的也不能变得更年少些；因为相等的加于不相等的——时间或其它的——永远造成相等的差，如原来所差的。

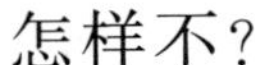

怎样不？

如若一个是者和另一个是者在年龄方面的差永远相等，那么那个永不变得比这个年老些或年少些；但它是年
C 老些，生成年老些，这个年少些，然而它们不变得年老些和年少些。

显然。

那么一，一个是者，也永不变得比其它的是者年老些和年少些。

诚然不。

【注 325】 154B“因为……所差的”——这个原则若用现代的数学公式写出，即是：

$$(a+x)-(b+x)=a-b.$$

这就是以后亚里士多德所谓的数学普遍原则（参看《物理学以

后诸篇》M2,1077a 9—12 等处)之一。这些原则不专属于数量、大小……或时间。

关于年龄的差一成不变,柏拉图的论证(154B—C“然而……然不”)即建筑在那一条数学公式上。这样的解释并不犯“时代错乱”的弊病,反之,他确实知道这条公式,我们已在另一处(《柏拉图的年龄论研究》IVb)仔细考证了,这里从略。

【注 326】 154B—C“如若一个是……显然”——这里所讲的乃是关于“一”不变成比其它的年老些和年少些一论证(154A—C“一是……然不”)中重要的一点;它含着一个很值得注意的思想。我们先从表面上看本节。这里的结论乃以以上那条数学公式:$(a+x)-(b+x)=a-b$ 在年龄方面的应用为基础。如若某甲在他的弟弟前一年生,他比他的弟弟年长一岁。一年、两年以至任何年以后他比他的弟弟仍年长一岁。这就是说:当他的弟弟生时,他已成为比这人年长许多,就永远只年长这许多;虽然他自己的年龄逐年增加,但他并不同时变得比他的弟弟更年老些。

但这只是从表面上了解本节;然而它还有更深的意义。从以上(参看[注 313])我们知道,凡在时间里的皆变得比它自身年老些。这样,“甲”和“乙”夹在时间之流里向着将来移动。但它们只各自变得比它们自身年老些,并不相互间变年老些和年少些;它们的年龄之差永不增加或减缩。在这件事实里蕴藏着一条原则,即它们在时间里移动的速度相等。如若我们将所谓年龄不只限于生物的一个特征,却认它为指示任何的在时间里持续的久暂(柏拉图所谓年龄在这里原不是狭义的)，这样，不但以上所言的某甲和他的弟弟，不但任何两个生物，而且凡是在时间里的一切，它们在时间里移动的速度皆是相等的。

如若我们再追求这个结论的意义，问：何以万事万物在时间里的移动皆有相等的速度？我们必然作以下的解答：只在一个条件下它们可以是如此，即它们在时间里的移动无私自的速度；它们以时间流动的速度为速度。严格讲起来，它们并不在时间里自主地移动，乃是被夹在时间之流里移动。这不是一句无色彩的话，乃是一个具有特质的思想。这点也许超出柏拉图的思想以外(虽然我们无法证明它确非柏拉图的，正如我们无法证明它实是他的思想一样)。然而它至少和我们以上已见到的有密切的关系。如若任何一个在时间里的移动以时间流动的速度为它自己的速度，那么它的移动历程里的一切互相衔接的阶段皆依次垂直于时间流动历程中的许多互相衔接的阶段。整个的时间只是现在的流动；时间历程中的每一阶段皆是现在。这样，当任何的在它的移动历程中每一阶段上，它皆是在现在。这就是柏拉图以上(152E)就着“一”所讲的：“现在永远伴随一经过整个的是；因为一无论在何时，那时候永远是现在”(参看[注 316]和[注 317])。

你看看它们是否这样变得年老些和年少些。

怎样？

像一比其它的，其它的比一，已被指明为年老些。

那么怎样？

当一比其它的年老些时，我想，它比其它的生长了多些时间。

是。 D

你再考虑：如若我们将相等的时间加到多些的和少些的时间上去，那么多些的以相等的部分还是以较小的部分差异于少些的？

以较小的。

那么这将不是如此：即是一相对于其它的在年龄方面最初是有差异的，而这个差异仍在于以后；乃是像一增添了和加于其它的相等时间，它在年龄方面差异于其它的永远比较以前小些。岂非如此么？

是如此。

那在年龄方面相对于任何一个比较以前差异小些的，岂不相对于那个变得比以前年少些，相对于同一个它以前是年老些？ E

年少些。

如若一变得年少些，那些其它的相对于一不也变得比以前年老些？

诚然。

那么那生成年少些的相对于早一些生成的和是年老些的变得年老些，然而永远不是年老些，却永远在变得比

那个年老些;因为那个向着年少些的一方面进行,这个向
155A 着年老些的。年老些的也同样变得比年少些的年少些。因为它们向相反的方向走,它们变为相反,年少些的变得比年老些的年老些,年少些的变得比年少些的年少些;然而它们都不能变成如此。因为如若它们变得如此,它们不再变,但即是如此了。现在它们相互变得年老些和年少些;一方面一变得比其它的年少些,因为它已表现为是
B 年老些和早一些生成的,其它的变得比一年老些,因为它是迟一些生成的。依据同一论证,其它的对于一也将是同样情形,因为它们已表现为是年老些和早一些生成的。

显然如此。

【注 327】 154D“差异〔于少〕”——διαφέρειν 以及其文法上变异的字有广狭二义。狭义指大的数值和小的数值之间的“差”,譬如加上 154B“因为相等的加于不相等的……永远造成相等的差,如原来所差的”,又如同处“……在年龄方面的差永远相等”里所谓的“差”。广义指普遍的“差异”,和 ἕτερον 的意义几乎相等,譬如见于本篇“谈话”141B—C 里的(那里除了一处以外,我们皆简单地译为“异”)。这字在本页里,从这里起直至页末,皆用为广义的。因为大些的数值不“差”于小些的数值,只差异于小些的数值,即和这个有所不同。

【注 328】 154D“你再……的以较小的”——这节的意义如下:这里所谓“多些的”乃指两个代表两个不相等时间的

数值里较大的一个,“少些的”乃指其中较小的。所谓多些的差异于少些的,乃指前者在数值方面不同于后者(参看[注327])。这个数值不同的关系,若不用它们的“差”,却用它们的“比”表示,即以“多些的”——较大的数值——比“少些的”——较小的数值,那么,那个由于另一数值同时加到它们上去所得的分数和在同一数值未加到它们上去以前原来的分数不是相等的,乃是比这个较小的。

这一点用文字叙述很累赘,若如数学公式表示,简单如下:

设 a, b 表示两个不相等的时间,其中

$a > b$;

$a : b$ 表示它们数值不同的关系。

$a : b \neq a + x : b + x$,

$$\frac{a+x}{b+x} < \frac{a}{b}.$$

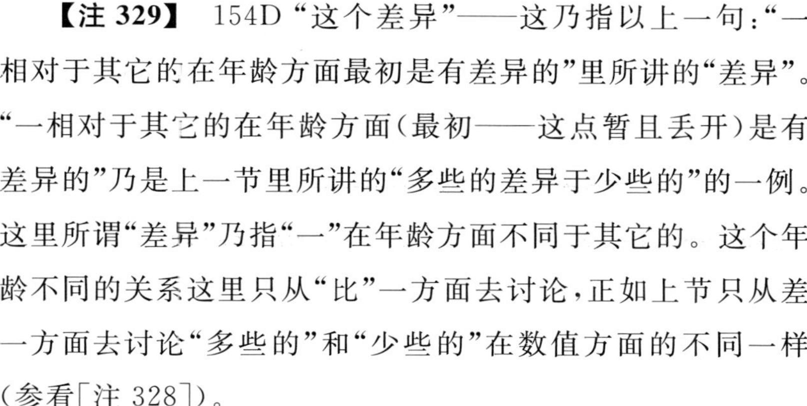

【注 329】 154D“这个差异”——这乃指以上一句:“一相对于其它的在年龄方面最初是有差异的”里所讲的“差异”。“一相对于其它的在年龄方面(最初——这点暂且丢开)是有差异的”乃是上一节里所讲的“多些的差异于少些的”的一例。这里所谓“差异”乃指“一”在年龄方面不同于其它的。这个年龄不同的关系这里只从“比”一方面去讨论,正如上节只从差一方面去讨论“多些的”和“少些的”在数值方面的不同一样(参看[注 328])。

“这个差异”乃是τοῦτο的补充翻译,直译应当只是“这

个”。“这个差异”乃指“一”在年龄方面最初所不同于其它的。“一”在同一方面虽然以后仍不同于其它的，但以后所不同的和最初所不同的自身不相同。因此这里着重点在“这个”。

【注 330】 154D“那么……此么”——这节乃是根据以上的结果：

$$\frac{a+x}{b+x}<\frac{a}{b}$$

（参看[注 328]）的推论。我们具体解释如下：

设　$a=2$，“一”的年龄，

$b=1$，其它的年龄，

$x=$ 任何时间。

若　$x=1$，$\frac{3}{2}<\frac{2}{1}$，

若　$x=2$，$\frac{4}{3}<\frac{2}{1}$，

若　$x=3$，$\frac{5}{4}<\frac{2}{1}$

…………

…………

若　$x=n-1$，$\frac{n+1}{n}<\frac{2}{1}$，

若　$x=n$，$\frac{n+2}{n+1}<\frac{2}{1}$，

$$\frac{n+2}{n+1}<\frac{n+1}{n}<\cdots\cdots<\frac{5}{4}<\frac{4}{3}<\frac{3}{2}<\frac{2}{1}。$$

这样，x 的数值愈大，$\frac{a+x}{b+x}$ 的数值愈小。

【注 331】 154D—E“那在……前是年老些”——这里所要论证的乃是“甲”相对于“乙”变得比以前年少些。这个论证以以上所得的结果 $\frac{a+x}{b+x}<\frac{a}{b}$（参看[注 328]）为根据。我们现在就着刚举的那个具体的例子：

$$若 \qquad x=1, \frac{3}{2}<\frac{2}{1},$$

$$若 \qquad x=2, \frac{4}{3}<\frac{2}{1},$$

（参看[注 330]）来解释。当“甲”两岁时，“乙”一岁。一年以后“甲”三岁，“乙”两岁；两年以后“甲”四岁，“乙”三岁。两年以前“甲”比“乙”年老两倍，过了一年以后只年老一倍半，再过了一年以后只年老一倍又三分之一。这样，“甲”相对于“乙”每一年比前一年年老得少些，或说变得比以前年少些。

这里所谓“甲”相对于“乙”变得年少些，仅指“甲”的年龄对于“乙”的年龄之比（Altersverhältnis）以时间的增加逐渐变小些。

【注 332】 154E“如若……前年老些”——这句中的条件副句省略地将以上 154C—E（“你看……些年少些”）的结论重述出来；若我们将所省略的补充起来，这个副句将成为：如若“一”相对于其它的变得比以前年少些。本节从这一点推论相反的一方面，即其它的相对于“一”变得比以前年老些。“一”相对于其它的变得比以前年少些，即是以下一条公式所表示的(参看[注 331])：

$$\frac{a+x}{b+x}<\frac{a}{b},$$

其中a表示“一”的年龄，b表示其它的年龄，a大于b，x表示任何时间。其它的对于“一”正和“一”对于其它的相反。如若“一”的年龄对于其它的年龄之比为$\frac{a}{b}$，其它的年龄对于“一”的年龄之比为$\frac{b}{a}$。因此从以上公式我们得以下的公式：

$$\frac{b+x}{a+x}>\frac{b}{a}。$$

它的意义可从具体的例子里很清楚地见出。

设　　$b=1$，$a=2$。

若　　$x=1$，

则　　$\frac{2}{3}>\frac{1}{2}$，

若　　$x=2$，

则　　$\frac{3}{4}>\frac{1}{2}$

这就是说：当“乙”(即其它的)一岁时，“甲”(即“一”)两岁。一年以后“乙”两岁，“甲”三岁；两年以后“乙”三岁，“甲”四岁。两年以前“乙”比“甲”年少一半，过了一年以后只年少三分之一；再过了一年以后“乙”比“甲”只年少四分之一。这样，“乙”相对于“甲”每一年变得比前一年年少得少些，或说变得比以前年老些。

这里所谓“乙”相对于“甲”变得年老些，仅指“乙”的年龄对于“甲”的年龄之比以时间的增加逐渐变大些。

【注 333】 154E—155A“那么……样变得比年少些的年少些”——这里重要的两点乃是：

(一)生成年少些的相对于生成年老些的永远在变得年老些，但永远不是如此；

(二)生成年老些的相对于生成年少些的永远在变得年少些，但永远不是如此。

这两点乃是根据以上所讲的推论。所谓“乙”(“生成年少些的”)相对于“甲”(“生成年老些的”)变年老些乃是：

$$(1)\qquad \frac{b+x}{a+x}>\frac{b}{a}$$

所表示的；所谓“甲”相对于“乙”变得年少些乃是：

$$(2)\qquad \frac{a+x}{b+x}<\frac{a}{b}$$

所表示的(设 b 表示“乙”的年龄，a 表示“甲”的年龄，a 大于 b，x 表示任何时间)。我们已经见到，如若 x 的数值愈大，那么 $\frac{a+x}{b+x}$ 的数值愈小(参看[注 330])，$\frac{b+x}{a+x}$ 的数值愈大(根据[注 330]类推，并参看[注 332])。然而 x 的数值无论增至如何大，但

$$(1)\qquad \frac{b+x}{a+x}<1,$$

$$(2)\qquad \frac{a+x}{b+x}>1。$$

假设在 x 的数值增加时，(1) $\frac{b+x}{a+x}=1$，那就是：生成年少些

的变得和生成年老些的有同一年龄；(2) $\frac{a+x}{b+x}=1$，那就是：生成年老些的变得和生成年少些的有同一年龄。但这两种情形皆是不可能。(1) $\frac{b+x}{a+x}$ 和(2) $\frac{a+x}{b+x}$ 虽皆趋向于1，但皆不能等于1。这就是：生成年少些的和生成年老些的无论在第(1) 种或第(2) 种情形里皆永远不能有同一年龄。(其故详[注334]。) 那么生成年少些的更永不能是比生成年老些的年老些，生成年老些的更永不能是比生成年少些的年少些。

【注 334】 155A "年少些的变……些的变为比年少些的年少些"——这句颇有问题(事实上同样有问题的已见于以上154E"……却永远在变得比那个年老些"，只不似此处明显罢了)。这句的目的在将以上所得的结果总结起来，但事实上以上所证明的和这里所重述的完全不同。以上所证明的乃是：年少些的相对于年老些的变得比以前年老些和年老些的相对于年少些的变得比以前年少些(参看柏拉图在证明这两点所用的严密的词句：154D—E"那在……前是年老些"，154E"那么……变年老些")却不是如这里所说的："年少些的变得比年老些的年老些，年老些的变得比年少些的年少些"以上两个论证都只以比的数值变更为对象。前一个表示 b(年少些的年龄) 与 a(年老些的年龄) 之比在 x 时间增加了以后比较在同一时间未增加以前变大；后一个表示 a 与 b 之比在 x 时间增加了以后比较在同一时间未增加以前变小。无论由 $\frac{b}{a}$ 至 $\frac{b+x}{a+x}$ 或由 $\frac{a}{b}$ 至 $\frac{a+x}{b+x}$，也无论 x 的数值增至如何大，这样的变更完

全不影响 b 和 a 的年龄；因为如柏拉图自己已指明出来：$(a+x)-(b+x)=a-b$（参看［注 325］）。这就是：若 $\frac{b}{a}$ 变至 $\frac{b+x}{a+x}$，那么年少些的相对于年老些的变得比以前相对于年老些的年老些，但年少些的并不变得比年老些的年老些；若 $\frac{a}{b}$ 变至 $\frac{a+x}{b+x}$，那么年老些的相对于年少些的变得比以前相对于年少些的年少些，但年老些的并不变得比年少些的年少些。在前一种情形里所增加的只是 $\frac{b}{a}$ 的数值，不单独的是 b 的数值；在后一种情形里所减少的只是 $\frac{a}{b}$ 的数值，不是 a 的数值。所以 $\frac{b}{a}$ 的数值无论变得如何大 $\left(\frac{b+x}{a+x}\right)$，$\frac{a}{b}$ 的数值无论变得如何小 $\left(\frac{a+x}{b+x}\right)$，它们皆不等于 1（参看［注 333］）。这样，这句所总结的不是以上所证明的，以上所证明的不是这句所总结的。

【注 335】 154C—155B“你看……如此”——这一节的目的是论证“一”变得比其它的年少些和年老些，但事实上所证明的乃是“一”相对于其它的变得比以前年少些和年老些（参看［注 334］）。所用的论证，依我们以上的解释，乃是以以下两条数学公式为基础：

设　　$a>b$

(1)　　$\frac{a+x}{b+x}<\frac{a}{b}$，

$$(2)\qquad \frac{b+x}{a+x} > \frac{b}{a}。$$

这两条公式在现在诚然几乎是尽人皆知，然而在柏拉图的时代它们是否已被发现？柏拉图是否知道它们？关于这两个问题我们在另一处已经详细研究了，并且得到肯定的答复(《柏拉图的年龄论研究》IV b)。因此以上的解释并未犯了治哲学史的人所应避免的毛病，即所谓 Anachronismus 或"时代错乱"。

岂不是：一方面，既然无一个变得比另一个年老些或年少些，因为它们彼此的差永远是相等数值的，一既不变得比其它的年老些或年少些，其它的也不变得比一年老些或年少些；另一方面，既然早些生成的必然永远以不同
c 的部分差异于晚些生成的，晚些生成的也这样对于早些生成的，这样，其它的必然变得比一、一变得比其它的、即相互地变得年老些和年少些？

诚然。

【注 336】 154A—155C "一是……诚然"——在这一大节里，柏拉图要证明两点，即他在本节开始和本节结束所提出的：(一)"一"变得比其它的和其它的变得比一年老些和年少些，以及(二)不变得年老些和年少些。既将这一大节仔细地分析了以后，我们且看看它的价值如何？

有些柏拉图学者喜欢讲本篇"谈话"第二部分里这里或那里是诡辩;本节循例也难免于这样的批评。如若我们单从表面上看这节,它倒也仿佛是如此;然而人能希望从表面上了解精深的思想么?

这节里的论证关于(一)的诚然有不能否认的可议之处,那我们已经指出了;然而即在那里弊病也不在论证本身(参看[注 334])。Diès (ibid p. 971)不满意于 διαφέρειν 一字在不同的意义里使用(参看[注 337])。这一点若能避免,诚然最好;然而即使未曾避免了,如若我们能将歧义辨别清楚,那也无大妨碍,柏拉图诚然用这一字的两个意义陈述本节里的中心两点;然而关于这两点的论证绝不以这字的歧义为转移。换句话讲,若用其它两字代替这一字的两义,那中心两点仍可同样地证明。

通常人只知道,从一种关系去看两个不相等的年龄,即从它们的差。但柏拉图在本节里指给我们看,它们有两种不同的关系:差和比。关于这两种关系的论证即是本节里的中心两点。

就着差这一方面看,两个不相等的年龄永远维持着它们原有的关系。这个关系一成不变;差的数值不以时间的增加稍受影响。柏拉图根据以下一条原理:

$$(a+x)-(b+x)=a-b$$

证明这一点。

另一方面就着比这一方面看,两个不相等的年龄永远在它们原有的关系里变动。这个变动不稍停止;时间的增加影响比的数值。比的数值变动有两个不同的方向；比的内容决定变动的方向。(1)如若比的前项数值大于后项，变动的方向乃是降落的；(2)如若比的前项数值小于后项，变动的方向乃是增高的。方向虽有降落和增高的不同，然而皆趋向于1。这个最后的相同点之中复含有差别：即其一是降落不及于1，另一是增高不及于1。柏拉图根据以下两条公式：

设 $a > b$

(1) $$\frac{a+x}{b+x} < \frac{a}{b},$$

(2) $$\frac{b+x}{a+x} > \frac{b}{a},$$

依次证明这两个变动的方向。

两个不同的年龄既然自身即有差和比的两种不同的关系，为何人只应从这两种关系中的一种，而且还从固定的一种，即从差，去看它们？若人不武断地从这两种关系去看，人即必然地承认，它们的关系既是一成不变的，又是变不停止的，而且还是向极端相反的方向变的。柏拉图即这样破除我们的一隅之见。他不仅指出这两种不同的关系来，而且还一方面为我们仔细分析，另一方面将这几个现象统属于(subsumieren)几条普遍的原理下。这样，他不仅使我们认识这些现象，还使我们了解它们的详细情形以及领会它们在万有中的位置。这种模范的工作是值得尊崇的！他的分析所得的结果诚然是矛盾的，这却正因为分析的对象自身是矛盾的。人岂能以此为柏拉图诟病？

依照这一切，一也是、也变得比它自身和其它的年老些和年少些，又不是、不变得比它自身和其它的年老些和年少些。

完全确实。

【注 337】 152A—155C“时间……确实”——（II. 13.）这是第二组推论中的第十三个推论，它推论和“是”结合的“一”和“年龄”的关系。统属于“年龄”一范畴下的，有以下各对不同等级的极端相反者和相反者：I.“同年龄”（a.“不年老些”——b.“不年少些”）——II.“不同年龄”（a.“年老些”——b.“年少些”）。在这一大段里所论证的共有以下十点：

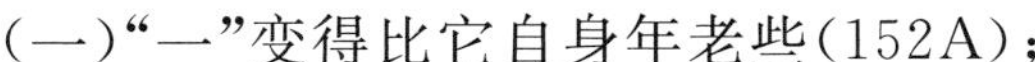

（一）“一”变得比它自身年老些（152A）；

（二）“一”变得比它自身年少些（152A—B）；

（三）“一”是比它自身年老些（152B—D）；

（四）“一”是比它自身年少些（152D）；

（五）“一”和它自身有相同年龄（152E）；

（六）“一”是比其它的年老些（152E—153B）；

（七）“一”是比其它的年少些（153B—D）；

（八）“一”和其它的有相同年龄（153D—154A）；

（九）“一”不变得比其它的年老些和年少些（154A—C）；

（十）“一”变得比其它的年老些和年少些（154C—155C）。

［本段应分为（一）——（五）、（六）——（八）、（九）——（十）三节］；Burnet 和 Diès 的校勘本、Taylor 和 Diès 的译本

分节皆错,Diès 译本中的标题也不尽符事实。

从文字上看,(九)仿佛是否定的,但实际上它仍是肯定的;它所肯定的乃是一种变形的相同年龄,即不同年龄的“甲”和“乙”在时间里的向前移动速度相等或所增加的年龄相同。

从以上的节目表里,我们看出,本段所论证的乃是:“一”在一对一对的相反的以及极端相反的形式里和一对一对的相反者以及极端相反者结合。这十个结论的意义乃是:如若“一”和“是”结合,它也和统属于“年龄”一范畴下的一对极端相反者:“同年龄”——“不同年龄”以及各对相反者:“不年老些”——“不年少些”,“年老些”——“年少些”结合。

既然一分有时间和分有变年老些以及变年少些,那
D 么它岂不也必然地分有过去、将来和现在,如若它分有时间?

必然的。

那么一已是、正是也将是,并且它已变、正变也将变。

为何不?

【注 338】 155C—D“既然……将变”——(1)这个论证以 II. 12.(参看[注 312(1)])和 II. 13.(参看[注 337])的一部分为基础,从“一分有时间”以及“一变年老些和年少些”推论“一”已是、正是和将是以及已变、正变和将变。推论的线索乃是从未分别的时间到时间的三部分。“已是”、“正是”和“将是”以及“已变”、“正变”和“将变”表示这三部分时间的分有。这个结论仅止于此；然而事实上已存在、只未明白讲出的最后结论显然是：“一”是。推论里的这一个步骤我们很容易从以上141E（“那么如……没有”）里所讲的“是”的分有只有以上这三种见出。这样，如若“一”已是、正是和将是，那么“一”是。

（2）这里的论证和I.12.（参看[注227（1）]）以及II.12.里的论证我们还应当比较。它们的推论步骤如下：

（一）I.12.——（1）“一”不分有时间→（2）“一”不已是……→（3）“一”不分有是。

（二）II.12.——（1）“一”分有时间←（2）“一”已是……←（3）“一”分有是。

（三）本节——（1）“一”分有时间→（2）“一”已是……←（3）“一”分有是。

第一，（一）和（三）的关系是否定和肯定的关系；然而它们并不互相冲突，因为第一和第二两组推论的假设根本不同（参看[注239（2）]）。第二，（二）和（三）仿佛是一个循环论证。然而这里的情形不是这样简单；我们不能用一个术语贬抑这个论证后面的思想。这里牵涉到柏拉图的范畴论。关于这个学说我们现在只能简单讲以下几句话。依照柏拉图的意思，一切范畴互相蕴涵，组成一个系统。因此无论从这系统的哪一点出发，结果皆回到这一点来。

【注339】 155C—D“既然……何不”——（II.14.）（1）是第二组推论中的第十四个推论，它从“一”分有时间以及变年老些和年少些推论“一”和“是”的关系。所得的结论是：

"一"已是、正是和将是……或"一"是(参看[注 338(1)])。这个结论的意义乃是:如若"一"和"时间"以及"年龄"结合,"一"也和"是"结合。

(2)在第一组推论里我们已经见到,那组推论从假设:"一是",即"一是一",即隔离了孤立的"一"(参看[注 171])出发,在I.12.里得到"一不是"的结论(参看[注 227(1)])。第二组推论从"一"和"是"的结合(参看[注 237(2)])出发,得到以上十三个结论。本段的结论又是从II.12.和II.13.来的(参看[注 338(1)])。柏拉图的意思显然是:如若"一"和其它的"相"或范畴结合,它乃已是、正是和将是。正如"一"和其它的"相"或范畴分离,结果乃是它在无一样式里是,这样,它和它们结合的结果乃是它在任何样式里是。如若我们将本段的结论和I.12.的合看,我们可以发现柏拉图的结论中主要的一点:"一"的"是"只存于它和其它的"相"或范畴的相互结合里;它的"不是"却渊源于它和它们的分离。"一"乃是一个"相"或范畴,代表一切其它的"相"或范畴的(参看[注 361(2)])。这样,一个范畴和其它的范畴的分离毁灭了这个范畴自己;反之,它和它们的结合构成它自己的"是"。这正和我们以上分析的结果吻合:依照柏拉图的范畴论,范畴不仅是相对的,而且还是由范畴间的关系组成的(参看[注 275(2)])。这样,无一范畴是孤立的;若有一范畴,即有一切范畴。

任何的也能属于它和是它的,在现在、过去和将来。

诚然。

也能有以它为对象的知识、意见和感觉，既然我们现在关于它即正做这一切的事。

你讲得对。

也有名字属于它，也有以它为对象的言论，它也被命名，也被言说；并且这样的事物凡属于其它的，也属于一。 E

关于它完全是这样。

【注 340】 155D“任何……它的”——关于这句的译文(参看[注 229(1)])；关于这句的意义(参看[注 229(2)])类推。

【注 341】 155D“在现……将来”——这是καὶ ἦν καὶ ἔστιν καὶ ἔσται的意译。这三个动词的主要意义(“是”——indikativ)已在上半句里的εἴη(“是”——optativ)里表达出来了，所尚未表运出的乃是它们的“样式”或 modus 和三种不同的时间。前者在中文里无法表达；因为表达后者，所以译如上。

【注 342】 155D“既然……的事”——“正做这一切的事”指有以“一”为对象的知识、意见和感觉。如若“一”是不在任何一种认识形式里可知的，那么我们对于它即根本不能有任何一种认识。然而我们现在正讨论它；因此它必不是这样不可知的。当前的事实足以加强以上一句里的推论(参看[注 343(1)])。

然而这里有个问题。从我们讨论“一”推论有以它为对象

的意见，那是自然的事。如若我们知道，讨论的结果是符合它的，我们也可推论，有以它为对象的知识。但怎样能推论有以它为对象的感觉呢？这是不易解的一点（参看[注 343(2)]）。

【注 343】 155D—E“任何……是这样”——(II. 15.)(1)这是第二组推论中第十五个推论，它推论：和“是”结合的“一”是在任何认识形式里可知的。推论的步骤相当于 I. 14.（参看[注 231(1)]）里的。那里从“一”是“无”推论，没有任何的和它有“属于”……的关系；再从这点推论，没有以它为对象的名字……，这里从“一”是一个“有”推论，有任何的和它有“属于”……的关系，再从这点推论，有以它为对象的名字……。这个结论的意义乃是，如若“一”和“是”结合，“一”乃有在各种认识形式里的可知性。

(2)这个结论里有一点很值得注意。在一切以“一”为对象的认识活动里，其中有两个是知识和感觉。我们以前已指出来：柏拉图在《费都篇》——《国家篇》时期剖分万有为感觉对象和知识对象。I. 14. 的结论：没有以“一”为对象的知识、感觉……，已使我们奇怪（参看[注 231(3)]），然而那个结论究竟只不过是“既不……也不……”，我们还易了解。因为那里所讲的“一”根本是“无”、绝对的“不是者”；这样的“无”自可同时不属于以人类认识机能为标准剖分万有而成的两类认识对象中的任何一类。但本段结论里所牵涉的问题就格外难解了。这里的结论不是“既不……也不……”，乃是“既是……又是……”。我们当前的问题是：如何“一”能既是知识对象，又是感觉对象。

值得惊奇的程度格外大了，当柏拉图欲用当前的事实加强他的论证，以证明有以“一”为对象的知识、意见和感觉时（参看[注 342]）。我们应当未曾忘记，这里所讲的“一”是一个“相”，一个范畴。怎能有以“相”或范畴为对象的感觉呢？话格外讲的彻底些，柏拉图不用“灵眼”了，却用肉眼见到“相”么？否则“一”如何能既是知识对象又是感觉对象？这个问题的解答直至我们将本篇“谈话”第二部分中第四组推论分析完毕后，始能得到（参看[注 393(4)]）。

(3)我们以上已分析了那个从认识论的观点所加于“相”和个别事物分离的批评（以上 133A—134E），并且我们已指出，关于那个批评还有一个待解决的问题，即主张和事物分离的“相”是不可知的人，如何既是“所言不真”却又“看起来讲了些合宜的话”。我们又已指出，那个批评所用的论证实际上有两个前提：（一）“相”和个别事物分离和（二）“相”相互有关系（参看[注 137(2)]）。这里我们可以见出，由（二）推论“相”是不可知的，是“所言不真”。本段的结论是：有以“一”为对象的知识。这里所讲的“一”正是和许多其它的“相”有关系的。第二组推论中十五个推论每一个所得的结论皆是：“一”和其它的“相”或范畴结合（参看[注 344(1)]）。那么结合正是“一”可知的原因，因为如若“一”和其它的“相”或范畴无结合，它即将因为这个隔离是不可知的了（参看[注 231(4)]。这样，从“相”相互有关系推论“相”是不可知的，刚刚和这里的结论相反，因此是“所言不真”。

这一点虽已解释了，但那个留待解决的问题还未完全解

决;整个的解决须待至第四组推论分析完毕以后(参看[注393(5)])。

【注 344】 142B—155E“那么你……是这样”——(1)这是本篇“谈话”第二部分中八组推论里的第二组,它总共包含十五个推论。在逐一仔细分析了每一个推论中的主要论证以后,我们要整个研究这一组推论,看它在全篇“谈话”里所尽的是何职务。

同样的问题我们在将第一组推论仔细分析了以后也提出来,并且我们考查出,第一组推论在全篇中的职务乃是部分解答由本篇第一部分遗留下的五个问题之一,即极端相反的“相”是否相互分离而不相互结合,以及部分满足“少年苏格拉底”希冀人指明“相”的相互结合和相互分离的愿望(参看[注232(1)])。完成其余的部分乃是本组推论的职务。

它指出在什么条件下极端相反的“相”或范畴相互结合而不相互分离。这个条件乃是:如若“一”和“是”结合。在这条件下“一”和它的极端相反者——“多”——结合,并且又和其它许多对极端相反的“相”或范畴以及许多组相反的“相”或范畴结合。这个结论的意义乃是:如若“一”和“是”结合,那些对以及那些组“相”或范畴在“一”里相互结合。那些范畴除了是在第一组推论里已经见过的以外(参看表一),只增添了“接触”——“不接触”以及将“无限”——“有限”对比地正式提出来。

(2)这样,第一、第二两组推论合并起来,从一方面解答了极端相反的“相”或范畴是否相互分离而不相互结合的问题

(参看[注 424(2)])。然而所谓解答似乎只不过是条件的陈述:即在什么条件下极端相反的“相”或范畴相互分离,在什么条件下相互结合。这只是计算思想方面的可能,还不是严格的问题解答。因为由此我们仍然不知道,极端相反的“相”究竟相互分离,还是相互结合。那已指出的两个条件只能同时寄存于思想里,却不能同时寄存于对象里。但在客观方面究竟是哪种情形:“一”是隔离了孤立的还是和“是”结合的,这一点我们现在还不知道。在这一点还未得到明白的解答以前,原来的问题只推远了一步,它们仍旧存在,并未得到最后的解答。

如若柏拉图确实只计算思想方面的可能,在这些可能里并不分别,某一条件下的结论符合客观情形,某一条件下的不符合,这样,那以本篇“谈话”第二部分中八组推论只是形式逻辑方面的训练可以有机会希望成为正确的解释了。但这不是事实。柏拉图不但陈述思想方面的两个可能,而且同时还指出,以“一”的隔离了的孤立为前提所得的结论不符合客观情形。他自己不信任第一组推论的结果;这一点他借着“巴曼尼得斯”和“亚里士多德”结束那组推论时的问答明明白白地讲出来:关于“一”,一切情形不能是如此(以上 142A“那么这……想不”)。

以上“巴曼尼得斯”警戒人不可放弃“相”(135B—C“然而……这点”),足以证明我们的解释是正确的。因为第一组推论的结果乃是“一”的毁灭。“一”是一个“相”,用以代表任何的“相”的。那以不可放弃“相”警戒他人的人,能自己认

"相"的毁灭所由生的前提为符合客观情形么?

如若一个推论的结果是错误的,这个错误或者来自前提的不真(Unwahrheit)或者由于推论历程的不对(Unrichtigkeit)。在"巴曼尼得斯"对第一组推论的结果所表示的不信任得了"亚里士多德"的赞同以后,他要求他的答话者重新推论。他声言仍从原始的假设出发,然而事实上第二组推论的假设和第一组的意义完全不同,它乃是完全另一个假设(参看[注 234])。假设的变更表示:依照柏拉图的意思,第一组推论所得的错误结论乃由于前提的不真,并非由于推论历程的不对。第二组推论里有一处足以佐证我们的这个解释,"巴曼尼得斯"在那里明白地援引第一组推论中的一个论证(参看[注 314]),而且那个论证又不是从第一组的假设出发的(以上 141A—C"如若任……如此")。

这样,依照柏拉图的意思,关于极端相反的"相"是否相互分离而不相互结合一问题在思想方面有两个可能的解答,即 I. 如若"一"是隔离了孤立的,极端相反的"相"相互分离;II. 如若"一"是和"是"结合的,极端相反的"相"相互结合。然而 I. 的前提不符合客观情形;符合客观情形的唯有 II. 的前提,即"一"和"是"的结合。这样,实际上极端相反的"相"或范畴相互结合而不相互分离。

让我们再讲第三次。如若一是,如我们已逐一讨论的,它既是一、是多,又不是一、不是多,再分为时间,它岂不必然地某时分有是,因为它是一,某时又不分有是,因为它是一，某时又不分有是，因为它不是一？

必然地。

那么，当它分有时，那时它能不分有么，或者当它不分有时，分有么？

不能。

那么它在一个时间里分有，在另一个里不分有；因为它只能这样既分有又不分有同一个。

对。 156A

岂不也有这个时间，一在它里分有是，和另一个时间，一在它里丢开是？不然它将怎样能一时有，一时没有那同一个，如若它不一时获得那个，一时放开那个？

在无一样式里。

你不称分有为产生么？

我称。

丢开是岂不为消灭？

诚然。

一看起来当它获得是时，产生；当它放开是时，消灭？

必然地。 B

【注 345】 155E“如若……论的”——τὸ ἓν εἰ ἔστιν οἷον διεληλύθαμεν κτλ. 如若我们将这句和 142B οὐκοῦν ἓν εἰ ἔστιν κτλ.（“如若一是”）比较，可知这里回指第二组推论的假设。

因此这句的意思是“如若一是，如我们已讨论的”，不是“如若一是如我们已讨论的”，如 Taylor 所译的“If the one has the characters we have described …”。

【注 346】 155E“让我……它不是一”——(1)从这里起直至 157B(“……样不”)一大段，现代许多解释本篇“谈话”的人或以为是第一、第二两组推论的结合，或以为是沟通它们的中介。依后说，那么这段里所讲的“一”乃是由隔离了的孤立(第一组推论所假设的)到和“是”结合的“一”(第二组推论所假设的)，如 Wundt 所讲的(“Auf die beiden ersten Erörterungen folgt in cap. 21 eine Vermittelnde, die von dem Übergang des Einen aus dem einen in den anderen Zustand handelt.”a. a. O. S. 41)。依这两说中的任何一说，那么那隔离了孤立的“一”以及和“是”结合的“一”，皆是本段讨论的对象。这样的解释仿佛是正确的，因为这里明明地讲：“它既是一、是多，又不是一、不是多。”前一点是第二组推论所讲的，后一点是第一组推论所讲的。

然而这样的解释有以下两个事实方面的困难：

(一)第一组里所讲的“一”是不在时间里的(以上 141A)，本段里所讲的“一”是在时间里的(155E“那么它在一个时间里分有，在另一个里不分有”)。

(二)第一组里所讲的“一”是既不静止也不变动的(以上 138B—139B“如若……决不”)，本段里所讲的“一”是既静止又运动的(以下 156E“如若一既静止又运动……”)。

因此，本段所讨论的“一”不能是第一组推论里所讨论的。

这样，本段的对象只是第二组推论里所讨论的“一”。本段开始明明白白地回指第二组推论的假设（参看[注 345]），它的结语又重复告诉我们，这里所讲的是和“是”结合的“一”（以下 157B）。除非一个人信任他自己的解释尤过于信任柏拉图自己的话；否则他不能否认，这段里所讲的是第二组推论里所讲的“一”。

（2）这样，所谓“它既是一、是多，又不是一、不是多”必须仔细解释。它“又不是一、不是多”意义不及“它是一、是多”明显。在第二组推论里论证“一”是多的第一个论证里最后的根据乃在“一”的“是”不同于“一”。因此“一”始能分有“是”。分有“是”的“一”或“是的一”是合两部分：“一”和“是”而成的整个，其中每一部分又皆是“一”和“是”。因此“一”是多（以上 142B—143A“这样……如此”）。这样，“一”是多（有许多部分）、是一（合部分而成的整个）。从那个论证的基础我们见到以下两点：（一）“一”诚然和“是”结合，（二）但“一”和“是”在本性方面不是同一的。这点正是本篇“谈话”第二部分里的中心思想：分有“甲”的乃是“非甲”（参看[注 400(2)]）。这样，就“一”的本性方面它只是“一”（参看以上 143A“怎样……想一”），不是合“是”和“一”而成的整个。这就是说：它不是这样的多（有部分），也不是这样的一（合部分而成的整个）。因此第二组推论里所讲的“一”既是一、是多，又不是一、不是多。

【注 347】 156A“另一个时间”——“另一个时间”据含义增。

【注 348】 155E—156A“那么当……开那个”——“一”

一方面和“是”结合，另一方面这个结合又不是本性的（参看[注346(2)]），那么这个结合是附加的。从第一组推论里我们知道，依照柏拉图的意思，一切有只是在时间里（参看[注225(1)]），这样，这附加的结合也必在时间里。因此“一”在不同的时间和“是”结合与不结合。然而这只是从静的方面看。若从动的方面看，必有这一个时间，在它里“一”获得“是”；和另一个时间，在它里“一”丢开“是”。

【注349】 156A“一看……时消灭”——这样，所产生的不是简单的“一”，乃是——用以上的名词——“是的一”；不是一个单独的“相”或范畴，乃是一个——用最近产生的术语——“相的集体”（“Ideenkomplexus”）或“范畴集体”。所消灭的也即是这个“范畴集体”：消灭即是这个集体的破坏。

【注350】 155E—156B“如若……然的”——在这一节里“巴曼尼得斯”从第二组推论所假设的“一”和“是”的结合以及不结合（参看[注346]）推论它的生和灭。（所谓“一生”或“一灭”，实际上诚然只是“一”和“是”的集体生或灭，但第二组推论所假设的“一”实际上也即是“是的一”（参看[注237(2)]）。“是”在希腊哲学中直至亚里士多德建立了万有论（《物理学以后诸篇》B1—2）为止，不包括“变”，乃是和这个对立的。这样，这里的推论乃是由第二组推论所假设的“一”和一个静的范畴（statische Kategorie）——“是”——的结合以及不结合，推论它和以下一对极端相反的动的范畴（dynamische Kategorie）——“生”和“灭”——的结合。

一既然是一，是多，又生，又灭，当它变为一时，是多这一性质岂不消灭；当它变为多时，是一这一性质岂不消灭？

诚然。

一变为一和变为多，岂不必然离散和集合？

很必然。

再者，当它变为不类似和类似时，它岂不必然类似化和不类似化？

然。

当它变为大些、小些和等量时，它岂不必然地生长、萎缩和等量化？

是这样。

【注 351】 156B“是多这一性质”——这是τὸ πολλὰ εἶναι的意译，直译应简单地是“是多”。以下“是一这一性质”同样是意译。

【注 352】 156B“一变……集合”——“离散”指“变为多”，“集合”指“变为一”，句子的这样构造在柏拉图的著作里是很普通的；我们可以引用 J. Burnet 在他的 The Phaedo of Plato 一书中所用的符号 a，b，b，a 来解释。（手边无此书，不能详举页数。）——

我们以上已见到（参看［注 349］）：所谓“一”产生和消灭，

实际上不是一个范畴产生和消灭,乃是一个“范畴集体”产生和消灭。这个整个的集体是一,它的部分是多。“一”变为这个整个的“范畴集体”,乃由于它和“是”的集合;那变为这个整个的“范畴集体”的“一”(τὸ ἓν ὄν)破裂为部分,乃是由于它和“是”的离散。

从“离散”διακρίνεσθαι和“集合”(συγκρίνεσθαι)两词我们可以看出,柏拉图老年的思想和另一个哲学思潮的关系。在初期希腊哲学中,有一个一方面承受巴曼尼得斯的基本思想,另一方面努力解决这人所不能解决的实际现象方面的问题的思想,它始于 Empedokles 的“四根说”,盛于 Demokritos 的“原子论”。依这思潮,宇宙由不可分割的成分组成;物体的产生和消灭乃由于这些成分的集合和离散。柏拉图老年的思想也趋向于一种原子论,但完全是另外一种原子论。所谓“原子”乃是ἄτομον一字已习用的兼解释的翻译,其原义为“不可分割的”。在《提马也奥斯篇》中组成自然界不可分割的成分乃是三角形(54 D ff.)。在《哲人篇》里物体乃是“相的集体”(参看陈忠寰:《分离问题》,德文版,IV §§16—21,“相的集体”或 Ideenkomplexus 一术语也创始于那里)。和《哲人篇》相同的思想是本篇“谈话”第二部分里主要的思想,其详参看[注 393(1)]。

【注 353】 156B“再者……这样”——以上在 II. 9.(参看[注 283])里已论证了,和“是”结合的“一”既是类似又不类似,在 II. 11.(参看[注 308])里它既是等于又大于和小于它自身和其它的,在这里即它生和灭(155E—156B)。所谓“生”

在原文是γίγνεσθαι，又训为“变”；其实“生”本是“变”的一种。因此“巴曼尼得斯”推论那既类似又不类似的“一”必然类似化和不类似化，因为类似和不类似的变成必然由于类似化和不类似化。关于生长、萎缩和等量化的论证与此相同。这样，“巴曼尼得斯”从“一”和以下一对极端相反的以及一组相反的静的范畴：“类似”——“不类似”、“大于”——“小于”——“等于”结合，推论它和以下一对极端相反的以及一组相反的动的范畴：“类似化”——“不类似化”、“生长”——“萎缩”——“等量化”结合。这样的推论相当于以上从“一”和“是”的结合以及不结合推论它和“生”——“灭”的结合（参看[注 350]）。

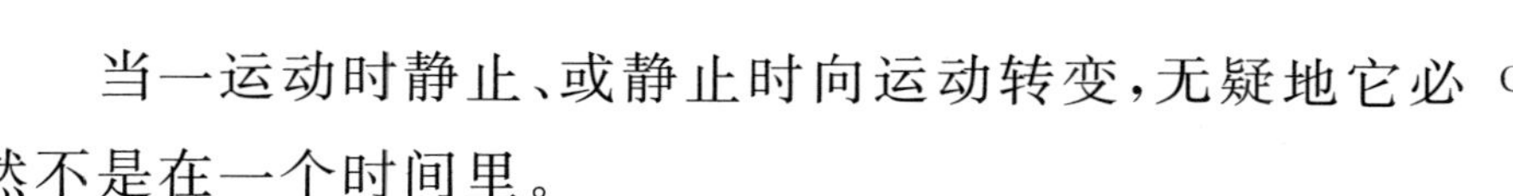

当一运动时静止、或静止时向运动转变，无疑地它必 C
然不是在一个时间里。

怎样？

以前静止的，以后运动；或以前运动的，以后静止；不用转变它将不能感受这二事。

显然。

没有一个时间，任何的在它里可以同时既不运动、又不静止。

诚然不。

它也不能不用过渡转变。

似乎不。

那么它何时转变呢？因为它转变，既不当它静止时，又不当它运动时，又不在时间里。

D 诚然不。

那么有这样一个奇异事物，当任何转变时，它即在这个里？

怎样一个？

突然。因为“突然”仿佛指示这样一个，像任何的向动和静止之中的一个转变时所从出发的。因为它不从仍然静止的静止转变，也不从仍然运动的运动转变。但是
E 突然，这个奇异的性质，处于动静之间，不在时间以内，凡运动的向静止或静止的向运动转变皆进入它里，再由它出。

怕是如此。

如若一既静止，又运动，它必也向两方转变；它只可这样做这二事。既然它是转变的，它突然转变，并且当它转变时，不在任何时间里，也不运动，也不静止。

确实不。

【注 354】 156C“过渡”——这是μεταβάλλειν的意译；直译为“转变”。关于解释，参看[注 355]。

【注 355】 156C—D“当一……然不”——这个论证不甚易解，因为其中重要一点未曾明白讲出来，必须由我们自己来补充。假设“甲”以前是静止的，以后运动；或以前是运动的，

以后静止。这由静至动或由动至静只有在一个条件下可能，即转变。“甲”必由它的静的状况转变为动，或由它的动的状况转变为静。这样，转变是动静之间的过渡（Übergang）。当“甲”转变时——姑就它由静止转变为运动一种情形分析——它不是静止的，也不是运动的。因为如若它仍是静止的，它尚未转变；如若它已是运动的，它曾经转变过了。（这是我们为了了解这个论证所必须补充的。）然而无一时间，任何的在它里可以同时既不运动，又不静止。假设由静至动不须由这个过渡到那个，那么由静至动可以在时间里。但因为它不能缺少这个过渡，所以它不能在时间里。

【注 356】 156D“因为它……动转变”——这一句 Taylor 译为“Change from a state of rest does not occur while the subject of it is still at rest, nor change from a state of motion while the subject is still moving.”这样的译文就意义方面讲尚无大疵；然而在文法方面却有两个不可容恕的错误。“仍然静止的”和“仍然运动的”不指静止者或运动者，如 Taylor 所译的，乃指它的静止状况和运动状况。所以我们译如上。（至于这句的意义，参看［注 357(2)］。）假设 Taylor 的翻译是正确的，原文中的κινουμένηs应为κινουμένον。

【注 357】 156D—E“突然因……它出”——这一节是“转变”分析里最重要的一点。假设“甲”是静止的，向运动转变。如若它所处的状况未更改，仍然是静止，那么它未转变。再假设它是运动的，向静止转变。如若它所处的状况未更改，仍然是运动，那么它未转变。这样，它不从未曾更改的静止状况向运动转变，也不从未曾更改的运动状况向静止转变；转变无论向着运动或向着静止，只有出于既不运动又不静止的状况。这个状况不在时间里，只有在“突然”里。

“突然”处于静止和运动之间，不在时间以内。它一方面是由静至动或由动至静最先所进入的一端（terminus ad quim），另一方面又是由静至动或由动至静最后所从出的一端（terminus a quo），因为动、静之间的转变必经过“突然”。

这样，我们平常所说，由静变动，或由动变静，只是不精确的陈述。实际上“甲”不直接地从静止转变为运动，也不直接地从运动转变为静止。然而运动却以静止为远源，静止却以运动为远源。这乃是任何的“不从仍然静止的静止转变，也不从仍然运动的运动转变”的严格意义。

157A 关于其它转变情形也是如此么？当一由是转变到消灭或由不是到产生时，那时它在某某动和静之间，那时它既不是也不不是，既不产生，也不消灭？

看起来至少如此。

依同一论证当它由一向多进行时，或由多向一时，它既不是一，也不是多，既不离散，也不集合。再者，当它由类似向不类似，或由不类似向类似进行时，它既不类似，也不不类似，既不类似化，也不不类似化。当它由小向
B 大、向等以及其相反者进行时，它既不是小，也不是大，也不是等，既不生长，也不萎缩，也不等量化。

看起来不。

一有这一切性质，如若它是。

怎样不？

【注 358】 157A“进行”——显然为了修辞的缘故，为了避免一字的再三使用，柏拉图选译ἰὸν这字代替μετάβαλλον（“转变”）。然而这字绝不如原字的适当。“进行”使人联想到一个历程，但这里所指的绝不是一个历程，只是突然一下。因此“转变”是更合宜些的字。

以下仿此。

【注 359】 157B“以及……反者”——ἐναντία是多数。由此我们知道，它不单指和“等”相反的，乃指和“等”相反的以及和“大”相反的。这样，“以及其相反者”意义是：由大向小、向等以及由等向大、向小。比较以上“由一向多”、“由多向一”以及“由是……到消灭”、“由不是到产生”。

【注 360】 155E—157B“让我……样不”——(1)关于这一大段在全篇“谈话”里究竟占什么位置一问题，有好几个解释。古代的注释家大多数以 Plotinos 为模范，认这段为一个和八组推论并列的、独立的推论（据 Wundt a. a. O. S. 41）；然而单从这一大段不适合于那八组推论对称的结构看，已可见那样的解释不能成立。这一点 Wundt (ebenda)已正确地指明出来了。但他自己的解释，以这一大段为第一和第二两组推论之间的中介（Vermittlung），以及一般传布更广的解释，认这一大段为第一和第二两组的综合，皆有困难，其详见[注346(1)]。

我们以上在同一处也指明出来，这一大段的对象即是第二组推论里所假设的"一"。这一大段乃是那组推论的附录(Anhang)。那组推论的结果是：和"是"结合的"一"和十余对或组极端相反的、相反的"相"或范畴同时结合，或每对、每组在"一"里结合(参看[注344(1)])。那些对或组"相"或范畴中，除了"变动"——"静止"以外皆是静的范畴；即在这一对范畴里，其中一个仍是静的。这样，关于几对极端相反的动的范畴，柏拉图还完全未讨论。然而正待解决的问题是：极端相反的"相"是否相互分离而不相互结合。这问题自然不只限于极端相反的静的范畴，因而柏拉图不能抛弃极端相反的动的范畴于不顾。本段的职务即在补充这一方面的讨论，它推论第二组推论里所假设的"一"同时和那几对或组极端相反的以及相反的动的范畴："产生"——"消灭"、"类似化"——"不类似化"、"生长"——"萎缩"——"等量化"结合，或它们在"一"里结合。

(2)这一大段共合两小段而成。第一段(155E—156B"让我……这样")是主要的部分，它根据第二组推论里的结果，从"一"和某某几对或组极端相反的以及相反的静的范畴结合，推论它和上述的几对或组极端相反的以及相反的动的范畴结合。第二段又分两节。第一节(156C—E"当一……实不")就着"静止"——"运动"分析"转变"。由"转变"里的矛盾成分(在"静止"——"运动"的例子里它们是"既不静止，又不运动”）推论“转变”不在时间里，只是“突然”的。第二节（156E—157B“关于……样不”）乃将第一节里所分析的结果推广到“产生”——“消灭”、“类似化”——“不类似化”、“生长”——“萎缩”——“等量化”上去。

（3）从第一小段里我们见到三类变动：“产生”和“消灭”；“类似化”和“不类似化”；“生长”、“萎缩”和“等量化”。再加上在第二组推论里已得的结果，并在这里引用的空间里的运动，那么以后亚里士多德的四种变动（γένεσιs、κίνησιs或μεταβολή）已完全具备了。亚里士多德关于变动的分类，从系统方面言是以他的范畴中的四个：“本质”、“性质”、“数量”和“处所”为基础；但从历史方面看，柏拉图已在此为这样的分类做了预备工作。

第二小段分析μεταβολή（“转变”）；以后亚里士多德的哲学中也讲μεταβολή。但两处所讲的是名同实异；这点我们不可不辨别清楚。在亚里士多德的哲学里，这个概念指那统括“产生”和“消灭”、“变异”、“生长”和“萎缩”以及运动四种不同的变动的；在这里这个概念指四大类变动中所共有的主要成分。

（4）这一大段里对于全篇“谈话”意义重大的结果，除了推论上述几对或组极端相反的以及相反的范畴在“一”里结合而外，乃是“是的一”的产生和消灭。“是的一”是一个最简单的“范畴集体”。第二组推论只从静的方面研究它，本段从动的方面。这一点是如何重要，我们以后（参看[注 393(3)]）始能了解。从那里回顾，我们还要发现本段不仅是一个加于第二组推论的简单的附录,此外还有其它的职务。

我们不应当考虑么,如若一是,什么性质属于其它的?

应当考虑。

让我们讲,如若一是,异于一的有什么性质?

让我们讲。

【注 361】 157B“我们不……它的”——(1)第三组推论从这里开始。它的假设是“如若一是”(ἓν εἰ ἔστιν)这个假设,和第二组推论的假设相同;着重点在“是”,意即如若“一”和“是”结合(参看[注 237(2)])。

(2)第三组推论的假设虽然和第二组的相同,但它的对象却和那组的不同。那组推论在这一点上和第一组相同:它们皆从一个假设推论“一”是怎样。这里不推论“一”。乃推论其它的是怎样。

“其它的”本是一个相对的词。这里所谓“其它的”(τἆλλα),乃是“异于一的”(τἆλλα τοῦ ἑνὸς)。“一”是“一之相”的简称,如讲分有“一”犹言分有“一之相”,正如讲分有类似,意即分有“类似之相”(参看以上 128E—129B“但请……是多”)。本篇“谈话”第二部分里所讲的“一”即是一个“相”(参看[注 168]),用作实例以代表一切任何的“相”的。“异于一的”即是异于一切任何的“相”的,即是个别事物。“其它的”与

“相”并提时,即指这个个别的。这在本篇“谈话”的第一部分里已常见了,比如129A(参看[注37]),130E,131E,132A,132C,132D(bis),133A(Wundt a. a. O. S. 2所举“其它的”一字在本篇第一部分里的出处不尽确:129A和132C未曾列入,131B不见原文中)。本组推论以及第四、第七和第八各组中所推论的“其它的”皆指个别事物。

既然其它的是异于一,那么一也不是其它的;因为否则其它的就不能是异于一了。

对。 C

然而其它的也不完全被剥夺了一,它们却在某某样式里分有。

何种样式?

我想,这样:其它的异于一是由于它们有部分;因为如若它们没有部分,它们将完全地是一了。

对。

我们已讲了,部分乃是那个是整个的部分。

确已讲了。

但是,再者,整个必然是由多组成的一,部分乃是它的部分;因为某一部分不应是许多个的部分,而是整个的部分。

这一点怎样?

如若任何一个是许多个的一部分，它自身在它们之
D 中，它自然将是它自身的一部分——那是不可能的——
并且是其余的每某一个的一部分，倘若它们是它们一切的一部分。因为如若它不是其中一个的一部分，它将是其余的一部分，只不是这一个的一部分，这样，它将不是每一个的一部分；既然不是每一个的，它将是许多个里没有一个的一部分。既然是没有一个的一部分，它不能和它们一切有部分或其它的关系，这样的关系它和它们中间没有一个有。

显然如此。

那么部分不是许多个的部分，也不是一切的部分，却
E 是任何一个形状的或任何一个我们名为整个的部分，那
个是由一切所组成的完备的一，部分即是这个的部分。

完全如此。

那么，如若其它的有部分，它们必然既分有整个，又分有一。

诚然。

那么异于一的必然是一个具有部分的、完备的整个。

必然。

【注 362】 157B“既然……是其它的”——“其它的”乃指个别事物(参看［注 361］)。这里的意思即是：个别事物异

于范畴“一”;范畴“一”不即是个别事物。

【注 363】 157D“这样它……个有”——这句乃是意译。οὐδεν 即指原文中下句(译文中移为上句)里的τι εἶναι, … καὶ μόριον καὶ ἄλλο ὁτιοῦν ἀδύνατον. 故译如上。

【注 364】 157C—D“如若任……个有”——这是一个不甚容易了解、但很容易被认为谬误的论证。这里所要论证的乃是:部分(只是整个的部分)不是许多个(比如“甲”、“乙”、“丙”,总称“子”)的部分。所谓谬误仿佛存于这个推论里以下的步骤中:“巴曼尼得斯”从(一)任何一个不是“子”中一个的——比如“甲”的——一部分,先推论(二)它不是“子”中每一个的一部分;再由(三)它不是“子”中每一个的一部分,推论(四)它是“子”中没有一个的一部分。单就这几个步骤看,这里确实有个错误:由(一)到(四)的推论完全建筑在(二)和(三)的意义混淆上,所谓它不是“子”中每一个的一部分,在(二)里实际上仅谓它不是“甲”的一部分,在(三)里却指不是“甲”、“乙”、“丙”的部分。

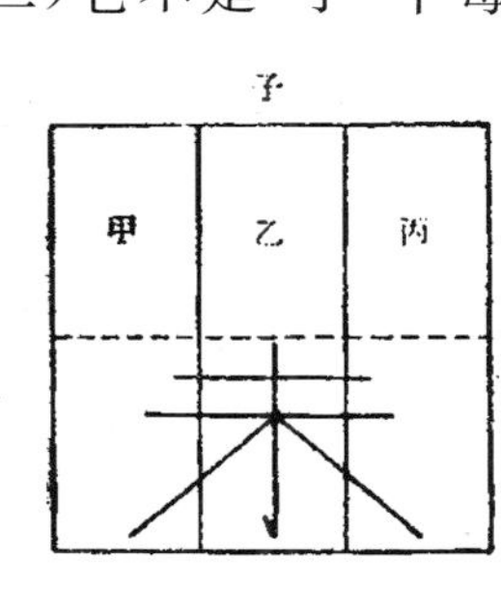

图 十 五

然而如若我们以此责难柏拉图,是不公平的,因为他的论证有完全另外一个意义。这个论证的关键乃在以下一点:所谓许多个的一部分不指图十五中的“甲”、“乙”或“丙”,乃指“末”。这里所要证明的简单讲起来是:“甲”、“乙”、或“丙”不能是“末”。假设“甲”是“末”,“甲”即是它自己的一部分,那是不可能的。“末”不但是“甲”的一部分,由假设(“倘若它是它们一切的一部分”)它也是“乙”和“丙”的一部分。既然如若“甲”是“未”,“未”不能是“甲”的一部分,那么“未”也不能是“乙”的或“丙”的一部分,因为由假设,“未”同时是“甲”、“乙”和“丙”的一部分。它既不能是“甲”的一部分,也不能是“乙”的一部分,也不能是“丙”的一部分,它是“子”中没有一个的一部分。结果它不能是“子”的一部分。

【注 365】 157E“那么如……有一”——“其它的”分有整个,分有“一”,意思即指一切个别事物组成一个整个的实际世界。

再者,同一论证关于每一部分;因为每一部分也必然分有一,因为如若它们中间的每个是一部分,“每个”无疑

158A 地指一个,和其余的分离,独立存在的,倘若每个将是是者。

对。

【注 366】 158A“倘若……是的”——这是εἴπερ ἕκατον ἔσται的意译;直译是:倘若每个将是。

【注 367】 157E—158A“再者……是者”——我们以上已见到,所谓“其它的”指这些个别事物(参看[注 361(2)]);那么它们中间的每个部分即是每件个别事物。这里所要证明的乃是每件个别事物分有“一”。

这里的论证以“每个”的意义为基础。所谓“每个”,如若

我们将这词加于一个“是者”或“有”，譬如人或屋，但不加于一个幻想，乃指一个和其余的事物分离、独立存在的事物。这样，“每个”实际对象分有“一”。如若这一切个别事物中的每个是它们——“其它的”——的部分，它们的部分即是这样的一个，它即分有“一”。

这个论证里有一点我们应当特别注意，即柏拉图在这里承认一种“分离”。我们在本篇“谈话”里已见过不同样式的分离。其一是“少年苏格拉底”所主张的“相”和个别事物的分离，那已在本篇第一部分里被指明为有极大的困难。另一是本篇中重要问题之一的极端相反的“相”之间的分离，它们已被证明为不是如此（参看[注 344(2)]）。另一是事物的极端相反的性质的相互分离，以上已就着现象指明情形不是如此（129C—D“但若有人指明我……真实”）。然而柏拉图究竟仍承认一种分离，即个别事物之间的相互分离。这点以上（131B“那么……离了”）已提到过，但那只是未经分析的叙述，它在这里乃是结论的一部分，它是经过反省的主张。

普通以为柏拉图和亚里士多德关于分离问题的主张是水火不相容；但事实完全不是如此（陈忠寰：《分离问题》，德文版，主要的目的即在反驳这个传统的错误）。这里我们明明白白地见到，柏拉图承认这一种分离。个别事物依亚里士多德的意见是：“个别本质”（“Einzelsubstanz”这术语创始于上述的那书中）；他也承认分离的只有“个别本质”。这样，关于分离问题他不是柏拉图的反对者，却正是他的继承人。

每一部分分有一，显然它是异于一；因为不然它将不分有一，而它即是一了。然而，我想，是一不能属于一自身以外其它的。

不能。

B 整个和部分必然分有一。因为整个是一个整个，部分是整个的部分；每部分——它永是整个的部分——是整个的一部分。

是如此。

那么分有者分有一，岂不异于一么？

怎样不？

异于一的我想是多；因为如若异于一的既不是一，又不是多于一，它就是非任何的了。

诚然。

【注 368】 157B—158B“我们不……诚然”——(III. 1.—2.)这是第三组推论中的第一大段，它包含两个推论。在这段里“巴曼尼得斯”论证“其它的”有两对极端相反的性质。这些是：“一”——“多”、“部分”——“整个”。论证的步骤如下：

“巴曼尼得斯”要证明“其它的”分有“一”，首先由“其它的”是异于“一”推论它有部分(137B—C“既然……是一了对”)；再推论部分只是整个的部分(157C—E“我们……全如此”)，最后达到以下的结论：即“其它的”分有“一”，具有部分，又是整个（157E“那么如……必然”）。次一步他由证明“其它的”的部分也有“一”（157E—158A“再者……的对”）以推论“其它的”和它的部分是多（158A—B“每一……诚然”）。

这段里的主要结论是：如若“一”是，“其它的”分有“一”，具有部分、分有整个的，是多。这个结论的意义乃是：如若“一”和“是”结合，“其它的”有以下两对极端相反的性质：“一”——“多”、“部分”——“整个”，或这些在“其它的”里结合。

既然分有部分的一的和分有整个的一的是多于一个，那些分有一的自身岂不已必然是数量无限的么？

怎样？

让我们这样看。它们岂不这样分有：当它们分有一时，它们不是一，也未分有了一？

显然。

它们岂不是多，在它们里没有一？ C

自然是多。

怎样？如若我们愿用思想从这些里抽取出最小的来，如我们所能的，那个所抽取出来的，如若它不分有一，岂不必然是多，不是一？

必然。

当我们永远这样观察异于相的性质自身时，我们每次所见到它的好多，岂不将是数量方面无限的？

完全这样。

【注 369】 158B“分有部……的一的”——以上刚讲了，整个和部分皆必分有“一”。前者是一个整个，后者是一个部分。(一)“一个整个”的“一”和(二)“一个部分”的“一”不同。一切部分具备乃有一个整个；整个里每个部分是一个部分。整个只分有(一)，部分只分有(二)。这里所谓“分有部分的一的‘和’分有整个的一的”即指每件个别事物和个别事物的总和。

【注 370】 158C“如若它……分有一”——这里所谓“分有”不能和以上所讲的“分有”同义。据 157E—158A，不但整个必分有“一”，部分也必分有“一”。用思想所抽取出来的无论怎样的小总不失为一部分，柏拉图如何能假设它不分有“一”以作推论的根据呢？因此这句只能根据以上刚讲的(“它们岂不是多，在它们里没有一？”)来解释，即这里所谓“不分有”乃指“在它里没有一”。

【注 371】 158C“当我……限的”——这句里含了一个著名的术语，即ἑτέραν φύσιν τοῦ εἴδους，εἴσους在这里不是genitivus possessivus，乃是 genitivus objectivus。因此这个术语的意义不是“相的另一性质”，乃是如以上所译的“异于相的性质”。Stallbaum (Ibid ad loc)以为这个术语等于εἶδος τῶν ἑτερων，但这在文法上既不可能，义理方面亦难通。Taylor 的译文：“one constituent in the form”是根本不可能；“饰智惊愚”可谓登峰造极！只有 Diès 的译文“la nature étrangère à la forme”是正确的。

然而比较确定这个术语的字义尤重要的乃是确定它的所指。如若人从柏拉图哲学的其它方面出发，来解答这个问题，这里所谓“异于相的性质”可以认为是《提马也奥斯篇》中的“接受者”(149A)或《费莱布斯篇》中的“无限”(ἀπειρία 16C)或“未著录学说”(亚里士多德《物理学》IV 2，209b14)中的“大和小”(μέγα καὶ μικρόν ibid IV 2，209b 35)；这些见解在柏拉图学者中皆有代表。他们所用的方法是个危险的方法，因为谁能保障那不立系统的柏拉图在这里所讲的必是在它处所讲的呢？因此确定这个术语的所指，我们应从这里的上下文出发。

从 158B“既然……”直至这里，是一个整个的论证，它的目的在证明：分有“一”的是数量方面无限的。所谓“分有一的”乃指个别事物以及它们的总和(参看[注 369])。论证中的要点乃是：如若我们用思想从它们里抽取出最小的一部分来，那所抽取出来的是多，不是一。再进一步，如若不但一次，而且我们每次所抽取出的皆是如此，结果乃是个别事物在数量方面是无限的。这一点即是本节所陈述的。这样，所谓“异于相的性质”即指个别事物。

以“异于相的性质”指个别事物，就原文看起来是个极自然的解释。所谓“个别事物”乃是我们自己的名词；柏拉图所用的术语是“其它的”、“异于一的”。“一”是“一之相”的简称，用作实例以代表一切任何的“相”的(参看[注 361(2)])。“异于一的"一词里所谓"异"和"异于相的性质"一词里所谓"异"在原文虽然是两个字（ἄλλο，ἑτέρον），但它们的意义是相通的：皆指别于这一个的。所以"异于一的"和"异于相的"在这里实际上无分别。至于"性质"（φύσις）乃是补充在形容词"异于相的"后面的一个名词，它也可加到"异于一的"一词上去，丝毫不影响这词的原义。这样，"异于相的性质"和"异于一的"、"其它的"所指皆同，即个别事物；所不同的只在一词的详尽或简略而已。

（"φύσις"在中文里缺乏一个和它相当的字。这里译为"性质"并不很适合，译为"有"也许比较好点。这里所以如此译的，因为这字在同页D里必译为性质，但又不欲在这里和那里用不同的字来译同一个字。）

但是，再者，当某一部分成为部分时，它们就有界限，
D 在它们之间和相对于整个，以及整个相对于部分，也有界限。

完全如此。

对于那些异于一的，一方面由于一和由于它们自己互相联结所生的结果，看起来是在它们自身里产生了那个给它们相互间的界限的；但另一方面它们自身的性质自身是无限。

看起来是如此。

这样，异于一的，既然它们是些整个又是些部分，皆既是无限的，又分有界限。

诚然。

【注 372】 158D“对于……有界限”——这里是我们应当仔细讨论的一节。许多柏拉图学者以这节和《费莱布斯篇》中的万有论对照。这个意见我们虽然认为不当，但是值得注意的。柏拉图《费莱布斯篇》中分万有为四类：(一)无限、(二)界限、(三)混合的、(四)原因(23C ff.)。(三)是(一)和(二)的产品；(一)和(二)是(三)的成分(τά ἐξ οὗ)。个别事物属于第(三)类。本节所讨论的是“其它的”(即个别事物)和无限以及界限的关系。结论明明地讲，个别事物“既是无限的，又分有界限”。这样，这里所讲的仿佛即是《费莱布斯篇》中所讲的。

然而仔细的分析指示我们，事实上这不是如此。“无限”和“界限”诚然是组成“其它的”的成分，但不是它的仅有成分(参看[注 379(1)])；这里所谓“无限”和“界限”，与《费莱布斯篇》里的所指亦不同。我们先比较两处所谓“界限”。依本节个别事物和“一”相互联结的结果，乃是在个别事物里产生了那个给它们相互间的界限的。这句话的意义我们留待以后再分析；但这里已可见到，即这里所谓“界限”不是《费莱布斯篇》中所谓的“混合的”的成分。因为成分必先于所成的，却不是后于所成的。再者，这里所讲的“无限”也不能即是那里所讲的。因为如若个别事物是由“无限”和“界限”组成的，柏拉图如何能单说它的性质是“无限”，从抄本 B 读如ἀπειρία呢？

这里所谓“界限”和“无限”究竟是什么意思？本节里所讲的个别事物和“一”的相互联结，从个别事物看去，即是它分有“一”。“一”的分有在它里产生了整一性，使它成为一个整个；因此它和其余的个别事物之间有了界限，即这个和那个之间的界限。另一方面它因此也和一切个别事物的总和（即这个实际世界）之间也有了界限，即这一部分和全体之间的界限。

这里所谓“无限”乃指从 158B（“既然……一”）以来所讨论的数量的无限。“数量的无限”的意义我们还可更进一步确定。以上（157C）我们已见到，“其它的是异于一，由于它们有部分”。所谓“部分”即指各个个别事物。每一个“相”或范畴只是单一的；个别事物则有无数的实例（Einzelfälle）：譬如人，则有无数的人；房屋，则有无数的房屋。具有无数的实例乃是个别事物的一个特殊性质，是它所以异于“相”或范畴的。（分有问题的困难即基础于此。）本节里所谓“无限”，即指这一个性质。但《费莱布斯篇》中所讲的“无限”完全与此不同，它指一个向两个相反方向无止境延长的联续（24E—25A）。

我们所以详细讨论这一节，因为我们要确定本篇“谈话”里的万有论，这件工作不但在海内还未有人知道去做，而且即在西洋也还未有人将它做成。这个万有论的真相我们必须待至将全篇研究了以后始能完全见到，然而这里可以笼统地先讲以下一点。这里的万有论是很别致的，和《费莱布斯篇》中的迥然不同。那篇中的万有论在历史方面很重要，它上承毕泰哥拉斯派的余绪（参看 Philolai fr. 2 Diels），下为亚里士多德哲学的先声。那里虽然尚无“物质”一概念，然而“无限”在构成万有里所尽的职务即是以后在亚里士多德哲学里“物质”所尽的职务。在本篇“谈话”里情形完全不同。柏拉图只就范畴的结合以解释实际世界，不取助于一个和“相”或范畴对立的原则(Gegenprinzip)，无论其为《费莱布斯篇》中的“无限”或《提马也奥斯篇》中的“接受者”，更休谈亚里士多德哲学中的“物质”。这个思想虽然在历史上未曾发生过很大的影响(关于这一点，新柏拉图派的曲解本篇“谈话”须负相当责任)，但在问题研究方面给我们一个特殊的观点；它看起来是一个有效果的始点(fruchtbarer Ansatzpunkt)。我们铸成一个术语，称这样的万有论为“Ahylismus”，因为它是彻底的非唯物论的。

【注 373】 158E—D“既然……诚然”——(III. 3.)这是第三组推论中的第三个推论，它从“如若一是”推论“其它的”和“无限”以及“界限”的关系。结果是：“其它的”既是无限，又分有界限。结论中的相反两点以“其它的分有一”为推论的共同远源。如若“其它的”分有“一”，“其它的”即不是一，乃是无限的多。由此产生结论中的第一点。再者，如若“其它的”分有“一”，它即有界限。由此产生结论中的第二点。这样，“其它的”所以有这两个性质，乃由于它分有“一”。这里结论的意义乃是：如若“一”和“是”结合，“其它的”有以下一对极端相反的性质：“无限”——“界限”，或这些在“其它的”里结合。

其它的岂不相互类似和不类似，并且也类似和不类 E

似它们自身?

怎样?

我想,一方面,既然它们皆是由于它们自身的性质而无限的,它们就是这样有同的性质。

诚然。

但是,再者,既然它们皆分有界限,它们就皆是这样有同的性质。

怎样不?

另一方面,既然它们就既是有限的又有无限这一性质,它们就有这些自身相反的性质。

159A 是。

相反的是最不类似的。

为何不?

依着这两个性质的每一个,它们既是类似它们自身又相互类似,依着这两个性质的总和,它们就既是这样又是那样极端相反的和最不类似的。

怕是如此。

这样,其它的既是类似又不类似它们自身,既相互类似又不类似。

是这样。

【注 374】 158E“其它……似它们自己”——“相互类

似”和“类似它们自身”的分别,参看[注 376(1)]。

【注 375】 159A“依着这两个性质的每……又相互类似”——这是以上 158E“我想……样不”一论证的结论。这个推论的最后根据是:“其它的”是无限的,和它们皆分有界限。柏拉图由此推论它们有“同的”性质,于是产生出这里的结论来。这个简单的推论所以值得我们注意的,因为在这里,柏拉图自己纠正了他以上在 II.9.里用比拟法单就形式推论所犯的错误(参看[注 280])。

【注 376】 159A“依着这两个性质的总……类似的”——(1)所谓“它们既是这样又是那样极端相反的……”乃指(一)它们是和它们自身极端相反的……以及(二)它们彼此是极端相反的……(比较上句“……它们既是类似它们自身又相互类似”)。(一)和(二)的不同点如下:假设以“甲”、“乙”代表它们(即“其它的”)。(一)指“甲”和“甲”是极端相反的,“乙”和“乙”是极端相反的;(二)指“甲”和“乙”、“乙”和“甲”是极端相反的。

(2)这是 158E—159A(“另一……何不”)中一论证的结论,它有可议之处。它只能由(1)“甲”、“乙”有相反的性质推出,即由“甲”有“子”性质,“乙”有“丑”性质推出;不能由(2)“甲”、“乙”同有自身相反的性质推出,即由“甲”有“子”和“丑”两个自身相反的性质,“乙”有“子”和“丑”两个自身相反的性质推出。由(2)所产生的正确结论不是:“甲”、“乙”是最不类似的,乃是和这个结论相反的一个结论:“甲”、“乙”是类似的。这一点是柏拉图自己在以上分析出来,当他由“有

‘异’的性质”推论“是类似”(参看[注 279]);但在这里它却将(一)和(二)两个不同的前提混乱了。然而这个混乱并非是我们完全不可想象到的(参看[注 280])。

【注 377】 158E—159A“其它……似是这样”——(III.4.)这是第三组推论中第四个推论,它从“如若一是”推论“其它的”和“类似”以及“不类似”的关系。Diès (ibid p. 104.I)笼统地比较这段和 II.9.(参看[注 283]),但忽略了那我们不应当忽略的两段中的区别。这个区别即是:这里的推论一方面纠正了那里的推论所犯的错误(参看[注 375]),另一方面却犯了那里所未犯的(参看[注 376(2)])。这里所得的结论是:“其它的”既是类似又不类似它们自身,既是相互类似,又不相互类似。它的意义乃是:如若“一”和“是”结合,“其它的”在两对极端相反的形式里有以下一对极端相反的性质:“类似”——“不类似”,或这些在“其它的”里相互结合。

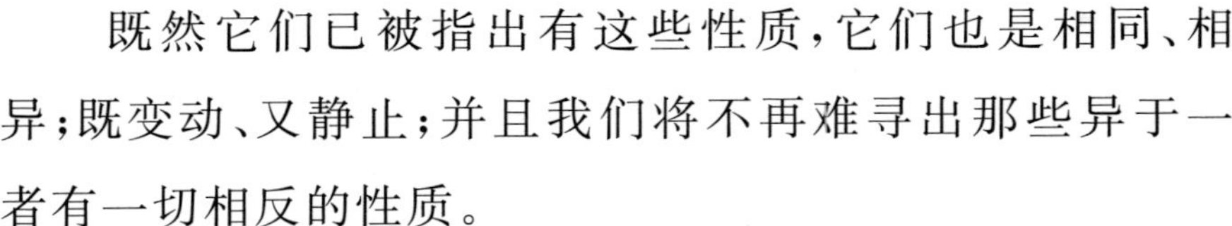

既然它们已被指出有这些性质,它们也是相同、相异;既变动、又静止;并且我们将不再难寻出那些异于一者有一切相反的性质。

B 你讲得对。

【注 378】 159A“既然……的性质”——凡熟悉柏拉图的著作的人皆知道,他喜欢在紧要关头将那最后一句话丢开不讲;这里即是一例。柏拉图在第三组推论里目的在推论“其它的”和各对极端相反的以及各组相反的关系；然而明白的推论却仅止于“类似”——“不类似”。关于其余的那些对极端相反的以及那些组相反的，那些在第一、第二两组推论以及第二组推论的附录里所论的，除了简单地肯定：“其它的”“也是相同、相异；也变动、也静止”以外，柏拉图只笼统地讲“并且我们将不再难寻出那些异于一者有一切相反的性质。”所谓“一切相反的性质”，自然除了那些在 III. 1. —4.（157B—159A“我们不……似是这样”）以及在本节里已明讲的以外，还包括那些尚未讲的。在后者里，对于我们所要解决的问题最重要的一组相反的乃是：“已是”、“正是”和“将是”。既然“异于一的有一切相反的性质”，它们必也已是、正是和将是。如若它们已是、正是和将是，那么，依据以上的一个中心思想：“是”的分有只有这三种样式（参看［注 226］以及［注 338(1)］），它们是，在一切样式里是。从这里产生一个对于全篇“谈话”的了解十分重要的结果，然而它的完全意义我们只有在研究了第四组推论以后，始能看出（参看［注 393(1)］）。

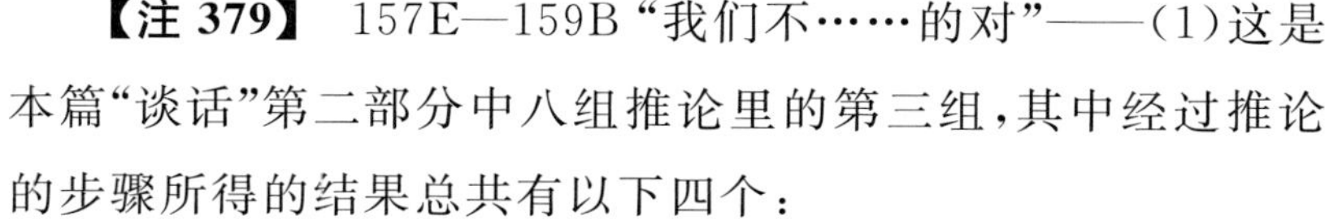

【注 379】 157E—159B“我们不……的对”——(1)这是本篇“谈话”第二部分中八组推论里的第三组，其中经过推论的步骤所得的结果总共有以下四个：

（一）“其它的”既分有“一”，又是多；

（二）“其它的”既有部分，又分有整个；

（三）“其它的”既是无限，又分有界限；

（四）“其它的”既是类似又不类似它们自身，既是相互类似又不相互类似。

未经过明白论证的结论共有以下两个：

(一)“其它的”既是相同，又是相异；

(二)“其它的”既变动，又静止。

第一、第二两组推论以及第二组推论的附录里所讲的其余的相反性质，柏拉图告诉我们不再难寻出，并且我们已补充了些出来(参看[注 378])。本组结论的意义乃是：如若“一”和“是”结合，结果必是每一对极端相反的或每一组相反的在“其它的”里结合。

本组推论在全篇中的职务乃在指出，在什么条件下每一对极端相反的以及每一组相反的性质在“其它的”里相互结合而不相互分离。这个条件乃是：如若“一”和“是”结合。“其它的”不是“一”，然而分有“一”。因此极端相反的以及相反的性质乃一对一对地或一组一组地在“其它的”里结合。这以“一”和“是”的结合为条件；否则“一”自身即遭毁灭，“其它的”自然不能分有它。因此“一”和“是”的结合，乃是极端相反的以及相反的性质在“其它的”里结合的条件。

(2)本篇第一部分余留下的五个问题之一是极端相反的性质怎样在个别事物里相互结合(参看[注 143(1)])。它在这里虽然还未得着完全的解答，然而第三组推论已指明出来，在什么条件下极端相反的性质相互结合。这对于这个问题的解答已接近一步了。

如若我们认这几点为明晰，我们岂不要再进一步研究，如若一是，那些异于一的不是如此么，还是只是如此？

诚然。

让我们从头讲起，如若一是，异于一的应有什么性质？

让我们讲。

那么一岂不是和其它的、其它的和一分离么？

为何？

因为，我想，在这些以外无另一个，它一方面是异于一，另一方面是异于其它的；因为当一和其它的被人称道时，一切皆是被称道了。 C

一切。

那么不再有一个异于这些的，一和其它的在它里如在同一个里。

没有。

那么一和其它的永远不在同一个里。

看起来不。

那么分离？

是。

【注 380】 159B“认这……明晰”——ὡs的原义是“让”、“放置”等等；这里意译为“认”。这句的意思是，我们认以上的结果为明晰，不再去考究它们（即放置它们）。

【注 381】 159B“如若一是”——这是第四组推论的假

设。正如 Stallbaum（ibid ad loc.）所说的 nam ἓν εἰ ἔστιν nunc idem est quod ἓν εἰ ἓν ἔστιν，它是和第一组的假设相同(参看[注 171])。

【注 382】 159B—C“如若我……离是”——(1)这一段是第四组推论的中心部分，它讨论“一”和“其它的”之间的分离。我们已知道，“一”是一个“相”，用作实例代表任何的“相”的，“其它的”乃是个别事物(参看[注 361(2)])。这样，“一”和“其它的”将一切“是者”或万有包括无遗。如若人将万有剖分为两部：一方面是“相”，一方面是个别事物，那么它们之间即不能再有联络。因为此外无一个同时异于它们的将它们合拢来。这样的分离乃由于“一”的孤立，即由于“一”；是“一”如若它是和“是”结合的，即不会产生出这样的结果来。因为“是”包罗万有，“一”和“其它的”可以在“是”里结合。

(2)这样的分离我们以上已见过了，它即是“少年苏格拉底”的“相论”所主张的(参看以上 130B“你自……样想”)。这人虽然如此主张，但未能看清，“相”和个别事物的分离乃是另一种分离——“相”和“相”的分离——的必然结果。这两种不同的分离中间的联系，本段指明出来；同时我们从这里可以很清楚地看出，要避免相“和”个别事物分离的困难，必从更深一点入手，即避免“相”和“相”的分离。柏拉图怎样完成这一点，我们随即见到。

我们不肯定真实的一有部分。

自然。

那么一既不整个地也不部分地在其它的里，如若它是和其它的分离，又没有部分。

自然。

那么其它的在无一样式里可以分有一，既不部分地 D 也不整个地分有。

看起来不。

那么其它的在无一情况下是一，也不具有一在它们里。

诚然不。

【注 383】 159C“部分的”——这是μόρια αὐτοῦ的意译；直译是：它的部分。因为柏拉图在这里所要讲的不是：“一”的部分不在“其它的”里（因为他刚才讲了，“真实的一没有部分”，而且这里又提到这点），所以译如上。

【注 384】 159C—D“我们……来不”——这个论证所得的结果，我们在以上 130E—131E（“你且……容易”）一段中已见过了，那里“巴曼尼得斯”批评“少年苏格拉底”的“相论”中的“分有”。许多柏拉图学者以为“巴曼尼得斯”在本篇“谈话”第一部分里所加于“少年苏格拉底”的“相论”的批评皆在第二部分里遭了反驳。这里我们又得着一个实例，证明他们的解释是错误的，因为那个批评在这里并未遭了反驳。（参看［注 256(2)］）。

那么其它的也不是多，因为如若是多，它们里的每个是整个的一部分了；然而现在异于一的既不是一，也不是多，既不是整个，也不是部分，既然异于一的在无一情况下分有一。

对。

那么其它的自己既不是二，也不是三，也没有二、三在它们里，如若一在一切情形里被剥夺去了。

E 是这样。

【注 385】 159C—E“我们……这样”——(IV. 1.—2.)这一段从“如若一是”推论“其它的”既不分有“一”，不是“一”，又不是多；既不是整个，也不是部分。这个结论的意义乃是：如若“一”是隔离了孤立的，“其它的”没有以下极端相反的性质：“一”——“多”、“整个”——“部分”，或说它们不在“其它的”里结合。

本段比较 III. 1.—2.(参看[注 368])。两处的结论表面上看起来仿佛是矛盾的，然而事实上它们并不冲突；因为第三、第四两组推论的假设不是相同的(参看[注 361(1)]和[注 381])。

第三组推论中其它的推论和第四组推论中其它的推论的相互关系，和这里所讲的相同。以下准此，不逐一重述。——比较第一组中各推论和第二组中各推论的相互关系(参看[注 239(2)])。

那么其它的自身既不是类似、也不是不类似一，类似和不类似也不在它们里；因为假设它们既是类似的、又是不类似的，或者有类似和不类似在它们自身里，那些异于一的就要有两个自身相反的相在它们自身里。

显然如此。

但是凡不分有一的不可能分有任何两个。

不可能。

那么其它的不是类似的或不类似的，也不是既类似又不类似的。因为如若它们是类似的或不类似的，它们 160A
要分有这一个或那一个相，如若它们既是类似的又是不类似的，分有两个相反的；但这已证明为不可能。

显然。

【注 386】 160A“分有这……个相”——这是意译；直译应是：分有一个别的“相”。“一个别的”指两个中间的这一个或那一个，因为这一个是那一个的别的，那一个是这一个的别的。这句话的意义乃是：如若它们是类似的，它们要分有一个别的“相”（即“类似之相”），如若是不类似的，分有一个别的“相”（即“不类似之相”）。但我们表达同一个意思和希腊人不同，因此意译如上。

【注 387】 159E—160A“那么其它的自……显然”——（IV. 3.）这是第四组推论中的第三个推论，它推论“其它的”和“类似”以及“不类似”的关系；推论的根据是 IV. 1.（参看

[注385])。"其它的"既不分有"一",即不能分有"类似之相"和"不类似之相"中的一个或那一个,更不能分有它们两个。结论是:"其它的"既不是类似的,也不是不类似的。它的意义乃是:如若一是隔离了孤立的,"其它的"无以下一对极端相反的性质:"类似"——"不类似",或说这些不在"其它的"里结合。

那么其它的既不是同的,也不是异的,既不变动,也不静止,既不产生,也不消灭,既不大些,也不小些,也不等,也无这类性质中的任何另外一个;因为如若其它的带有这样的任何一个性质,它们将分有一、二、三以及奇和偶,

B分有这些已被指明它们不能,因为它们在一切情形、一切样式里被夺去一了。

极其明显。

【注388】 160A"既不产生……消灭"——"产生"和"消灭"是一对极端相反的动的范畴,它和其余几对动的范畴同见于第二组推论的附录里(参看[注360(1)])。柏拉图既在这里提出这一点来:"其它的""既不产生,也不消灭,"由此可知,那些他在第四组和第三组推论里(参看以上159A"并且……的性质")未明白讲出的相反的性质,不仅包括第一、第二两组推论里所讲的,而且也包括第二组推论的附录里所讲的。

【注389】 160A"也无……外一个"——这就是说,也无

其它任何一个性质像以上所讲的那些性质的。这里所指的即是那些在第一、第二两组推论以及第二组推论的附录里已讲了、但在第四组推论里未讲的相反的以及极端相反的性质。正像在第三组推论里，柏拉图未曾明白地讨论“其它的”和每一对极端相反的以及每一组相反的性质的关系，但大部分只笼统地讲了，至于详细的情形则留待他的读者按照他的思路去补充，在第四组推论里情形也是如此。正如我们在第三组推论里将那对于解决我们的问题重要的一组相反的补充出来（参看［注 378］），这里我们也必做同样的工作。“其它的”既无那些相反的性质中的任何一种，它们必也不已是、正是或将是。这样，它们不是。这个结论有重要的意义（参看［注 393（1）］）。

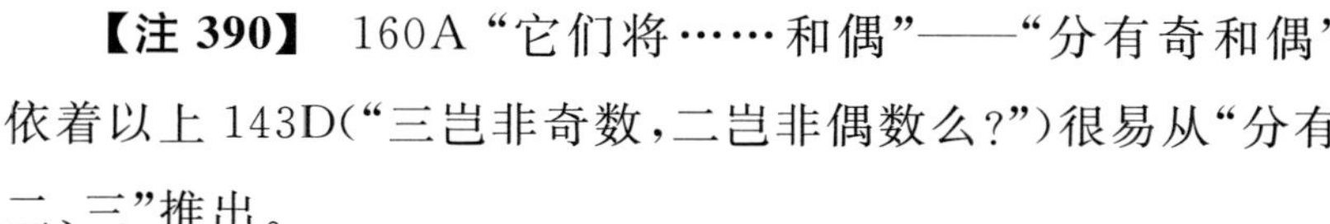

【注 390】 160A“它们将……和偶”——“分有奇和偶”依着以上 143D（“三岂非奇数，二岂非偶数么？”）很易从“分有二、三”推出。

【注 391】 159B—160B“如若我……明显”——（1）这是本篇“谈话”第二部分中八组推论里的第四组；推论的结果如下：

（一）“其它的”既不分有“一”，不是“一”，也不是多；

（二）“其它的”既不是整个，也不是部分；

（三）“其它的”既不是类似，也不是不类似；

（四）“其它的”既不是同，也不是异；

（五）“其它的”既不变动，也不静止；

（六）“其它的”既不产生，也不消灭；

（七）“其它的”既不是大些，也不是小些，也不是等；以及

（八）“其它的”也无见于第一、第二两组推论和第二组推论的附录中的其余极端相反的和相反的性质。

总之，凡在第三组推论里被肯定为“其它的”的性质的在第四组里皆被否定了。这个结论的意义乃是，如若“一”是隔离了孤立的，结果必是：每一对极端相反的以及每一组相反的不在“其它的”里结合。

本组推论在全篇“谈话”里所尽的职务乃在指出，在什么条件下“其它的”无任何一对极端相反的或一组相反的性质，或在什么条件下这些不在“其它的”里相互结合。这个条件乃是：如若“一”是隔离了孤立的。

（2）这里的结论和第三组推论的结论（参看［注 379（1）］）是极端相反；它们的条件也只能在思想里并存，不能同时同样地符合客观情形。于是产生出以下的问题：究竟它们里哪一组推论的条件符合客观情形？

这个问题的解答是很明显的。本组推论对于第三组正如第一组对于第二组；本组的假设即是第一组的假设，第三组的也即是第二组的。我们以上已见到，依照柏拉图的意见，第一组的假设只是思想方面可能的，并不符合客观情形；只有第二组的既是思想方面可能的，又符合客观情形（参看［注 344（2）］）。那么关于第四组的假设和第三组的假设情形也正相同。不仅如此，再从个别事物有极端相反的性质看——如“少年苏格拉底”在本篇里所指示（以上 129C—D），柏拉图所认许的——我们也可以得到同样的结论。

(3)这样,极端相反的性质怎样相互结合一问题在此解决了。它的解答乃是:它们只在一个条件下结合,即一个“相”或范畴,比如“一”,和另一个,比如“是”,结合。“少年苏格拉底”努力而无成就的工作,“巴曼尼得斯”在这里代他相当地完成了(参看[注 464(2)])。而且我们从这里可以看出“少年苏格拉底”所以失败的原因。他欲以个别事物分有和它分离的“相”来解答问题(参看[注 58(1)]),这正与客观情形相违背。“相”或范畴间的相互结合,规定极端相反的性质在个别事物里结合;“相”或范畴的相互分离,规定极端相反的性质在个别事物里的分离。“相”和个别事物的分离,由于“相”或范畴的相互分离(参看[注 382(2)])。解释极端相反的性质怎样在个别事物里相互结合,应以一种——依照《哲人篇》里的术语——“通种”论:“相”或范畴的相互结合;不应以一种分离论:“相”和个别事物的分离。

(4)从本篇“谈话”原始问题直接产生的另一个问题乃是:极端相反的“相”是否相互分离而不相互结合?我们以上(参看[注 344(2)])已见到,依照柏拉图的意见,它们是相互结合,不是相互分离的。关于这同一个结论,我们从这里可以有另一个证明。“少年苏格拉底”所以既是一又是多,乃因为一个“相”或范畴和另一个“相”或范畴,比如“一”和“是”结合。如若它们不相互结合,“一”和“多”两个极端相反的性质即不能在“少年苏格拉底”里相互结合。这样,根据现象“一”是和“是”结合的,不是从“是”隔离了孤立的。极端相反的“相”或范畴相互结合,却不相互分离,即由于“一”和“是”的结合(第二组推论)。因此从现象已证明,极端相反的“相”或范畴是相互结合的。

这样,如若一是,一既是一切,又不是任何一个,相对于它自身并同样地相对于其它的。

完全是这样。

【注 392】 160B“又不……一个”——这句抄本 T 读如 οὐδὲ ἕν,抄本 B 读如……οὐδὲν(apparatus criticus apud Burnet et Diès)。Burnet 和 Diès 的两种校勘本皆从 T。但我们以为此处 B 有一特长。第一组推论的结果虽然是“一”不是“一”,然而“一”不仅是如此,它也不是多、不是同和异、不变动、不静止……。这样,单言“一”不是“一”,不足以综括第一组推论的全部结果;反之,若言“一”不是任何一个,就能如此。因此从抄本 B 译如上。

【注 393】 157B—160B“我们不……是这样”——我们已将第三、第四两组推论一步一步地解释了。然而这样零碎的研究还未能将它们的整个的意义讲出来;完成这一点,我们必须综合地观察它们。

(1)我们以上已见到(参看[注 143(1)]),本篇“谈话”的第一部分在尚未在它里面发展出的五个问题解答以前即结束了。这些问题里的两个是由本篇原始问题分化出来的,它们是:(一)极端相反的“相”是否相互分离而不相互结合;(二)极端相反的性质怎样相互结合。其余的三个是由“少年苏格拉底”的“相论”引起的，它们是（三）“相”和个别事物对立的问题，（四）“相”和个别事物分离的问题，以及（五）个别事物分有“相”的问题。第一个问题已在第二组推论末从一方面得到解答（参看[注 344(2)]），并且那里的结论在第四组推论末（参看[注 391(4)]）。又得到一个回证（Rückbegründung）。第二个问题在第四组推论末也得到解答（参看[注 391(2)]）。现在剩余下尚未解决的只是（三）至（五）三个问题。

我们以上又见到（参看[注 143(2)]），这三个问题不是自然的问题，乃是基础于特殊思想的问题。依照柏拉图的意见，它们是“少年苏格拉底”的“相论”所有的困难，它们不是能积极解决的；否则那个“相论”可以成立，它反要成为真理了。柏拉图既指明那个“相论”无法避免的三个困难来，以后的事乃是建设一种关于“相”的新学说：它一方面可以解答第一、第二两个问题，另一方面不陷于那三个困难里。这个新学说即存于第三、第四两组推论里。

我们以上已指出来，怎样柏拉图在第三组推论里未曾将他所要讲的一一明白地讲出来，在第四组里情形也与此相同。在那些未明白讲出来的几点里，我们已先后指明以下两点：（一）关于第三组推论的是：“其它的”已是、正是和将是，或“其它的”是，在一切样式里是；（二）关于第四组推论的是：“其它的”也不已是、正是或将是，或“其它的”在无一样式里是（参看[注 378]和[注 389]）。我们还可进一步严密证明，怎样这两点确是柏拉图在那两组推论中所要讲而未明白讲的，因为它们是,依照他的思想路线,那些在那两组中已讲的必然结果。比如由 IV.(三)和 IV(七)(参看[注 391(1)])根据 I. 10.(参看[注 218])的论证产生以下的结果,即“其它的”不分有年龄;由这里根据 I. 11.(参看[注 223])的论证产生以下的结果,即“其它的”不在时间里;从这里根据 I. 12.(参看[注 227])的论证产生以下的结果,即“其它的”在无一样式里是。关于(一)“其它的”在一切样式里是,我们也可类似地证明。从这个详细的叙说,我们始可看出(一)和(二)两点的重要意义来。第(一)点,“其它的”在一切样式里是,乃是一切“相”或范畴在它里结合的结果;第(二)点,“其它的”在无一样式里是,乃是它们不在它里结合的结果。这样,第三组推论的结果相当于第二组的;第四组的相当于第一组的。(这也非出于偶然,因为那两组只有一个共同的假设,这两组也只有一个共同的假设。)第一、第二两组结论的意义我们已在另一处见到(参看[注 339(2)]);第三、第四两组结论的意义乃是:只有一切的“相”或范畴结合起来,始有个别事物,或说“相”或范畴的结合构成个别事物;如若它们不结合,即无个别事物。这就是讲:个别事物非它,只是“相”或范畴的结合,或用我们的名词讲,只是“相”的集体或“范畴集体”。柏拉图在第三、第四两组推论里诚然从“其它的”出发,再讨论它和“一”——“多”……的关系,结果则发现,只有一切的“相”或范畴结合起来,始有个别事物;然而这点不足为他诟病,因为 ratio cogniscendi 和 ratio essendi 永远是颠倒的。

这是柏拉图的一个新的“相论”,即是我们以上称它为

Ahylismus 的(整个系统中无物质)。它不但在他的思想发展史上,而且在系统哲学方面也是很重要。尤其在国内,我们应当特别提出这一点来。国内关于柏拉图哲学的认识似乎还只限于《费都篇》——《国家篇》仿佛即是柏拉图哲学的代表。这自然是一隅之见。这里的“相论”和那里的完全不同:那里的是——如若我们用两个口号式的名词来表示——一元唯善论,这里的乃是多元范畴论。

我们发现这个多元范畴的最后根据乃是柏拉图自己的话,即一切相反的性质属于“其它的”。我们的解释是一个新的解释,因此势难免于那些受了由十九世纪以来形成的一种关于柏拉图哲学中“分离问题”的传统解释的影响的人的反对(至于关于这一问题的传统解释不足信,参看陈忠寰:《分离问题》,德文版,§3B)。若果有人以为以上所讲的还不足以证明柏拉图有这思想,那么我们除了一个反证(见本条4)以外必须援引外在的证据了。《哲人篇》中的“通种”的学说目的即在解决“分离问题”;它的解决即是“种”的联合(参看陈忠寰:《分离问题》,德文版,§§16—21)。《哲人篇》和本篇的关系密切,是无人可以置疑的;柏拉图在那篇里让“苏格拉底”提到这人少时和“巴曼尼得斯”的会晤(133E)。这是柏拉图援引本篇的方法(参看[注21]);他暗示我们,两篇“谈话”中的思想联贯不可分,我们应当互相参考的。

(2)这个新的“相论”所以优于“少年苏格拉底”的“相论”处,我们不难看出。那个“相论”所有的三个困难在这个多元范畴论里绝迹。这个“相论”的特点乃是解化(auflösen)个别事物于“相”或范畴里。因此(一)它无“相”和个别事物对立的困难。万有中根本无个别事物,如若“相”或范畴不结合起来。这样,“相”或范畴和个别事物根本不是对立的;后者只存于前者里。

同样,(二)“相”和个别事物分离的困难在这里也不会产生。因为如若“相”或范畴不相互结合,根本即无个别事物;如若一个“相”或范畴不和其它的“相”或范畴结合,个别事物还未形成。“相”或范畴如何能和那还未形成的分离?“相”和个别事物的分离必先有它们的对立;它们既不对立,自然也不分离。

(三)分有的困难在这里不像其它两个困难完全无从产生,它乃变为另一问题。“相”既然不是和个别事物对立的,也不是和它分离的,自然也无个别事物分有“相”的问题;然而因为“相”或范畴的相互结合构成个别事物,于是产生它们怎样结合的问题。这个问题乃是这个新“相论”的中心问题。如若它不能解答这问题,它必如“少年苏格拉底”的“相论”不能解答分离问题而归于失败。这个问题不是可以笼统解答的,必须就着“相”或范畴一个一个地讨论。本篇“谈话”第二部分里的八组推论以及一个附录,实际上只是从正面和反面去指明,它们怎样相互结合和怎样不相互结合。第二组推论所以如此长,占全篇四分之一左右,乃因为在那里,柏拉图详细地指明出来,它们如何相互结合。

如若我们从这里回忆以上第一和第二两组推论中的结果(参看[注 339(2)]),我们可见,如若一个“相”或范畴不和其余的“相”或范畴结合，不仅个别事物还未形成，而且那个“相”或范畴自身即在无一样式里是。因为每一个“相”或范畴皆不能单独地是：它只在和其余的“相”或范畴的联合里方在一切样式里是；如若它和它们隔离了，它即在无一样式里是，我们刚才（本条 1.）又见到所谓“个别事物”依照柏拉图的意思只是“相的集体”或“范畴集体”。这样，既无离开实际世界的“相界”，如柏拉图哲学的传统解释所肯定的，也无任何一个“相”或范畴离开其余的“相”或范畴单独地是。“相”或范畴只在相互结合里是；“相的集体”或“范畴集体”即是个别事物。两种不同的分离——“相”和个别事物的分离以及“相”或范畴间的相互分离——所引起的困难，柏拉图在这里一举解决了。解决的方向乃是由“通种”至个别事物的由“相”或范畴的联合构成；这正如我们以上所推测的（参看[注 143(2)]）。

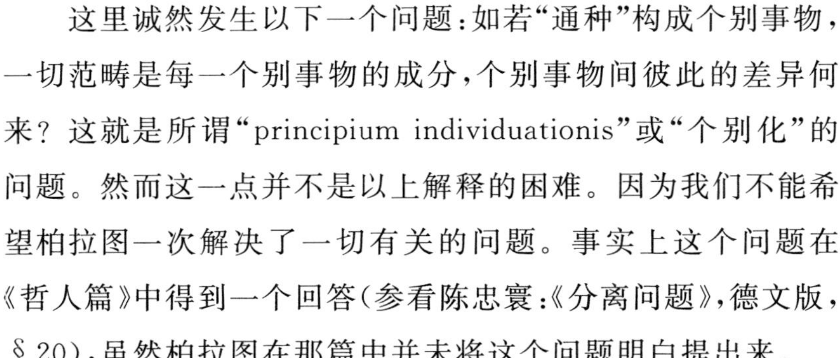

这里诚然发生以下一个问题：如若“通种”构成个别事物，一切范畴是每一个别事物的成分，个别事物间彼此的差异何来？这就是所谓“principium individuationis”或“个别化”的问题。然而这一点并不是以上解释的困难。因为我们不能希望柏拉图一次解决了一切有关的问题。事实上这个问题在《哲人篇》中得到一个回答（参看陈忠寰：《分离问题》，德文版，§20），虽然柏拉图在那篇中并未将这个问题明白提出来。

（3）如若我们从这里回顾第二组推论的附录，我们可以发现它的另一意义。在第二组推论里所讨论的“相”或范畴除了“变动”以外皆是静的范畴。这样，在那组里动的范畴怎样相互结合还未被讨论到。因此在那里推论的附录里柏拉图指明出来，怎样“是的一”又产生、又消灭，又类似化、又不类似化，既生长、又萎缩、又等量化，既运动、又静止。“是的一”，即和“是”结合的“一”，乃是最简单的“相的集体”或“范畴集体”。现在我们知道，个别事物只是“相的集体”或“范畴集体”，那么“是的一”可谓为个别事物的初步（虽然范畴的结合并非在时间里一个一个先后增加的）。以上那四种极端相反的和相反的变动乃是个别事物的特征。所以人在讨论范畴如何相互结合以构成个别事物时，不能将它们遗漏。柏拉图即就着那个别事物的初步指明出它们来。那个附录诚然如 Wundt（a. a. O. S. 41）所说的是一个中介，它所讨论的是一个过渡；但非如他所说的，是第一、第二两组推论间的中介，乃是第二、第三两组间的（正如它在篇中的位置所表示的）；又非讨论“一”由一种状况过渡到别一种，乃讨论由一个一个的“相”或范畴过渡到个别事物。它的对象即是最简单的“范畴集体”，即是个别事物的初步。

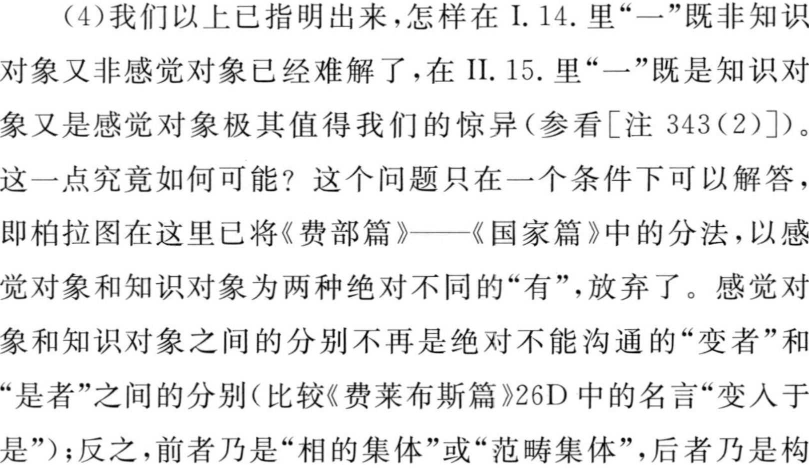

（4）我们以上已指明出来，怎样在 I. 14. 里“一”既非知识对象又非感觉对象已经难解了，在 II. 15. 里“一”既是知识对象又是感觉对象极其值得我们的惊异（参看［注 343（2）］）。这一点究竟如何可能？这个问题只在一个条件下可以解答，即柏拉图在这里已将《费部篇》——《国家篇》中的分法，以感觉对象和知识对象为两种绝对不同的“有”，放弃了。感觉对象和知识对象之间的分别不再是绝对不能沟通的“变者”和“是者”之间的分别（比较《费莱布斯篇》26D 中的名言“变入于是”）；反之，前者乃是“相的集体”或“范畴集体”，后者乃是构成这个集体的成分。因此"是的一"、最简单的"相的集体"或"范畴集体"既是感觉对象,又是知识对象。它是感觉对象,因为它是"范畴集体";它是知识对象,因为它是"范畴集体"。这就是讲,I. 14. 里的和 II. 15. 里的结论所给我们的问题,只有从以上所讲的多元范畴论的立场始能解答,否则不能。如若人能承认,柏拉图在那里所讲的只是一句无意义的话而已;否则人无法否认我们以上所解释的多元范畴论确是柏拉图在这里的主要思想。

(5)以上"巴曼尼得斯"曾就着认识批评"少年苏格拉底"的"相论"中的"相"和个别事物分离。我们已指出来,那里还有个待解决的问题(参看[注 137(2)])。关于那个问题我们已一步一步地寻出解答来(参看[注 231(4)]和[注 343(3)]),然而整个的解答在这里始能得到。由"相"相互有关系推论"相"是不可知的,是"所言不真",因为"一"和其它的"相"或范畴结合正是它可知的原因。由"相"和个别事物的分离推论"相"是不可知的,"乃看起来讲了些合宜的话"。其原因如下:我们知道,依照柏拉图的意思,个别事物只是"相的集体"或"范畴集体"。如若一个"相"或范畴和个别事物分离,这乃是它和其它的"相"或范畴分离。但这样的分离毁灭了那个"相"或范畴自身(参看[注 228(1)])。这样的"相"或范畴乃是无,关于无是没有知识的。因此它是不可知的(参看[注 231(1)])。

好,在这个以后我们岂不应当研究,如若一不是,什

么结果应当产生么?

我们应当研究。

什么是这个假设:如若一不是?它和以下一个:如若非一不是,有些差别么?

自然有。

C 讲:如若非一不是,仅仅别于讲:如若一不是,还是和这个完全相反?

完全相反。

如若人讲:如若大不是,或如若小不是,或这类中其它的,在每一情形里可是清楚,即"不是"意谓某某异的?

诚然。

现在岂不也是清楚,当人讲:如若一不是时,"不是"意谓异于其它的,并且我们懂得他所说的。

我们懂得。

那么,当人讲一时,第一,他讲了某某可知的,再者,异于其它的,无论他在一后面增加是或者增加不是;因为我们并不少知道些,什么是被称为不是的,以及它是异于其它的。不这样么?

D 必然的。

【注 394】 160B"如若一不是〔什〕"——这是第五组推论的假设。由第一组至第四组推论的假设皆是肯定形式的:

“如若一是”。由第五组至第八组推论的假设皆是否定形式的:“如若一不是”。前四组的假设,因为着重点并不在每组推论里皆同,事实上是根本不同的两个假设,其中一个已隐含着否定的意义(如若“一”是隔离了孤立的,即如若一是不和其它的范畴、比如“是”结合的)。同样,后四组的假设,因为否定词的意义不同,事实上也是根本不同的两个假设,其中一个乃是肯定的。至于第五组推论的假设究竟是什么意义,参看[注395]。

【注 395】 160C“当人讲如……谓异于其它的”——(1)这是第五组推论的假设;所谓“如若一不是”指:如若“一”是异于“其它的”。这是“不是”的相对的意义,否定的范围只限于某一点,它和“不是”的绝对的意义不同。相对的“不是”只是“异”;然而“异”正和“同”一样,不是绝对的“不是”,乃是“是”。这样,本组的假设事实上乃是肯定的。

依据柏拉图在本篇“谈话”里的思想,“是”有范围广狭的两种;“不是”有绝对的和相对的两种。相对的“不是”乃是狭义的“是”的另一方面;它们同是广义的“是”的不同的两方面。这牵涉到本组推论中另一段里的思想,详细的讨论留待以后(参看[注414])。至于绝对的“不是”,正如巴曼尼得斯所说的,完全“不是”,是不可思想言说的。

(2)柏拉图分辨两种“不是”以及确定相对的“不是”不是“无”,乃是“异”,是《哲人篇》中重要的学说。他在那篇中详细论证(256D—259E),不似这里简单的讨论。然而在这个简单的讨论里那个重要的学说已见端倪了(参看[注272])。

【注 396】 160B—D“好在……然的”——这一段分析第五组推论的假设:“如若一不是”。分析的结果是以下两点:(一)这个否定的假设有一定的意义;人知道,其中的主词指什么,不亚于知道相当于它的、肯定的假设里的主词。(二)“不是”在这里只是相对的;“如若一不是”意即:如若“一”是异于“其它的”。

那么我们应当这样从头讨论:如若一不是,应有何结果。第一,看起来这一点应属于它,即有以它为对象的知识;不然,当人讲如若一不是时,他所讲的就要不被了解。

显然。

【注 397】 160D“那么……显然”——(V.1.)这是第五组推论中第一个推论;这里的论证以以上一段中分析本组推论的假设所得结果之一(参看[注 396])为基础,推论有以“一”为对象的知识。这个结论的意义乃是:如若“一”和相对的“不是”结合,“一”也和可知性结合。

其它的岂不也是异于一,否则一不能被称为异于其它的?

诚然。

E 那么,知识以外,一也还有异的性质。因为当人讲一异于其它的时,人不说属于其它的异的性质,乃说属于一的。

显然。

【注 398】 160D—E“其它的岂……显然”——(V.2.)这是第五组推论中的第二个推论;它的结论是“一”有“异”的性质。推论的根据是以上分析本组推论的假设所得的第二个结果(参看[注 396])。这个结论的意义是:如若“一”和相对的“不是”结合,“一”也和“异”结合。

这里的论证不简洁。除了上述的那个主要结论而外,这里还有另一个结论,即“其它的”是异于“一”。“巴曼尼得斯”先从“一”是异于“其它的”推论“其它的”是异于“一”,再从“一”是异于“其它的”推论“一”有“异”的性质。第一、第二两个结论是并列的,即达到第二个结论的论证无须第一个结论。第五组推论的对象是“一”,不是“其它的”;因此第一个结论可以省略。

再者,不是的一分有“那个”、“任何一个”、“这个的”、“属于这个”、“这些个的”以及一切类似的;因为如若一不分有任何一个,也不分有这些其它的,它不能被称道,异于一的也不能,也无任何的属于它或是它的,关于它也无任何的可说。

对。

如若一不是,是不能属于一,然而无任何的阻止它有

161A 多，但这却是必然的，如若那个一不是，并非其它的也不是。如若果然一既不是，那个也不是，然而言论却关于任何其它的，那么必然无一可说了。如若那个一被假设为不是，其它的不也被假设为不是，一必也分有那个和许多其它的。

诚然。

【注 399】 160E“这个的”——关于“这个的”以及其类似的词句的译文参看[注 329(1)]。

【注 400】 160E—161A“如若一不是……也不是”——(1)这是这一段(160E—161A“再者……诚然”)中我们最应当注意的一句话，它讲出本篇“谈话”中以《哲人篇》中的一个基本思想来。我们且逐步地解释。所谓“不是”指相对的“不是”；“如若一不是”指如若“一”是异于其它的(参看[注 395(1)])。“是不能属于一”中所谓“是”即是上半句——“如若一不是”——中的“是”，即“是其它的”。那么“如若一不是，是不能属于一”意谓：如若“一”是异于“其它的”，“一”即不是“其它的”。它虽然不是“其它的”，然而毫无一点可以阻止它在许多样式里分有以上一节中所讲的那些：“那个”、“任何一个”……(160E)。并且这个分有是必然的，如若一是异于它们，但它们并不也是异于它们(这个条件副句的意义，参看[注 401])。

(2)这里重要的思想，若用一句话讲出，即是：“非甲”分有“甲”。正像“甲”不是“乙”，“甲”方分有“乙”。“甲”所以分有

“乙”,正由于它不是“乙”(参看以上 143B“如若一……有是”,158A“每一……一了”,同页 B“那么……一么”,又“让我……了一”)。本篇 142B 里所讲的即是这个思想的特殊表现。“一”的“是”和“一”不是同一的,因为否则“是”不是那个的“是”,那个,即“一”也不分有“是”。在《哲人篇》里这个思想乃是“通种论”中的重要一点,即“最普遍的种”并非两两同一的,但每一个和其它的联合(256A—E)。这样不同的范畴,正因为它们是不同的,相互联结,以构成这个实际世界。一方面范畴虽是许多个,但它们并不是每个隔离了孤立的,却相互结合组成一个世界;这样,“分离”的困难不致产生。另一方面世界虽是一个,但它的最高原理并不是单一的,却是许多相互结合的范畴;这样《国家篇》里的一元论是抛弃了。

【注 401】 161A“如若果……说了”——这句插入“如若一……多其它的”一节中,其职务在解释上一句中条件副句——“如若那……也不是”——的;因此可以将它放在括弧内。它的意义如下,原来的假设是:“一”不是,即“一”是异于其它的;如若“其它的”也“不是”,即“其它的”也是异于“其它的”,然而言论却必关于任何其它的,在这一情形下必无可说了。因为原来所以推论“一”分有其它的,其根据乃是其它的是其它的。如若现在其它的也是异于其它的,这个推论即不可能。

【注 402】 160E—161A“再者……诚然”——(V. 3.)这是第五组推论中的第三个推论,它从“不是的一”推论它和那些不是“一”的在许多形式里有关系。它的意义乃是:“一”和它们有许多种关系，如若它和相对的“不是”结合。

那么相对于其它的一有不类似的性质，因为其它的，以它们是异于一，是异类的。

是。

异类的岂非它类的么？

怎样不？

它类的岂非不类似么？

B 诚然不类似。

如若其它的是不类似一的，那么，这是清清楚楚的：不类似的是不类似不类似的。

清清楚楚。

一也要有不类似的性质，相对于这个其它的是不类似一的。

看起来如此。

【注 403】 161B“不类似的是……似不类似的”——异的是异于异的，乃是本篇“谈话”中基本思想之一（参看[注203]）。所谓“不类似”即是有“异”的性质（参看以上 140B、148C，并[注 281]）。这样，这里的原则：不类似的是不类似不类似的，乃是那个基本思想在一特殊形式里的表现。

161A—B“那么……如此”一节里的论证，其重心完全在这一原则上。所要证明的是：“一”是不类似“其它的”。所采取的步骤是:首先证明“其它的”是不类似一的,再引用这个原则以完成这个论证。

相当于这个原则的乃是:类似的是类似的。它的应用见于以上 132D(参看[注 99(2)])。

如若它有不类似其它的性质,它岂不必然有类似它自身的性质?

怎样?

如若一有不类似一的性质,我想,论证将要是不关于这样的,象一,假设也将要是不关于一的,却是关于异于一的。

诚然。

它们不应当。 C

显然不应当。

那么一自身应当有类似它的性质。

应当。

【注 404】 161B“如若一……异于一的”——原来的假设是关于“一”的,这里的推论也是关于“一”的。现在假如“一”有“不类似”的性质,并且“不类似”又不相对于“其它的”,乃是相对于“一”自身。这样,我们的假设和推论势必以这不类似“一”的为对象,即以异于“一”的为对象。

【注 405】 161C“它们不应当”——根据上文这句中的

主词，应是 ταῦτα（原文中省去），指以上两点；因此于译文中增“它们”。

【注 406】 161A—C“那么……质应当”——（V. 4.）这是第五组推论中第四个推论，它推论“一”和“类似”以及“不类似”的关系。所得的结果是：（一）“一”不类似“其它的”，（二）“一”类似“一”自身。达到第一个结论的出发点乃是：“其它的”是异于“一”的；第二个结论根据第一个得来。这样，第一个结论直接地、第二个间接地从以“其它的”为主词的一个分析判断得来，那么它们却与本组的假设无关。然而相同的结论可以更简便点从那假设得来。因为“一不是”即“一”是异于“其它的”，“一”是异于“其它的”即“一”是不类似“其它的”……。

这里结论的意义乃是：如若“一”是相对的“不是”，它乃和以下一对极端相反的“相”或范畴：“类似”——“不类似”结合。

再者，一也不是等于其它的；因为如若是等于，它就是了，并且就着这等的性质它必是类似其它的。但这两点皆不可能，如若一不是。

不可能。

既然它不是等于其它的，其它的岂不必然地也不是等于那个？

必然地。

不相等的岂非不等？

是。

不等的岂非不等于不等的么?

怎样不?

一也分有不等,相对于这个,其它的是不等于一。 D

一分有。

【注 407】 161C“再者……一不是”——本组推论的假设是:“如若一不是”,意谓:如若“一”是异于“其它的”(参看[注 395(1)])。(一)假如现在“一”是等于“其它的”,那么“一”即不是异于“其它的”,若用这里的术语讲,“一”即非“不是”,那么“一”即已“是”了。所谓“是”乃是原始假设:“如若一不是”中的“是”。

(二)不仅如此。假如“一”是等于“其它的”,“一”必就着这点类似“其它的”,因为所谓“类似”,我们从以上(参看 139E“有同的性质的类似”)已知道,即是有“同的”性质(“有同的性质的类似”乃是一个定义,它可以“简单换位的”。)这样,“一”即不是异于“其它的”。

【注 408】 161C“不等的……的么”——这里是“异的是异于异的”一条原则在另一特殊形式里的表现。它表示一种关系。这种关系的性质和“异”、“类似”以及“不类似”各关系情形相同。参看[注 203]以及[注 99]。

【注 409】 161C—D“再者……一分有”——这节论证“不是的一”分有不等。论证的步骤仿佛是不必要的繁冗,但事实上不然。它首先从否定一个积极性质到肯定一个消极性质(过渡的关键乃是那一句似乎繁琐不必要的话:“不相等的岂非不等?”然而它应读如:不“相等的”岂非“不等”?);再应用“不等的是不等于不等的”一原则,以达到以上的结论。

然而不等里有大有小。

确有。

那么这样的一也有大有小。

恐怕如此。

大和小永远是相互离立的。

诚然。

那么它们之间永远有某某一个。

有。

在它们之间除等以外你能讲有任何其它的么?

不能,只是这个。

那么凡有大和小的也有存于它们之间的等。

显然。

E 不是的一看起来既分有等,又分有大和小。

看起来如此。

【注 410】 161D“然而……的等”——这里由“一”分有“不等”推论它分有“等”;其中有个不自觉的错误。正确的只有以下两点:“不等里有(enthält als Unterarten)大和小”,因为“大于”和“小于”皆是“不等”；在一联续(Kontinuam)里，等存于大于和小于之间，譬如一个数量若大于三个联续的数量中的一个，小于另一个，则等于其余的一个，那是介于其它两个之间的。这里的错误乃在原则的实施上。“一”分有“不等”，那么“一”不等于“其它的”。在这种情形下，“不等”或是“大于”或是“小于”，并不兼于“大于”和“小于”。因此，若由“一”分有“不等”推论“一”分有“等”，是个错误。

【注 411】 161C—E“再者……如此”——(V. 5.)这是第五组推论中的第五个推论，它推论“不是的一”和“不等”(或“大于”、“小于”)以及“等”的关系。所得的结论是：这样的“一”既分有“不等”(“大于”和“小于”)也分有“等”。它的意义乃是：如若“一”相对地“不是”，它和以下一对极端相反的“相”或范畴：“不等”——“等”结合。

再者，它必在某某样式里分有是。

怎样？

它必然是这样，如我们所说的；因为如若它不是这样，我们说一不是时，我们就讲说不真；如若真，显然我们讲说些是的。情形岂不这样么？

诚然如此。

既然我们肯定我们讲说真，我们必然也肯定我们讲说些是的。 162A

必然。

那么，看起来，一是不是的；因为如若它不是不是的，然而为了不是在某某样式里舍弃了是，它将即是是的了。

完全是如此。

如若它将要不是，它必有不是的是，以为不是的束缚，同样，正如是的必有不是的不是，以期是是完满的。

B 这样，是的乃最是，不是的乃最不是，像是的一方面分有是是的的是，另一方面分有是不是的的不是，如若它将要完满地是；不是的一方面分有不是不是的的不是，另一方面分有是不是的的是，如若不是的也将要完满的不是。

明白极了。

既然是的分有不是，不是的分有是，那么一既然不是，它必也分有是，以成不是。

必然地。

如若一不是，它显然有是。

显然。

如若它不是，它也有不是。

怎样不？

【注 412】 161E—162A“它必然……样么”——从这节里我们可以见出柏拉图的“真”的概念。一个言论是真的，如若它讲说些“是的”。所谓“讲说些是的”乃指它关于事物所说的正和事物自身一样。若用柏拉图在它处所举的例子，譬如说："苔耳业苔陶斯坐"是真，"苔耳业苔陶斯飞"是不真。这个"真"的概念在这里只应用来作为论证"不是的一分有是"的基础，它并不是这里讨论的对象；详细的讨论，或正确点说，这个概念正式的构成乃在《哲人篇》里（262E ff）。这个概念以后在亚里士多德的《物理学以后诸篇》中重复出现（比较 Θ. 10, 1051 b1）；再从那里传到 Thomas Aquinas，构成他的名言："adaequatio rei et intellctus veritas est"，这是这个重要概念在西洋哲学史上一千多年间传授的线索；这里是它初次出现的处所。

【注 413】 162A "那么看……的了"——这一节和以下一长节皆是不十分容易了解的，尤其对于我们用我们的文字、在由这种文字养成的思想习惯里思想的人。这里第一句："那么……是的"只是以上论证（161E—162A"它必然……的必然"）的结论，没有什么深义。我们所须留意的只是这里的着重点在"是"，"一是不是的"。那个论证是认识论方面的，以下的论证（"因为……"）是万有论方面的。

万有论方面的论证，Taylor (ibid p. 1032) 以为："This is simply a case of logical principle ... that two negatives make an affirmative。"这个解释只是形式方面的，自然不能见到其中的深义。"然而它为了不是在某某样式里舍弃了是"这句话有固定的内容；我们必由这内容，不仅单从形式上去了解这个论证。这里所谓"不是"，乃是本组推论所假设的相对的"不是"，即"是异于其它的"。如若"一"为了是异于"其它的"（πρὸς τὸ μὴ εἶναι = πρὸς τὸ ἕτερον ἄλλου εἶναι），在某某样式里"放弃了是”，那么所放弃的“是”即“是其它的”的“是”（τοῦ εἶναι ἀνήσει ＝τοῦ εἶναι ἀλλο ἀνήσει），因为它放弃了这个，它始可成为“是异于其它的”。这样，在它放弃了这个时，它立即“是异于其它的”，是一个是（异于其它的）者。

【注 414】 162A“如若它将……满的”——这里是一个重要的思想。“不是的一”不能无“是”，只单独地有“不是”；反之，它必也有“是”，即“不是的是”。“是”在这里仿佛是一种线索，将“不是”“束缚”在不是的里。另一方面关于是的也是同样情形：它不能单有“是”，必也有“不是”——“不是的不是”；这“不是”将“是”“束缚”在它里。“是”在这样情形下方是完满的。（从抄本读法，不从 Shorey 衍 εἶναι。）

这样的陈述还未能使我们了解这里究竟的意义，我们且用我们自己的词句解释如下：所谓“束缚”乃是柏拉图惯用的譬语（参看《曼诺篇》98A），以表示固定不使离去的意思。无论是者（Seiendes）或不是者（Nichtseiendes）皆有“是”和“不是”两方面。“是”不能在是者里独存，“不是”不能在不是者里独存。“是”赖“不是”和它并存，方可牢固在是者里；“不是”赖“是”和它并存，方可牢固在不是者里。二者存，俱存；不存，俱不存。情形若是后一种，那么既没有是者，也没有不是者。它们皆为绝对不是者，即“无”；情形若是前一种，无论是者或不是者皆有完满的“是”。

这里可见依照柏拉图的意思，完满的“是”（即广义的“是”）兼包（狭义的）“是”和（相对的）“不是”：完满的是者除了

(狭义的)“是”以外,也有(相对的)“不是”;完满的不是者(非指绝对的不是的或“无”)除了(相对的)“不是”以外,也有(狭义的)“是”。

然而何以完满的“是”兼包(狭义的)“是”和(相对的)“不是”,或者何以“是”和“不是”必然在不是者里和是者里并存?这一点上节的论证(参看[注 413])——虽然它只是关于“不是的一”的——事实上已为我们讲明,即因为像任何的为了“不是”在某某样式里放弃了“是”,它即是是的了。譬如,正像“非甲”不是“甲”,它即是“非甲”。另一方面,正像“甲”是“甲”,它即不是“非甲”。这样,“是”和“不是”合并不可分,它们只是同一个的两方面;任何的若有其中之一,必有其中另一,或说:其中之一将另一“束缚”在不是者或是者里。完满的“是”只存于这“是”——“不是”或“不是”——“是”里。

【注 415】 162A—B“这样……满的不是”——这里乃是发挥以上所讲的;其中的主要意义,我们在[注 414]里已讲了。这里发挥详尽的乃是,是者所分有的“是”是什么,所分有的“不是”又是什么:不是者所分有的“不是”是什么,所分有的“是”又是“什么”。我们若用实例来代替是者和不是者,这几点我们可以容易看清楚些。

设以“甲”和“非甲”代替是者和不是者,那么:

一、(1)“甲”所分有的“是”乃是“是甲”的“是”(“甲”是“甲”);

(2)“甲”所分有的“不是”乃是“是非甲”的“不是”(“甲”不是“非甲”);

二、(1)“非甲”所分有的“不是”乃是“不是非甲”的“不是”(“非甲”不是非“非甲”);

(2)“非甲”所分有的“是”乃是“是非甲”的“是”(“非甲”是“非甲”)。(这里的读法皆从抄本,不从 Shorey 的修正。)

【注 416】 161E—162B“再者……样不”——(V. 6.)这是第五组推论中的第六个推论,它推论“不是的一”分有“是”,也分有“不是”。关于第一点的推论共有两个论证。其一是认识论方面的,另一是万有论方面的。前一个论证价值远逊于后一个,因为我们虽然接受柏拉图的“真”的概念,但我们所肯定为真的言论,事实上并不必定是真的。第二个论证不但在本篇“谈话”里占重要的位置,其自身即是很重要的。它不但证明“不是的一”分有“是”;它的结论远超出这个范围。事实上所证明的乃是任何的“有”(这就是说,除“无”以外一切是者和不是者)皆有(狭义的)“是”和(相对的)“不是”两方面。这样,“不是的一”eo ipso 既分有“是”,也分有“不是”。这个结论的意义乃是:如若“一”和相对的“不是”结合,它也和这个“不是”的相反的(狭义的)“是”结合。

是怎样能不是这样,却不从这情状里转变?

C 不能。

那么一切如此的,即既是这样又不是这样的,皆表示转变。

怎样不?

转变就是变动;我们能有别的讲法么?

是变动。

一岂不已呈现它自身为是者和不是者?

是。

那么它呈现它自身为既是这样又不是这样?

看起来如此。

那么不是的一呈现它自身为变动的,既然它有由是向不是的转变。

恐怕如此。

【注 417】 162B—C“是怎……怕如此”——这节推论“不是的一”是变动的;这里的论证是个错误。V.6.(参看[注416])的结果只是:“一”不是“其它的”,“一”是非“其它的”。这样,“一”既“不是”又“是”;这“是”和“不是”只是同一个的两方面(参看[注 414])。这就是说,这“不是”和“是”是同时的(gleichzeitig),并非先后的(nacheinander)。“不是的一”诚然既是这样又不是这样,但非先后如此,乃是同时如此。只有以前是这样,以后不是这样的乃表示转变。这样,我们只能从不同时的(即先后的),但不能从同时的既是这样又不是这样推论转变。这里论证的错误即在“同时”和“先后”的混淆。

但是,再者,如若它不在万有中任何一处,像它不是,既然它不是,它也不由这里移转到那里。

怎样?

那么它不由移动而运动。

D　确实不。

然而它也不在同一个里旋转;因为它不在任何处所接触同一的。因为同的是一个有;不是者不能在万有中任何的里。

确实不能。

那么“不是的一”不能在那它所不在的里旋转。

诚然不。

我想,一也不变得异于它自身,是的一或不是的一;因为假如它变得异于它自身,言论即不再是关于一,却关于任何其它的了。

对。

【注 418】 162D“我想……的了”——这和以上 138C“如若一……一了”事实上是同一个思想的两方面;那里从万有论立言,这里从认识论立言。

后一层有一历史的背景。赫拉克利多斯以为人不能两次踏入同一河中,因为不但后水已非前水,而且第二次踏入水中的人已非前人了(参看 Fr. 41,81 Bywater)。这个思想的必然结果在 Kratylos 身上表现出来;这人只以手指指示代替言说(参看亚里士多德《物理学以后诸篇》Γ5,1010 a 13),柏拉图从 Kratylos 游,并且深受这派思想的影响(参看 ibid A 6,

987 a 32)。这里他将这个学派的“Panta-rheismus”学说用在相反的一方面，论证“一”是不变得异于它自身的。

如若一既不变为异，也不在同一个里旋转，也不移动，那么它还在任何样式里变动么？

E

怎样？

不动的必然宁静，宁静的必然静止。

必然的。

那么不是的一，看起来，既静止又变动。

看起来如此。

【注 419】 162B—E“是怎……如此”——(V. 7.)这是第五组推论中的第七个推论，它推论“不是的一”既变动又静止。关于第一点论证以“一”既“不是”又“是”为基础，其中的困难已在[注 417]内指明。关于第二点论证共分三步骤。第一(162C—D“但是……实不”)、第二(162D“然而……然不”)两步骤着重“一”的“不是”(所谓“不是”，在这里意义含混，仿佛指绝对的“不是”)。第三步骤(162D“我想……了对”)对于“一”的“不是”和“是”没有偏重。它们组成一个反证，以达到“一”静止的结论。这样，“不是的一”既变动又静止。这个结论的意义乃是：如若“一”和相对的“不是”结合，它也和以下一对极端相反的“相”或范畴：“变动”——“静止”结合。

再者，如若它变动，它很必然地变异；因为任何的无
163A 论怎样变动，即就着这点，它不再是这样像它已是的，乃是另一样。

是这样。

既然一变动，它也变异。

是。

再者，既然它在无一样式里变动，它在无一样式里变异。

实不。

那么，一方面既然不是的一变动，它变异；另一方面既然它不变动，它不变异。

确实不。

那么不是的一既变异又不变异。

显然。

【注 420】 162E—163A "再者……显然"——(V. 7a.)这段推论"不是的一"和变异的关系。这里所谓"变异"和以上(162D "我想……动么")所谓"变异"意义不同(参看[注 423(2)])。它的外延在这段里和变动的外延相同，至于它们在内含方面究竟有无差别，或有何差别，至少就这里所言的无法确定。"变异"在以上 138B—C("因为如……的变动")里只是附属于"变动"范畴下的一种，未认为是一个单独的范畴。因此我们暂认这段为第五组推论中第七个推论的附录。这里的结

论乃是:“不是的一”既变异又不变异。

变异的岂不必然变得和以前差异,从以前的情状里消灭么?不变异的岂不不生不灭么?

必然。

那么一方面既然不是的一是变异的,它既生且灭,另一方面既然它是不变异的,它不生不灭;这样,不是的一 B 既生且灭,又不生不灭。

诚然不。

【注 421】 163A“变异的……不灭么”——从这节里我们看出,依照柏拉图的意思,“变异”和“生”、“灭”有怎样的关系。它由“生”和“灭”组成,在变异的历程里以前的情状消灭,以后的情状产生。变异即是由以前的情状到以后的情状间的历程。

这里有一问题,即所谓“变异”指何种变异?我们刚才已先后见到这两种范畴围广狭不同的变异。其一是 162D(“我想……动么”)中所讲的,狭义的;另一是 162E—163A(“再者……显然”)中所讲的,广义的。这节里的论证本身不能给我们关于这个问题的解答;然而根据以下 163E(“那么……然的”,参看[注 430]),我们可以相信,这里所讲的乃是广义的。

【注 422】 163A—B“变异的岂……诚然”——(V. 8.)这是第五组推论中的第八个推论,它推论“不是的一”和“生”

以及“灭”的关系。推论以 V. 7a.（参看[注 420]）为根据，由“一”变异推论它既生且灭；由“一”不变异推论它不生不灭。但“一”既变异，又不变异，乃是从它既变动又不变动推出的（162E—163A “再者……显然”），后者又是从“一”既“不是”又“是”推出的（参看[注 417]）。因此这里结论的意义乃是：如若“一”和相对的“不是”结合，它和以下一对极端相反的“相”或范畴：“生”——“灭”既结合又不结合。

【注 423】 162B—163B “是怎……然不”——V. 7.，V. 7a. 至 V. 8. 里所讲的“转变”、“变异”和本篇“谈话”中以前所讲的不同，且因此牵涉到“变动”的分类。所以我们必须仔细辨别它们。

（1）“转变”——它在 162C 里即等于“变动”，但和第二组附录里的“转变”不同。那里以转变为动和静；生和灭；类似化和不类似化；生长、萎缩和等量化之间的变动所必备的条件（参看以上 156C—157B “当一……样不”）。

（2）“变异”——它在这里有两个不同的意义（a）在 162D 里它指变动的一种；除去变异以外尚有别种变动，地点变换的运动和旋转。（b）在 162E—163A（“再者……显然”）里它和“变动”有同样大的外延。（c）这里所讲的狭义的“变异”和以上 138B—C（“因为如……的变动”）里所讲的相同。

（3）“生”、“灭”——它们在 163A—B（“变异的岂……诚然”）里是组成（广义的）“变异”（参看[注 421]）的，但在 156C—157B（“当一……样不”）是和“运动”——“静止”、“类似化”——“不类似化”、“生长”——“萎缩”——“等量化”平列的。我们将 138B—C、156C—157B 以及这里(162B—163B)所讲的列表比较如下：

表二　变动分类比较表

(一)138B—C

变动—静止
- 变异
- 运动
  - 旋转
  - 地点变换的运动

(二)156C—157B

运动——静止

生——灭

类似化——不类似化

生长——萎缩——等量化

(转变)

(三)162B—163B

转变＝变动＝变异(广义的)
- 地点变换的运动
- 旋转
- 变异(狭义的)

(生灭)

【注 424】 160B—163B“好在……诚然不”——(1)这是本篇“谈话”第二部分中八组推论的第五组；它的假设是：“如若一不是”。我们以上已见到，“巴曼尼得斯”指导“少年苏格拉底”说，完备的推论不应当只从肯定的假设出发，也必从否定的出发(135E—136A“好但……个不是”)。这里的推论即以否定形式的假设为出发点。从本组以至第八组推论，皆做那完备推论中的第二部分工作。

假设的形式虽是否定的——“如若一不是”——但“不是”在这里的意义不是绝对的，乃是相对的，即是异于“其它的”。从具有这样意义的假设出发，直接和间接所得的结果如下：“不是的一”是可知的；是异于“其它的”；和“其它的”有许多种用第二格和第三格所表示的关系；是既类似又不类似；既分有“不等”又分有“等”；分有“是”和“不是”；既变动又静止，且又变异又不变异；既生又灭，又不生不灭。这些对极端相反的里有些是以上四组推论中所讨论的，有一对：“生”——“灭”，是第二组推论的附录就着它的广义所讨论的。柏拉图的意思显然是指出一对或几对极端相反的来，以代表以前所讲的各对。此外“是”——“不是”不是以上任何一组推论或附录里所讨论的，关于这对极端相反的讨论也是本组各段推论中最重要的一段。

(2)本篇“谈话”中的五个问题之一乃是：极端相反的“相”或范畴是否相互分离而不相互结合。这问题在以上(参看[注344(2)])已相当地解决了。组成那个解决的一个步骤乃是从肯定形式的假设出发指出，在什么条件下它们相互结合(推论II.)。本组推论在全篇中的职务乃是从否定形式的假设出发指出，在什么条件下它们相互结合。这个条件乃是：如若“一”是相对的“不是”。在这条件下它和每一对极端相反的“相”或范畴结合。这个结论的意义乃是：如若“一”和相对的“不是”结合，每对极端相反的“相”或范畴在“一”里相互结合。

(3)这里还有一个待解答的问题。本组推论的结果和第二组的相同;然而它们的假设却不是同一个。这两组推论的相互关系是什么?这个问题有两方面:其一关于推论本身,另一关于推论所得的结果。

本组推论中讨论“是”——“不是”的一段(161E—162B“再者……样不”)给我们对于这个问题的解答。任何的“有”,是者和不是者,皆有两方面:(狭义的)“是”(相对的)“不是”。“一”自然也有这两方面。对象既有这两方面,我们的推论,正如“巴曼尼得斯”已讲的,如若是完备的,也必从这两方面推论它。第二组推论乃是从“一是”这一方面推论;本组从“一不是”这一方面推论。后者对于前者,从推论本身讲,乃是补充的。

两组推论的结果何以相同,也是易解的事。(狭义的)“是”和(相对的)“不是”是同一个的两方面。因此无论从“一是”或从“一不是”出发推论,所得的结果皆是关于这同一个既(狭义的)“是”又(相对的)“不是”的“一”的。所以结果必然相同。

这样,本组推论和第二组推论相互的关系乃是殊途同归。

让我们再回到这出发点,看看这几点现在对于我们看起来可仍是这样,还是不同。

应当再回到。

我们岂不说,如若一不是,关于它应当有何结果? C

是。

当我们讲不是时，这不指其它的，只指我们谓为不是者没有是。

不指任何其它的。

当我们讲某某不是时，我们可否讲，它在某某样式里不是，然而在某某样式里是？还是这个所谓为不是者简单地指：不是者在无一样式里、无一情况下是，也不在任何样式里分有是？

最简单了。

【注 425】 163B“可仍……这样”——这是 εἰ ταὐτὰ 的意译，直译应是：可是相同的，谓和以前的相同。

【注 426】 163B—C“让我……最简单了”——这一段确定第六组推论的假设所有的意义。这个假设在形式上还是和第五组的假设相同：“如若一不是”，但它有另一意义。它不指：“一”“在某某样式里不是，然而在某某样式里是”，乃指：“在无一样式里、无一情况下是”。换句话讲：这里所谓“不是”不是相对的，不仅限于某某范围（比如“异于其它的”），如第五组推论所假设的——（参看[注 359(1)]），乃是绝对的，不限于任何范围。相对的“不是”和狭义的“是”对立，它和这个同属于广义的“是”下面。绝对的“不是”范围远超过于相对的“不是”，它是广义的“是”的没有（οὐσίας ἀπουσία）。这里的假设，“如若一不是”，实际上即是：如若“一”绝对地“不是”。

那么不是的一既不能是，也不能在任何其它样式里分有是。

确实不。 D

【注 427】 163C—D“那么不……实不”——（VI. 1.）这是第六组推论中的第一个推论，它由它的假设直接推论“一”绝对地“不是”。这个结论的意义乃是：如若一和绝对的“不是”结合，它不在任何一样式里分有（广义的）“是”。

产生和消灭不是任何一个其它的，前者只是分有是，后者乃是消失是？

不是任何一个其它的。

那在一个里无分的也不获得、也不消失它。

显然。

那么，既然一在无一情况下是，它也不能在任何一样式里具有、丢开或获得是。

仿佛如此。

那么，既然不是的一在无一情况下分有是，它既不消灭也不产生。

显然不。

【注 428】 163D“产生和……然不”——（VI. 2.）这是第六组推论中的第二个推论，它推论“不是的一”和“产生”以及

"消灭"的关系。推论的根据是"不是的一"不分有"是";所得的结论是:这样的"一"既不产生也不消灭。这个结论的意义乃是:如若"一"和绝对的"不是"结合,它不和以下一对极端相反的"相"或范畴:"产生"——"消灭"中任何一个结合。

E 那么它也不在任何一情况下变异;因为如若它感受这个,它即已产生和消灭了。

显然。

如若它不变异,它岂不也必然地不变动?

必然。

然而我们也将不肯定,那是不在任何处所的静止;因为静止的应当永远是在任何同一个里。

同一个里,怎样不?

这样,让我们讲,不是的也既不某时静止、又不某时变动。

诚然不。

【注 429】 163E "那么……灭了"——柏拉图在本篇"谈话"里所谓"变异"有广义和狭义两种(参看[注 423(2)]并表二);这里乃是广义的(参看[注 430])。广义的"变异"由"生"和"灭"组成(参看[注 421])。因此如若"一"变异,它即已产生和消灭了。

【注 430】 163E "如若……不变动"——这个推论只有

在一种情形下有效，即这里所谓“变异”不是狭义的，乃是广义的（参看［注 423（2）］并表二）。因为如若“一”不（狭义的）变异，它并不必然地不变动，它可以运动。

【注 431】 163E“那么——然不”——（VI.3.）这是第六组推论中的第三个推论，它推论“不是的一”和“变动”以及“静止”的关系。结论是：“一”既不变动，也不静止。达到前一点的论证是以“一”不（广义的）变异为根据；达到后一点的乃直接以“一”绝对的“不是”为根据。这段里结论的意义乃是如若“一”是绝对不是的，它不和以下一对极端相反的“相”或范畴：“变动”——“静止”中任何一个结合。

但是，再者，万有中无任何一个是它的；因为像它分有 164A
这个，它即分有是了。

显然。

那么大、小既不是它的，等也不是它的。

确实不。

然而类似或异类，相对于它自身的或相对于其它的，也不是它的。

显然不。

怎样？如若无任何一个应当是它的，其它的能在任何样式里和它有关系么？

不能。

那么其它的既不是类似也不是不类似，既不是同于也不是异于它。

确实不。

【注 432】 163F—164A“但是……它确实不”——(VI. 4、VI. 5、VI. 5a.)(1)这段包括三个简单的推论，它们是第六组推论中的第四个、第五个推论以及那附属于第五个的。它们有一共同基础，即万有中无任何一个是“一”的(参看本条(2))。由此所得的第一个结论是:“一”既不分有“大”、“小”，也不分有“等”(VI. 4.);第二个是:“一”既不分有“类似”，也不分有“异类”(即“不类似”)，相对于它自身的或相对于其它的的(VI. 4.);第三个是:“其它的”既不是类似，也不是不类似，既不是同于，也不是异于“一”(VI. 5a，这是 VI. 5. 的附录，因为它的论证中心不是“一”，乃是“其它的”。)VI. 4. 的意义是:如若“一”是绝对的不是的，它不和以下一组相反的“相”或范畴:“大”——“小”——“等”中任何一个结合。VI. 5. 的意义是:如若“一”是绝对的不是的，它不和以下一对极端相反的“相”或范畴:“类似”——“不类似”或任何一个结合。

(2)这一段在义理方面极不深奥，但文字却不容易正确地翻译。所以如此，乃因为全段中一切推论关键所在的“αὐτῷ”一字在中文里无相当的词。这字是“它”的 c. dat.，它表示许多种关系，譬如这里的“有”是其一，“于”(“同于”和“异于”中的“于”)是另一。如若“甲”和“乙”有关系，那种关系我们差不多可以很泛地讲，“甲”是“乙”的。因此我们暂译“αὐτῷ”为

"它的"。这样的翻译是出于 Diès 的暗示；他译这段首句中的"αὐτῷ"为"sien"。但它在全段的译文里未曾始终采取这个译文。我们因为不愿用不同的字或词翻译同一个字，尤其是在同一段里，所以差不多在全段中各处我们皆用同一译文 。只有下句是例外："其它的能在任何样式里和它有关系么"，在这句里我们译 αὐτῷ 为"和它有关系"。这因为否则不读原文的人极难看出由这句所得的结论如何产生出来。

怎样？"属于那一个的"或"那一个的"或"任何的"或"这一个"或"属于这一个的"或"属于另一个的"或"另一个的"，或过去或将来或现在，或知识或意见或感觉或言 B
论或名字，或万有中任何其它的，能和不是者有关系么？

不能。

这样，不是的一在无一情况下是怎样的。

它看起来在无一情况下是怎样的。

【注 433】 164A—B"怎样属……来在无一情况下是怎样的"——（VI. 6、VI. 7.、VI. 8、VI. 9.）这一段里含有以下几个简单的结论：（一）不是的"一"不和另一个有许多关系中的任何一种关系（VI. 6.）；（二）它不分有三个不同的时间（VI. 7.）；（三）无以它为对象的一切认识活动（VI. 8.）；（四）总之，它和万有中任何的皆无关系（VI. 9.）。（一）的意义是：如若"一"绝对地"不是"，它不和另一个在任何关系里结合。（二）的意义是:如若“一”绝对地“不是”,它不和以下三个相反的:“过去”——“现在”——“未来”中任何一个结合。(三)的意义是:如若“一”绝对地“不是”,它不和以下一组相反的:“知识”——“意见”——“感觉”——“言论”——“名字”中任何一个结合。从163C(“那么……”)以来各段中固然讨论了“一”和许多对极端相反的以及许多组相反的“相”或范畴的关系,但还有许多对和许多组见于第一、第二两组推论以及第二组的附录中,在这里却未讨论到的。(四)总括那些已讨论的以及那些未讨论到的。这样,第六组推论(163B—164B“让我……来在无一情况下是怎样的”)的结果和第一组的相同:“一”不和任何的“相”或范畴结合。

【注434】 163B—164B“让我……来在无一情况下是怎样的”——(1)这是本篇“谈话”第二部分中八组推论的第六组,它从“如若一(绝对的)不是”出发,得到实际上和第一组推论的结果相同的结果:它不和任何极端相反的以及相反的“相”或范畴:“生”——“灭”、“变动”——“静止”、“大”——“小”——“等”、“类似”——“不类似”以及其它的结合。这个结论的意义乃是:如若“一”和绝对的“不是”结合,或如若“一”和“是”绝对地无结合,每一对极端相反的“相”或范畴、每一组相反的“相”或范畴不在它里相互结合。

(2)我们以上已见到,第五组推论在全篇中的职务乃是:从否定形式的假设出发,指出在什么条件下极端相反的“相”或范畴相互结合(参看[注424(2)])。本组推论在全篇中的职务乃是:从否定形式的假设出发,指出在什么条件下极端相反的“相”或范畴不相互结合。这个条件乃是：如若“一”和绝对的“不是”结合或和“是”绝对地无结合。完备的推论必从肯定形式的假设以及否定形式的假设出发。这样，推论中以“一”为中心的部分至此始完全告成。

(3)本组推论的结论和第一组的相同，这并非出于偶然；本组推论的假设乃是那组的假设最后所必有的结果(参看[注127(1)])。那组推论从隔离了孤立的“一”出发，结果是：“一”和一切极端相反者以及相反者无结合。这样的隔离毁灭了“一”自身，“一”在无一样式里是(以上 141E)，化它为“无”(以上 142A)。本组推论即从“无”、从绝对不是的“一”出发，结果是：“一”和一切极端相反者以及相反者无结合，这样它是隔离了孤立的。第一组的推论和本组的推论乃是对同一对象从不同观察点出发推论的结果，这两个不同的观察点乃是一个系统的两端。因此第一组推论和本组推论乃是殊途同归。

让我们再讲，如若一不是，其它的应有什么性质。

让我们讲。

【注 435】 164B“如若……不是”——这是第七组推论的假设。它在形式上和第五、第六两组的假设皆相同；但在意义方面所谓“不是”究竟是相对的，如第五组的，还是绝对的，如第六组的呢？柏拉图学者中似乎还未有人提出这个问题；普通皆以为第七组的假设和第五组的相同，第八组的和第六组的相同。我们对于这个问题待至以后方可解答(参看[注

460]),现在所能讲的只是:这个意见是正确的。这里所谓“不是”指相对的“不是”,第八组里的指绝对的“不是”。

我想,它们应当是其它的;因为如若它们不是其它的,关于它们即无可言说了。

是这样。

如若论证是关于其它的,其它的是异的,或者你不将“其它的”和“异的”两个名字加到同一个上去么?

C 我将。

我想,我们肯定,异的乃是异于异的,其它的是其它的的其它的?

是。

如若其它的要是其它的,那么它们必有相对者,它们是这个的其它的。

必然的。

那么什么可是这个?其它的不是一的其它的,因为一不是。

确实不是。

那么它们互为其它的;只有这一点余下给它们,否则它们是无一个的其它的。

对。

那么,以它们是多,它们每个是互为其它的;因为作

为一，它们不能如此，既然一不是。但是，看起来，它们的每块是无限地多，如若人拿着那看起来是最小的，这个，D
仿佛酣睡中的梦影，代替看起来是一个，突然表现为多，代替最小的，表现为和由它分裂出的比较大的。

对极了。

既然其它的是，一不是，它们，像这样的一块一块的，互为其它的。

诚然。

那么，块岂不将要是许多，每块表现为一，却不是一，如若一不是？

是这样。

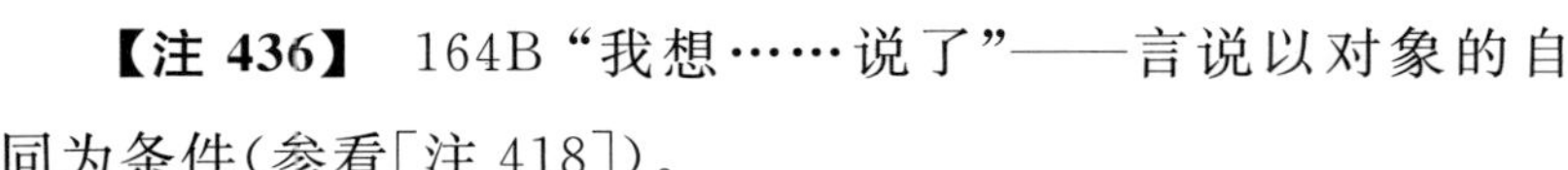

【注 436】 164B“我想……说了”——言说以对象的自同为条件(参看[注 418])。

【注 437】 164B“或者……去么”——因为原句的结构在中文里无法直译，只有意译如上，或意译为：或者你不叫同一个“其它的”或“异的”么？

【注 438】 164C“异的乃……异的”——那个在本篇“谈话”里时常出现的基本思想，柏拉图在这里始用谨严的方式叙述出来。因此这是它的标准出处(参看[注 203])。

【注 439】 164C“那么什……一个的其它的”——这里所谓“一不是”乃是绝对的“不是”。我们已见到，怎样柏拉图在讨论“一”相对的“不是”时，渗入“绝对的不是”的概念(参看

[注 419]);如若他在这里在“一相对地不是”假设下渗入“绝对的不是”的概念,那并非一件使人不能想象的事。因此我们不能据这里的孤例以为第七组推论的假设非相对的“不是”。——

绝对的“不是”和相对的“不是”在这里的混淆是不必要的。柏拉图所要证明的是:“其它的”互为“其它的”。若“一”只相对地“不是”,这个结论并不因此稍受影响。设以“甲”、“乙”、“丙”……代表“其它的”。“甲”、“乙”、“丙”……可以同时对于“一”是“其它的”,又互为“其它的”。因为如若“甲”是“其它的”,“甲”固然必须有一关系者;但如若它有一个以上的关系者,这并不妨碍“甲”是“其它的”。

因此这里的混淆大体上是无碍的;以下的结论有效与否并不以这个混淆为转移。

【注 440】 164C“那么以……然一不是”——所谓“它们是多”可有两个不同的意义。第一指它们多于一个;第二指它们中的每一个皆是可分割的,即有许许多多块。就这一节里的论证看所着重的是第二个意义。然而在这句里那两个意义同时皆有,并非完全不可能。

这样,“其它的”有许多个,每个有许多块(含许多部分),每个即是这些块的聚集(Häufung),并非一个整一者(Einheitliches)。它们即就着前一点是互相差异,但不能就着后一点。它们每个所以并非一个整一者,乃因为“一不是”,因为“一”是异于“其它的”,“其它的”不是“一”。

【注 441】 164C—D“但是……大的”——这和以上第三

组推论中讲论“其它的”是无限的多那一节（以上 158C“怎样……这样”）除了一点以外完全相同。这不同点如下：那里的结论是，“其它的”每部分是多；这里的是，“其它的”每部分表现为多。两处的分别乃是“是”和“表现”的分别。

这个分别的基础须向两组推论的不同假设里去寻。第三组的假设是“如若一是”，意谓：如若“一”和狭义的“是”结合；第七组的是“如若一不是”，意谓：如若一和相对的“不是”结合。何以由“一”和相对的“不是”结合生出这里的结果来，我们以下还要讨论（参看[注 464(2)]）。

【注 442】 164B—D“我想……这样”——（VII. 1.）这是第七组推论中的第一个推论，它推论“其它的”和“异”的关系。它首先（164B—C“我想……我将”）推论“其它的”是异的；其次（164C“我想……的对”）确定它们是相异的或互为“其它的”；再其次（164C—D“那么以……是这样”）指出它们是怎样互为“其它的”，即以它们是多。它们的每块皆相互差异。每块初看是一的，突然表现为多；初看是最小的，突然表现为很大。

从比较本段中论“其它的”表现为无限的多和第三组中论“其它的”是无限的多（参看[注 441]），我们知道：（一）第七组所推论的“其它的”即是第三组里的，即个别事物；（二）第七组里讨论个别事物不像第三组就着这个是如此讨论，乃就着它表现为如此如此讨论。

如若它们既然是许多，其中每个表现为一，它们看起来有数目。

E 诚然。

并且在它们里有些表现为偶数，有些为奇数，但不真是，如若一不是。

诚然不。

【注 443】 164 D—E“如若它……然不”——（VII. 2.）这是第七组推论中的第二个推论，它推论“其它的”和数的关系。结论是：“其它的”表现为偶、为奇。这个结论的意义乃是，如若“一”和相对的“不是”结合，“其它的”表现为有以下一对极端相反的性质：“奇”——“偶”。

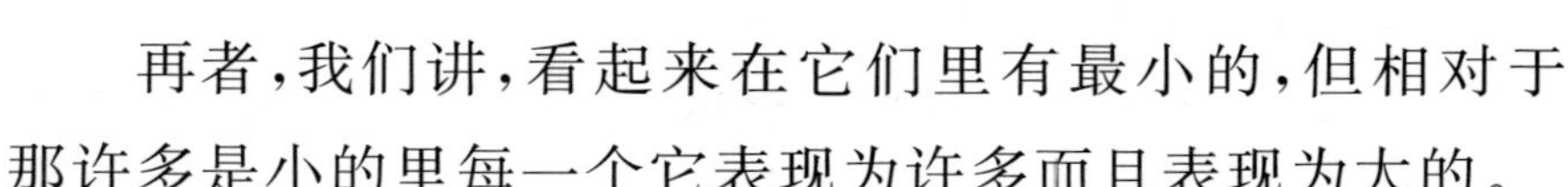

再者，我们讲，看起来在它们里有最小的，但相对于那许多是小的里每一个它表现为许多而且表现为大的。

165A 怎样不？

再者，每块将被视为等于许多小的；因为它不能表现为从大些的移到小些的在它达到了中间以前，这即是等的现象。

看起来如此。

【注 444】 165A“这即……现象”——以上已讲了，“如若人拿着那看起来是最小的，这个……突然……表现为和由它分裂出的比较大的”（164C—D）。这样，每块和由它分裂出的比较看起来是很大的，那由它分裂出的看起来是很小的。在大些的和小些的中间是等(参看[注 445])。由大些的到小些的一历程必经过等。当每一块在从看起来是大些的倒看起来是小些的一历程里达到它们的中间时，它即表现为等；因此即有等的现象。

【注 445】 164E—165A“再者……如此”——(VII. 3.)这是第七组推论中的第三个推论；所得的结果是：“其它的”的每块既表现为大于、小于、又表现为等于另一块。关于前者的论证，仍是以那在本组推论中时常出现的(164C—D“但是……大的”，165A—B“因为每……块子”，尤其是165B“我想……块子”)以及见于第三组推论里的(158C“怎样……是一”)思想为基础，即“其它的”的每块是可无限分裂的。因为凡看起来是小的再和那从它分裂出的比较看起来又是大的了。这个思想以后在亚里士多德的《物理学》中出现，成为著名的“由于分的无限”(III. 6，206a 15—18)。关于第二点的论证建筑在另一基本思想上，即在一个联续(continuum)里“等”存于大于和小于之间。这在以上已见过了，它是第五组推论中关于“不是的一”分有“等”一论证的基础(161D“然而……的等”)。本段里结论的意义乃是：如若“一”和相对的“不是”结合，“其它的”的每块或“其它的”表现为有以下一组相反的性质：“大于”——“小于”——“等”。

每块岂不看起来对于另一块有界限，对于它自身既无首部，也无边界，也无中间？

为何？

因为每当一人想象它们中的任何一个是首部、边界、中间之一时，在首部之前永远表现出另一首部，在末部之
B后另一余留下的末部，在中间呢，其它的比较中间小些的，更中间些的；这由于人不能将每块当作一个把握着，因为一不是。

明显极了。

我想，凡人所想象的一切断裂而成的有，必然分裂；因为他每次把握了那个非整一的块子。

诚然。

这样的一个岂不对于从远处混沌瞭望的人表现为
C一，对于从近处锐利观察的人每一个表现为无限的多，如若不是的一从它被剥夺了？

诚然是最必然的。

这样，其它的每个表现为无限的和有限、一和多，如若一不是，异于一的是。

必然。

【注 446】 165A“岂不看起来”——这一个问句（“每块……中间”）在原文里只有两个分词，一个主要动词被省略了；我们必须在译文里将它增补起来。这个动词的意义根据本段的结果（以下“这样其……的是”）应是“表现”；然而我们

不能即从那个结论增补“表现”一字，因为那字去本句太远了。因此我们根据上一节中和“表现”所指事实上相同的增补“看起来”。

【注 447】 165A“边界”——即指末部，参看同页 B“在末部之后……末部”。

【注 448】 165A“想象”——这是 λάβῃ τῇ διανοίᾳ 的意译；直译应是：用思想把握。

【注 449】 165A—B“在首……间些的”——关于这里的第一和第二两点 Taylor(ibid p. 108. 5)的解释虽未尽善，然有可采取的，关于这里的第三点他未解释。我们可以修正和补充如下：设“甲”、“乙”表示“其它的”的一块或它的一个断片

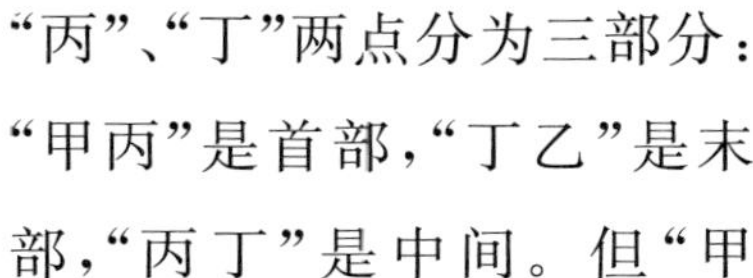
(参看图十六)。苟将它在“丙”、“丁”两点分为三部分：“甲丙”是首部，“丁乙”是末部，“丙丁”是中间。但“甲

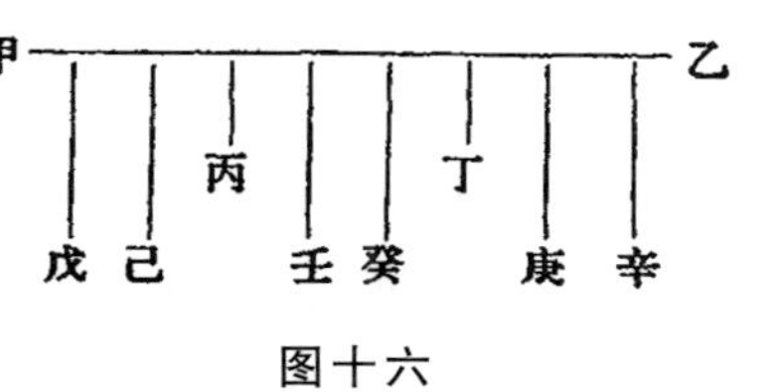

图十六

丙”还可在“戊己”两点分为三部分；那么“甲戊”是“甲丙”的首部。“甲丙”在“甲戊”之后，“甲戊”在“甲丙”之前。同样的论证关于“丁乙”，结果是“辛乙”乃余留在“丁乙”后的末部。同样的论证关于“丙丁”，结果是“壬癸”乃“丙丁”的中间，它比“丙丁”小些，在“甲乙”里所占的位置比较“丙丁”更中间些。

【注 450】 165B“这由……不是”——这里柏拉图解释，何以在每块或每一个断片里无固定的首部、末部和中间。他以为最后的原因乃是“一不是”。所谓“一不是”乃指相对的“不是”(参看[注 435])，即“一”是异于“其它的”。这样，“其

它的"即不是"一","其它的"的每块(实际上每块也就是每个"其它的")也不是"一"。和断片对比的"一"当然指那完备的"一",有一定形状的"一"(参看以上 157D—E "那么……这个的部分")。这个有一定不可移动的首部、末部和中间。譬如一个双足损坏了的人体塑像,我们说它是损失了末部的,却不以自断裂处以上的部分为它的末部。断片不是这样的"一",因此它的首部、末部和中间皆是无固定处所的。

【注 451】 165B "我想……分裂"——Jowett, Diès 以及 Taylor 关于这句的翻译皆不能使我们满意。Diès 译为"Ainsi forcé est, je crois *que se brise et s'émiette* tout être, qu'on aura saisi par la pensée."若我们将这句法文译回希腊文,它应当是 θρύπτεσθαι δὴ οἶμαι καὶ κερματίζεθαι κτλ. 然而原文乃是 θρύπτεσθαι δὴ οἶμαι κερματιζόμενον κτλ. Jowett 的译文是"And so all being, whatever we think of, must be broken up *into fractions* (Taylor 主要点同此) etc."若译回希腊文,它应当是 θρύπτεσθαι δὴ οἶμαι εἰς κερματιζόμενον κτλ. 然而原文与此迥异!三种译本中,Diès 的较近原文,Jowett 的和 Taylor 的去原文愈远;三人共同的毛病乃是误解 κερματιζόμενον 在这句中的职务。这字在此是限制 πᾶν τὸ ὄν 的,它和这个共同组成无限动词的 θρύπτεσθαι 主词("一切断裂而成的有")。在我们的译文里,为了合乎中文句子的结构,将附属于非人称的主句 ἀνάγκη 下的副句意义丝毫无变动地化为主句,将原文中的主句化为译文中主句的助动词——"必然";因此译如上。

然而如若我们以为以上那三位古文字学者不懂这样简单句子的结构，那显然是不公平的非难；他们所犯错误的渊源不在文字方面，乃在义理方面：他们未曾了解断片和非断片的究竟分别。只有断片，或用柏拉图在这里所用的语句，只有“一切断裂而成的有”在人的想象里必然分裂，并非一切的“有”皆如此（参看［注 450］），如 Jowett 的和 Taylor 的译文所表示的。

【注 452】 165A—C“每块岂……是必然”——（VII. 4.、VII. 5.）这一段包括第七组推论中第四、第五两个推论，它们的出发点相同，皆是“如若一不是”。VI. 4. 推论“其它的”表现为无限和有限。这个结论的意义是：如若“一”和相对的“不是”结合，“其它的”表现为有以下一对极端相反的性质：“无限”——“有限”。IV. 5. 推论“其它的”表现为一和多。这个结论的意义是：如若“一”和相对的“不是”结合，“其它的”表现为有以下一对极端相反的性质：“一”——“多”。

这两个推论皆只以断片为对象。推论 VII. 4. 里含有一个关于断片的适当分析；结论的有效范围也只限于断片。推论 VII. 5. 里含有一个关于视觉现象的标准叙述（参看同页 C—D“像投……似的”）。它的有效范围却不只限于断片。因为关于一个完整的物体情形也正是如此。后世以所视随视者和对象间的距离变更（譬如巴克莱的著名的远处观塔一例）当推本段里的叙述为远祖。

它们岂不将看起来既类似又不类似？

怎样？

像投影画对于远立的人一切表现为一，表现为有同的性质和类似。

诚然。

D 对于前进了的人，它们表现为许多的、别异的，并且由于异的现象，它们表现为和它们自身异类的、不类似的。

是这样。

这些块必然表现为和它们自身类似又不类似；而且相互地类似和不类似。

诚然。

【注 453】 165D“这些……和不类似”——这句中“它们自身……”和“相互……”的分别参看[注 376(1)]。

【注 454】 165C—D“它们……诚然”——(VII. 6.)这是第七组推论中的第六个推论，它推论“其它的”和“类似”以及“不类似”的关系。结论是，它们表现为和它们自身以及彼此类似和不类似。这个结论的意义乃是：如若“一”和相对的“不是”结合，“其它的”表现为有以下一对极端相反的性质：“类似”——“不类似”。

所以，细述它们表现为既相同又相异，既接触它们自身又和它们自身隔离，既有一切变动又在一切样式里静止，既生又灭，既不生又不灭，以及一切类似的，在我们已容易了，如若一不是，多是。

确实最清楚。 E

【注 455】 165D“所以……多是”——这里正如在第三组推论里(以上 159A“既然……的性质”)柏拉图只将他所要讲的笼统讲了，详细的论证留给他的读者自己去补充。那里补充的结果乃是“其它的”分有“是”(参看[注 378]和[注 393(1)])。这里如若我们一步一步地补充，结果乃是:“其它的”看起来分有“是”。

【注 456】 164B—165E“让我们再……清楚”——(1)这是本篇“谈话”第二部分中八组推论的第七组，它从否定形式的假设出发推论，“如若一不是”，“其它的”有何性质。这里所得的结论乃是，“其它的”看起来如此如此。如若我们将本组推论的结果和第三组推论的结果比较，它们的异、同对于我们是很了然的(参看[注 455])。它们的同点乃是:“其它的”和本篇“谈话”里所讲的一切极端相反者以及相反者结合；异点乃是:依第三组推论，“其它的”是和那些结合，依本组“其它的”看起来和它们结合。两组间的分别即是“是”和“现象”的分别。

完全以现象为对象是本组推论在八组推论中的特点，是它所以异于它组推论的。Wundt(a. a. O. S. 53、54、56)以为由第五组至第八组推论皆是以认识为中心的，乃是一种穿凿附会；我们在第五、第六两组推论里未见到，认识是它们的中

心。其中若有比较可以讲得通点的，乃是以本组推论为讨论感觉的。这就因为本组推论的对象乃是“其它的”作为“现象”（das Andere als Erscheinung）。

（2）我们以上已见到，柏拉图在《费都篇》——《国家篇》时期中以为感觉对象和高级认识对象之间有不可消灭的界限，以及怎样这个思想在本篇“谈话”里不存在了（参看［注 393（4）］）。“相的集体”或“范畴集体”既是高级认识对象，又是感觉对象。这是感觉对象的新解释。所谓“感觉对象”和“现象”乃是个别事物在认识关系中的两方面；自认识主体的立场看去，个别事物是感觉对象，自认识对象的立场看去，个别事物乃是对认识主体表现者，乃是“现象”。（“现象”，至少在希腊哲学里，只在认识关系里始有，这从“现象”一词所由来即可看出）。φαινόμενον 出于 φαινέσθαι，但 φαινέσθαι 永远是 τί τίνι φαινέσθαι。柏拉图关于感觉对象在本篇里既有新的解释，因此他关于“现象”也必须另给新的解释。完成这一点，即是本组在全篇里的职务。它指出，在什么条件下，“其它的”，即个别事物，看起来如此如此，或说在什么条件下方有“现象”。这个条件乃是：如若“一”和相对的“不是”结合。至于何以在这条件下个别事物表现，或在这条件下方有“现象”，我们在这里还不能明白，必至我们研究了第八组推论以后始可了解（参看［注 464（2）］）。

（3）在本条 I. 里我们已指出来本组推论和第三组推论的同点和异点；在这里我们再问它们的相互关系是什么。第三组推论实际上是个别事物的引绎（Ableitung der Einzeldinge),本组推论乃是“现象”的引绎(Ableitung der Erscheinung)。个别事物有两方面:在认识关系里和不在认识关系里。(至于个别事物只在认识关系里存在,乃是现代的思想,在希腊哲学里尚未流行。)这虽是同一事物的两方面,但它们是不同的两方面;其中任何一方面的解释只是片面的。不同两方面的各个解释凑合来乃是关于个别事物的完备解释。本组推论和第三组推论各解释个别事物的一方面;因此它们的关系乃是互相补充。

我们再回到出发点一次,让我们讲,如若一不是,异于一的是,应有什么结果。

诚然,让我们讲。

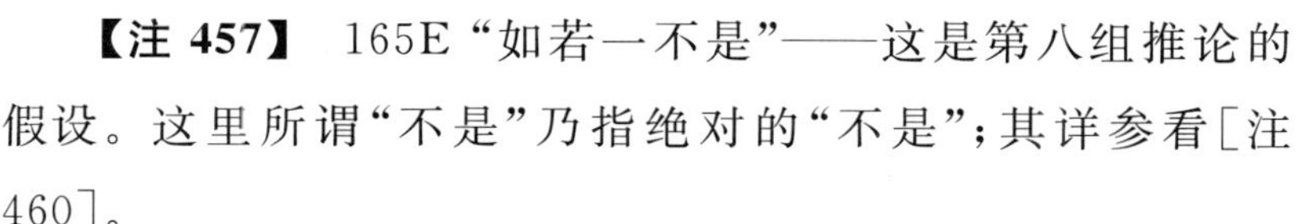

【注 457】 165E“如若一不是”——这是第八组推论的假设。这里所谓“不是”乃指绝对的“不是”;其详参看[注460]。

【注 458】 165E“异于一的”——犹言“一”的“其它的”(τἆλλα τοῦ ενός)。

那么其它的将不是一。

它们将怎样是一?

然而它们也不是多;因为若有多,在多里也必有一。因为如若多里无一个是一,总和也不是任何一个,结果多也不是多。

显然。

但是一不在其它的里，其它的既不是多，也不是一。

不是。

【注 459】 165E“因为如若……多也不是多”——这是普遍的陈述。“多也不是多”中的“多”原文中省，译文中就含义增。这里只是推论“其它的不是多”的大前提。所以 Taylor 的译文并不确当。

这里的意义我们从以上（143B—144A）“数的引绎”里即可了解；何必舍此它求？“数的引绎”全部建筑在“一”的分有“是”上，此即所谓一乃是数的起源（ἀρχή τοῦ ἀριθμοῦ）。这样，若有多，就必有一，假设多中无一是一，多即不能是多。Taylor(ibid p. 110. 1)丢开本篇“谈话”从它处来解释，至多只不过表现他的“Polymathie”，事实上并不须此。

166A 它们也不表现为一或多。

为何？

因为其它的和不是者里无一个在任何情况下在任何样式里有任何联结；不是者里也无任何的是在其它的中任何的里，因为不是者没有部分。

显然。

那么在其它的里也无不是者的意象或现象，不是者在无一情况下无一样式里被想象为在其它的里。

诚然不。

那么，如若一不是，其它的里任何的不被想象为一和多；因为没有一，想象多是不可能的。

不可能。

那么如若一不是，其它的既不是也不被想象为一、为 B
多。

看起来不。

【注 460】 166A“它们……联结”——第七、第八两组推论的假设我们还未具体地解释；从这里我们可以看出那两个形式相同的假设意义上的差别究竟在哪里。

“因为……联结”是解释“它们（‘其它的’）也不表现为一或多”的。“在任何情况下、在任何样式里”即针对“表现”。“巴曼尼得斯”的意思乃是：“其它的”不但不是“不是的一”，而且即在“现象”里也不和它联结。然而在第七组推论里，我们已见到：“如若一不是”，“其它的”表现为一和多（以上 165B—C），这样，即非和它（“不是的一”）在任何情况下、在任何样式里无任何联结。因此第七组里所讲的“不是的一”和第八组里所讲的不是同一个“不是的一”。第七组里的乃是那个“不是的一”，“其它的”和它至少在“现象”里还有联结：第八组里的乃是另一个，“其它的”和它即在“现象”里也无联结。这样，第七组的假设和第八组的假设意义上必有差别。

这一点正符合我们从以上六组推论所得的经验：第一和第二、第三和第四、第五和第六里的假设也皆是表面上两两相同，意义上两两差别。但第七、第八两组的假设差别何在？

第六组推论所假设的“不是的一”乃是“在无一样式里、无一情况下是”的（以上 163C），它是绝对地不是者或“无”；第五组所假设的乃是“在某某样式里分有是”的（以上 161E），即是异于“其它的”的（以上 160C），它是相对地不是者。如若依照第七组推论“其它的”和“不是的一”还在“现象”里结合，并非和它在任何样式里、任何情况下无任何结合，那么这个“不是的一”自身即不能不“在某某样式里分有是”。这样，第七组里所讲的“不是”乃是相对的“不是”，它是和第五组里所讲的相同。“不是”只有两种：即相对的和绝对的。第七组里所讲的既是相对的，那么第八组里所讲的和第七组所讲的不同的，必是绝对的“不是”，它是和第六组里所讲的相同。

【注 461】 166A“不是者的……现象”——这乃是 δόξα τοῦ μὴ ὄντος… οὐδέ τι φάντασμα 的译文。这里的第二格乃是 genitivus subjectivus；至于这个短句的意义正是下一句中所讲的：“不是者在无一情况下、无一样式里被想象为在其它的里。”

【注 462】 166A“在其它的里〔诚〕”——从 Schleiermacher 读如 ἐπί τῶν ἄλλων，Diès 从抄本读如 ὑπὸ τῶν ἄλλων。若读如 ὑπὸ，全句意义当为“不是者在无一情况下、无一样式里被其它的想象”。Diès 维持本读法，即如此解释这句（ibid p.114.1)。但这非 166A—B(“那么在……来不”)一节所要证明的。

【注 463】 165E—166A“那么其……来不”——这一段推论“其它的”和“一”以及“多”的关系。结论包含两大部分:(一)如若“一”绝对地“不是”(参看[注 460]),“其它的”既不是一也不是多(165E“那么其……是一不是”)。(二)复分为 a.和 b.两部分。a.如若“一”绝对地“不是”,“其它的”既不表现为一也不表现为多(166A“它们……显然”)。b.如若“一”绝对地“不是”,“其它的”不被想象为一、为多(166A—B“那么其……来不”)。(一)是万有论方面的;(二)是认识论方面的。(二)a.从认识对象方面立言,(二)b.从认识主体方面立言。结论的意义乃是:如若“一”和“是”绝对地无结合,“其它的”无以下一对极端相反的性质:“一”——“多”。

那么它们不类似、也不不类似。

不。

也不同、也不异,也不接触、也不隔离,同样关于那些我们在以上的讨论里细讲是它们所表现的:它们既不是、也不表现为这些里的任何一个,如若一不是。

显然。

如若我们统括地讲:如若一不是,无一个是,我们岂 c
不讲得正确么?

完全正确。

【注 464】 165E—166C“我们再……全正确”——(1)这是本篇“谈话”第二部分中八组推论的末一组;它的结论乃是第一组推论里所得结果的否定。上一组的结论是:“其它的”看起来有本篇中所讲的一切相反的性质(参看[注 456(1)]);本组的结论是:“其它的”不但无那些相反的性质,而且也不看起来有它们。前者在全篇中的职务乃在指出:在什么条件下,“其它的”看起来如此如此,或者在什么条件下方有“现象”(参看[注 456(2)])。后者在全篇中的职务乃在指出:在什么条件下“其它的”也不看起来如此如此,或说在什么条件下没有“现象”。这个条件乃是“如若一不是”。

“如若一不是”在本组推论里的意义,我们以上已指出来,乃是:如若“一”绝对地“不是”(参看[注 460])。

(2)从这里我们可以进一步了解第七组里的“现象”的引绎(参看[注 456(3)])。个别事物只存于“相”或范畴的结合里;如若“一”和狭义的“是”结合,方有个别事物(推论 IV.)。如若“一”和绝对的“不是”结合或和“是”绝对地无结合,即绝对地无个别事物,既无不在认识关系内的、也无在认识关系内的个别事物(推论 VIII.)。如若“一”和相对的“不是”结合,其必然结果乃是“现象”(推论 VII.)。这样,“一”和处于狭义的“是”以及绝对的“不是”之间的相对的“不是”结合,产生出处于“有”和“无”之间的“现象”来。

以上我们已知道,依照柏拉图在本篇“谈话”的思想,所谓“个别事物”只是“相的集体”或“范畴集体”(参看[注 393(1)]);一切的“有”——“相”或范畴自然皆是“有”——皆有狭义的"是"和相对的"不是"两方面(参看以上 161E—162B 以及[注 414])。这样,个别事物作为个别事物(das Einzelding als Einzelding),即不在认识关系内的个别事物,乃基础于"相"或范畴的狭义的"是"的一方面(推论 III.);个别事物作为"现象"(das Einzelding als Erscheinung),即在认识关系内的个别事物,乃基础于"相"或范畴的相对的"不是"那一方面(推论 VII.)。正因为"相"或范畴有这两方面,"相的集体"或"范畴集体"也必有不在认识关系内和在认识关系内的两方面。因此个别事物的引绎(推论 III.[以及在某种意义里,IV.])必继以"现象"的引绎(推论 VII.[以及在某种意义里,VIII.]);前一"引绎"必从"如若一(狭义的)是"出发,后一"引绎"必从"如若一(相对的)不是"出发。

这样,"少年苏格拉底"的企图(参看[注 47(2)]),严格讲起来,在这里"巴曼尼得斯"始为他完全成就了。"巴曼尼得斯"不但引绎了个别事物作为个别事物,而且又引绎了个别事物作为"现象"。"拯救现象"的工作至此完成;本篇"谈话"里所要解决的问题皆解决了;这一篇篇幅简短、寥寥四十一页,然而内容精深辉煌,二千余载的奇著内容方面在此也就结束了。

这样,这点让人肯定,并且还有以下一点,即看起来无论如若一是或者如若一不是,它和其它的,相对于它们自身以及彼此相对,既完全是一切、又不是一切,既表现为一切、又不表现为一切。

最明显了。

【注 465】 166C“并且……显了”——柏拉图用这一句简单的话将本篇“谈话”第二部分里推论的结果综合地讲出来：即“如若一是”，“一”既是一切（推论 II.），又不是一切（推论 I.），“其它的”既是一切（推论 III.），又不是一切（推论 IV.）；“如若一不是”，“一”既是一切（推论 V.），又不是一切（推论 VI.），“其它的”既表现为一切（推论 VII.），又不表现为一切（推论 VIII.）。

附录一
“少年苏格拉底”的“相论”考

一

我们都知道,研究哲学史有两个必备的条件:系统哲学方面的训练和客观的态度。如若缺第一个条件,我们只可见到一种哲学思想的表面,不能抓到它的问题,更不能了解这种思想的究竟意义。如若缺乏第二个条件,我们的解释只是出于“想当然耳”,甚至流为一种曲解。但是研究西洋古代哲学史虽然这两个条件齐备,仍然是不够的;此外还有第三个条件。即古文字学[注 1]方面的预备工作。因为古代哲学中的一种思想往往牵涉到古文字学方面的问题;这种思想的了解又往往以这些问题的解答为先决条件。

关于这点,柏拉图的《巴曼尼得斯篇》给我们一个很好的实例。这篇“谈话”是柏拉图著作中历来公认为最难了解的[注 2]。它所以难于了解,固然因为它的内容深奥;但它牵涉了几个哲学内容以外的问题,也是它使人在这篇里不易寻出头绪来的原因。这些问题中的两个是专属于古文字学方面的。它们是:(1)“少年苏格拉底”所代表的“相论”[注 3]究竟是谁的?是柏拉图自己的?还是他转述他人的?(2)“巴曼尼得斯”对这学说的批评出于何人?此外另一个问题是关于古文字学和哲学双方面的:即这篇“谈话”里的

第二部分和第一部分的关系是什么？如若我们对于这三个问题不能有所答复，我们对于这篇的内容即无从有任何意见；如若我们不能正确地解决这些问题，我们即根本不能了解这篇里的哲学。如若我们不能了解这篇里的哲学，我们即不能了解柏拉图的、亚里士多德的整个的理论哲学以及仆罗丁（Plotinos）的玄学思想。如若我们还未忘记，这三位大师远对于中世纪、近对于现代哲学的关系是如何重要，我们即可以见到，以上所述的三个问题，为了认识西洋哲学思想两千多年以来的流变，我们是不应当忽视的。

这三个问题中的第一个问题的解答，足以直接地影响第二个问题和部分地影响第三个问题的解答。本篇即谋解答这第一个问题。

二

我们以上关于《巴曼尼得斯篇》所提出的三个问题，决不是我们的发现，它们皆是老的问题。但柏拉图学家关于第一个问题受了种种的蒙蔽[注 4]，以致认本篇“谈话”里“少年苏格拉底”所代表的“相论”即是柏拉图自己的。Henry Jackson 忙于搜求本篇“谈话”和《费都篇》、《国家篇》中的相同点[注 5]。Hans Raeder 在他那本在近几十年来研究柏拉图哲学的著作里颇为人重视的书里简约为以下三点：

（1）“相”是整一的，非集合的；

（2）它是不可见的，只有思想可以达到的；

（3）它为事物所分有。

根据这三点，他以为“少年苏格拉底”的“相论”和《费都篇》——《国家篇》里的“相论”严密符合已显然了[注 6]。

这三点诚然皆是“少年苏格拉底”的“相论”和《费都篇》——《国家篇》里关于“相”的解说所有的相同点；但我们必须仔细考察，是否这三点即足以证明“少年苏格拉底”的“相论”即是那两篇“谈话”里的“相论”。

(1)“相”是整一的、非集合的——不但依据《费都篇》，“相”是这样，即是《会饮篇》中郑重提出的“相”的四个积极性质，其中两个属于这一方面[注 7]。但我们这里不应当急急地下结语，应当回忆以下的事实。柏拉图在《哲人篇》和《君宰篇》里不辞劳瘁地、甚至使人厌倦地反复以实例解释他的“分解法”[注 8]。这反复的意义乃是：柏拉图彻底地自觉，他的新方法是思想史上的一个新发现。人类的思想活动里还未有过这样的“分解”，因此他不避繁琐地反复陈述。“分解”的对象是“相”。于是方法的发现影响了“相论”的内容：“相”不是整一的了，乃是集合的[注 9]。这是西洋哲学史上第一次发现“相”是集合的。第二次的发现是在亚里士多德的《物理学以后诸篇》里。他在柏拉图仔细地解释了“分解法”以后又详细地指出来，“相”如何是集合的[注 10]。这两件事实表明在《哲人篇》、《君宰篇》、《物理学以后诸篇》问世以前在方法方面还从未有人知道“分解法”，在内容方面还从未有人想到“相”是集合的。这样，人类的思想在那时关于这一点还未由笼统达于解析；如若有任何“相论”在这两人的新发现以前产生，它必然地以“相”为非集合的、整一的。所谓任何“相论”即是说：不限于柏拉图的“相论”是如此。因此，“少年苏格拉底”所代表的“相论”虽然和《费都篇》里所言的“相”同是整一的、非集合的，但这一点并不足以证明他的“相

论”即是《费都篇》里的“相论”[注 11]。

(2)“相”是不可见的,只有思想可以达到的——柏拉图诚然以“相”为思想的对象,或正确点说,为高级认识的对象[注 12],而非感觉的对象。这个意见且不仅见于《费都篇》和《国家篇》,乃散见于他的其它著作中。但仅根据这个相同点,人还远未能证明“少年苏格拉底”的“相论”即是《费都篇》和《国家篇》里的“相论”。“相”的肯定不直接地出于实际经验,乃是根据实际经验推论的。我们感觉所及,只是个别事物,我们永不能感觉普遍的、永不能感觉“相”。因此每一种“相论”必以“相”为高级认识的对象,不是感觉的对象。历史上的事实可以佐证我们所说的。根据亚里士多德的记载,苏格拉底是历史上第一个寻求人事方面的“普遍者”的人,且欲在“定义”里认识它[注 13]。在柏拉图的哲学里,“相”的所指即是苏格拉底所寻求的;只有引用“相”这个名字是柏拉图创始的[注 14]。这样(若我们借用后起的术语),我们可以说,苏格拉底即以“相”为高级认识的对象。不但在柏拉图以前情形是如此,即在柏拉图以后情形仍然是如此。在亚里士多德的认识论里“指证”(ἀπόδειξις)的基础是“定义”[注 15],“定义”的对象是“相”[注 16]。这样,亚里士多德也以“相”为高级认识的对象。这只是就“相”的肯定方面讲,再从“相”的否定方面看,情形亦与此无异。西洋哲学史上第一个反对肯定“相”的人所持的理由即是:人不能看见“相”[注 17]。这样,凡是肯定“相”的人莫不以“相”为“只有思想可以达到的”,否定“相”的人也以“相”为“不可见的”。历史上还未有一人作相反的主张;相反的主张在事实上也是不可能的。因此人不能根据这个相同点主张“少年苏格拉底”的“相论”即是《费都篇》和《国家篇》里的“相

论”，正如我们不能根据这相同点主张亚里士多德的《分析前篇》(Analytica priora)和《分析后篇》(Analytica posteriora)里的关于“相”的学说即是这两篇“谈话”里的“相论”一样。

(3)“相”为个别事物所分有——这一点也和以上两点一样，不足以证明“少年苏格拉底”的“相论”即是《费都篇》里的“相论”。凡是以“相”为原理解释个别事物的，不能不同时承认“相”和个别事物有关系；否则即陷于自相矛盾。《巴曼尼得斯篇》中所谓“分有”(μεθέξις)即指“相”和个别事物间的这个关系。因此它只是一个空泛的名词，单单这一个各词还远未曾讲出这个关系究竟是怎样的一种关系。关于“分有”的讨论在这篇里反复出现[注 18]也就因此。这样，人不能因为这篇里用了这个和《费都篇》里相同的名词，便主张“少年苏格拉底”的“相论”即是那篇里的“相论”。如若那个论证的方法有效，我们都知道，亚里士多德有时也用这空泛的名词，譬如《物理学以后诸篇》Z 12，1037b 18—20，那么人岂不也可以主张那里关于“相”的学说即是《费都篇》里的“相论”么？但事实上如若有人主张，我们必然异口同声地斥为荒谬。

《巴曼尼得斯篇》和《费都篇》以及《国家篇》诚然有上述三个相同点，但他们不足以证明“少年苏格拉底”所持的“相论”即是那两篇“谈话”里的“相论”。这样，传统的意见不能维持其有效性；原有的问题因之要求新的解决。

三

前人的失败是我们研究的指南针；我们正应当从他们的失败里学习解决当前问题所应采取的方法。他们的失败不是因为他们所根据的理由错误，乃是因为他们所根据的理由不充足。他们所举出的相同点诚然无误；但这些相同点太宽泛，不足以证明“少年苏格拉底”所持的“相论”即是《费都篇》或《国家篇》里的“相论”。我们如若要比较两个“相论”是否是同一个学说，我们应当就他们的特点着眼，不能只从它们的普通性质着眼。如若他们的特点相同，虽然还未必即能证明它们是同一个学说，但去此证明已十分接近；反之，如若他们的特点不相同，它们即非同一个学说。因此欲解决我们当前的问题，表面上的观察无补于事；只有内容的审慎分析方可发现特点；特点发现了以后，方可比较。

《巴曼尼得斯篇》中叙述“少年苏格拉底”的“相论”十分简略。但除了这篇以外，关于“少年苏格拉底”的“相论”我们更无其它的记载。因此我们的分析只能以本篇中所载的为根据。依据这篇，那个“相论”的基本思想严格地讲起来只是下面的几句话：

（“巴曼尼得斯”对“少年苏格拉底”说：）“且对我讲你自己曾如你所说的这样分么，一方面相自身，一方面分有这些相的，它们相互分离？离开了我们所有的类似你想还有什么是类似的自身么”[注 19]。

这些问题“少年苏格拉底”都肯定了。从这里我们可以发现，他的“相论”由以下几点组成。

(1)一个“同名的”(ὁμωνύμον)“相”和一类个别事物的对立；

(2)“相”和个别事物的分离(χωρισμός)；

(3)个别事物对“相”的分有。

这第三点，个别事物对“相”的分有，虽然是组成这个“相论”的一个重要成分，但却不是它的特点。因为所谓分有只空泛地表示

“相”和个别事物之间的关系；但凡是一种“相论”皆必须肯定它们中间的关系。关于这点，我们以上(II. 3.)已讲了。

这第一点，一个“同名的”“相”，和一类个别事物的对立，也非这个“相论”的特点。西洋哲学史上一切“相的玄学”(Formmetaphysik)莫不如此(唯有老年的柏拉图方才超脱这个窠臼，严格地讲起来，那已不是一种“相论”了[注 20])。譬如亚里士多德虽然一方面攻击“同名”这一点[注 21]，另一方面仍然以“人之相”和个别的人对立，“马之相”和个别的马对立，以及“房屋之相”、“健康之相”等等和个别的房屋、个别的健康等等对立。

以上三点里只有这第二点，“相”和个别事物的分离，是“少年苏格拉底”的“相论”所有的特点。因为凡是一种“相论”必然地肯定一个“同名的”“相”和一类个别事物对立，但并不必然地肯定“相”和他们分离。“分离”是希腊哲学里的术语 χωρισμós 的翻译，但在希腊文中表示“对立”的是 παρά εἶναι。虽然 χωρισμós 不能离开 παρά εἶναι，但 παρά εἶναι 并不预先肯定 χωρισμós。在柏拉图、亚里士多德这一时期中的希腊哲学里我们至少可以举出两种“相论”来，它们虽然肯定和那些个别事物对立的“相”，但同时并不主张“相”和它们分离。其一是普通知道的亚里士多德的玄学，它以个别事物乃“相”和“材料”的结合[注 22]，因此“相”在个体之内[注 23]。另一是普通人少知道的 Eudoxos 的哲学；它以“相”和个别事物的混合解释后者的性质[注 24]，这样，“相”也不和个别事物分离。“相”和个别事物的分离并非一切“相论”所必然主张的；但“少年苏格拉底”的“相论”却这样主张，于是这个主张即成为他的“相论”的

特点。

但所谓“分离”究竟是什么意思？这个问题的答案我们可以从《巴曼尼得斯篇》里另一处看出来[注 25]。分离是个别事物存在的形式；甲乙两个物体是在空间里分离了独立存在的。肯定“相”和个别事物分离，即是将我们在实际世界里所认识的物体间的关系加到“相”上去；这样，将“相”物体化了。所以在以上所讲的那个特点以外，“少年苏格拉底”的“相论”还有一个特点，即“相”的物体化。

“少年苏格拉底”将“相”物体化了，这是事实，并非只是我们的解释。证明这一点的是“巴曼尼得斯”批评“少年苏格拉底”的“相论”时所用的那个“无穷尽后退”(regressus ad infinitum)的论证。这个论证建筑在“相”和个别事物的混淆上。柏拉图所以让“巴曼尼得斯”应用这个论证，即是因为“相”在那被批评的学说里已先物体化了。关于这一点我们在另一处已详细讨论[注 26]，此处且从略。

“少年苏格拉底”的“相论”还有第三个特点。“巴曼尼得斯”由于他的询问确定了某类事物“少年苏格拉底”肯定其有“相”，某类事物他否定其有“相”。这样无异给我们一张“相表”。从这张“相表”里，我们发现那个“相论”的第三个特点。这张“相表”如下：

(甲)数学方面的“相”——如“相似”、“一”等等——和伦理方面的“相”——如“公正”、“善”等等——是他无问题地承认的；

(乙)自然物的“相”——如“人”、“火”等等——是他所不能决定有无的；

(丙)卑贱的事物——如头发、污泥、秽物等等——的“相”是他极端否认的[注 27]。

仔细地分析这张“相表”，还要等待以后[注28]，现在我们且先比较（甲）和（丙）。伦理方面的“相”皆是一种价值，比如“公正”、“善”等等。数学方面的“相”也各有它的完备性，所以也是一种价值。另一方面，卑贱的事物如污泥、秽物皆是无价值的。“相”的肯定和否定显然以价值为标准。以价值分别彼此，不是万有论（Ontologie）的看法，乃是目的论的看法。从万有论看来，若有价值的事物有“相”，无价值的事物也必同样地有“相”。因为事物虽有有价值和无价值的区别，但它们皆是“有”（τὸ ὄν—Seiendes）。万有论（Ontologie）即单从这一点去看事物，所以不以价值分别彼此。目的论却不同，它只能肯定有价值的事物有“相”，必须否定无价值事物的“相”。因为如若无价值的事物也和有价值的事物同样地有“相”，那么无价值的事物以它们的“相”为目标，追求这些“相”，结果必致世界上卑贱的事物越趋卑贱，这是违背目的论的根本意义。所以从目的论的眼光看来，否认卑贱事物有“相”必是毅然决然的[注29]。“少年苏格拉底”即是如此。所以他的“相论”不是以万有论为背景的，乃是以目的论为背景的。这目的论的背景即是他的第三个特点。

我们将这三个特点简单写出如下：

（1）“相”和个别事物的分离；

（2）“相”的物体化；

（3）目的论的背景。

四

“少年苏格拉底”的“相论”所有的特点既已分析出来，次一步的工作乃是以这三个特点为标准来考查那个“相论”究竟是否是《费都篇》里的“相论”。《费都篇》里有一段话看起来仿佛和“少年苏格拉底”的“相论”是同一个学说。柏拉图在用“回忆(ἀνάμνησις)说”论证心灵在人生以前即存在一点时[注 30],讲到他的“相论”。那里是就“等之相”和相等的木条、相等的石块讨论的。木条、石块只是相对的相等,只有“等之相”是绝对的相等。这一类的话已是在其它“谈话”里常常有过的;但那篇里关于“相”的新见解乃是以下的一句话:

“但是我们由于我们的感觉必然地在心里有这思想,即我们感觉里的一切相等的物体追求那个等之相,然而不及它”[注 31]。

我们且分析这句话。第一,既然“我们感觉里一切相等的物体追求那个等之相”,那么“等之相”即是相等物体追求的对象,即是他们的目的。第二,既然相等的物体追求“等之相”,“然而不及它”,那么在它们和它之间即有个“距离”。那篇里以“等之相”为实例所讲的不仅对于这一个特别的“相”有效,乃是关于一切的“相”有效的[注 32]。这样,那个“相论”有以下两个特点:

(1)“相”是个别事物的目的;

(2)“相”和个别事物之间有一“距离”。

《费都篇》的“相论”所有的特点既如上述。我们请比较那篇里的“相论”和“少年苏格拉底”的“相论”:(1)《费都篇》里的“相论”乃是一种目的论;它肯定“相”为个别事物追求的目的以解释实际世界:这个形形色色的世界只存在于个别事物对“相”的追求里。我们以上[三(3)]已见到,“少年苏格拉底”的“相论”是目的论的。现在的分析使我们进一步了解,何以那张“相表”是如此。《费都篇》里的目的论的“相论”乃是以数学方面的“相”——“等之相”——为出发点，再推广到伦理方面的“相”[注33]。在那张“相表”里[三(甲)]，无问题地承认的也就是这两方面的“相”。同一张“相表”里的第二项[三(乙)]也是以目的论为转移的。据《国家篇》，善是人追求的对象[注34]，但据同一篇，善乃是万有的最后原理[注35]。这样，追求善的不只是人，因此不易决定，是否除善以外还有“人之相”以为人单独追求的目标，正如相等的物体有“等之相”为它们单独追求的目标一样。其它自然物也可同样地解释。这样，“少年苏格拉底”的“相论”和《费都篇》的“相论”就目的论这一点看是很相近的。

(2)但这两种“相论”的相似仅止于此。《费都篇》里的“相论”的另一个特点是：“相”和个别事物之间有一“距离”。“少年苏格拉底”的“相论”的另一特点是：“相”和个别事物的分离[三(1)]。这“距离”和分离，粗粗看起来仿佛相似，但仔细地研究指出它们的根本不同来。据《费都篇》，相等的物体只是相对的等。虽然它们追求“等之相”，希冀也成为绝对的相等；但它们终不能变为和“等之相”一样的完备，它们终不及它。所谓“距离”即存在于这个“不及”里。这样，(甲)《费都篇》里的“距离”只是完备和不完备之间的“距离”，只是程度方面的差别(或许是性质方面的差别)，而非空间里的“距离”。(乙)个别事物追求“相”，虽然终不及它，但那“距离”却可无穷尽地缩小。“等”也许不是最合宜的例子，但如若我们就伦理方面的“相”看，譬如“善”，善人可以无止境地变为更善。但“少年苏格拉底”所主张的“相”和个别事物的分离，(甲)那个分离却非程度上的差别(也非性质方面的差别)，它乃是以个别事物存在的形式加到“相”上去所产生的结果。它实际上乃是空间的“距离”，

虽然即是“少年苏格拉底”自己也不能讲“相”在何处[注 36]。（乙）因为“相”和个别事物的分离只基础于错误的比拟上，并非二者之间真有一空间上的“距离”，因此个别事物存在的形式虽然加到“相”上去，但“相”和个别事物间的“距离”仍是不能缩短或延长。这样，“少年苏格拉底”的“相论”里的“相”和个别事物的分离，迥非《费都篇》里的“相”和个别事物之间的“距离”。这样，两个“相论”也非同一个“相论”。

《费都篇》里的“距离”，依我们的解释，只是程度上的差别。也许有人不愿将这篇的“距离”和《巴曼尼得斯篇》里的“分离”这样分开，因而怀疑柏拉图可否有如我们所解释的“距离”的思想；这样，我们请这人注意《国家篇》里的那句使柏拉图学者煞费苦心不易解释的话。那句话事实上只表达和《费都篇》里的“距离”同样的思想。柏拉图在那篇里借着“苏格拉底”的唇舌用太阳来解释“善之相”以后，接着说：善并不即是“有”，但在尊荣和能力方面乃超过“有”[注 37]。他的用意是将善的位置特别提高，“有”已高出一切分化了的“有”了，但善仍然超过了“有”。在这超过里即有一“距离”，这“距离”非它，乃是尊荣和能力程度上的差别。在《费都篇》里“距离”本寄托在“相”和个别事物之间的，在《国家篇》里却在善和“有”之间了，这可说是这个“距离”由万有结构里的较低层次进到较高的层次。两篇“谈话”里的“距离”虽有层次高低的不同，但主要的思想只是同一个，即是这“距离”。《国家篇》里的“距离”只是《费都篇》里的“距离”的提高。正如那篇里的“距离”并非善和“有”的分离，同样，这篇里的“距离”也非“相”和个别事物的分离。

(3)“少年苏格拉底”的“相论”还有另一特点，即“相”的物体化

[三(2)]。这点只是“相”和个别事物的分离的另一方面。如若人将个别事物存在的形式加到“相”上去,认“相”是和个别事物分离的,同时“相”也物体化了。另一方面如若人将“相”物体化了,这物体化了的“相”存在的形式亦必如个别事物存在的形式;这样,人必认为“相”和个别事物分离。上面我们已指出《费都篇》里的“距离”并非“相”和个别事物的分离;这样,那篇里的“相论”并未将“相”物体化。所以就“相”的物体化这一点看“少年苏格拉底”的“相论”不就是《费都篇》里的“相论”。

这两个“相论”虽然不是同一个“相论”,但它们有密切的关系。《费都篇》里的“相论”本是一种目的论;“少年苏格拉底”的“相论”即是以目的论为背景的,并且它即以《费都篇》里的目的论为背景。那张“相表”对于“相”的去取完全以《费都篇》里的目的论为主。这一件事实足以证明“少年苏格拉底”的“相论”乃是深受《费都篇》里的“相论”的影响形成的。

五

柏拉图学者以为“少年苏格拉底”的“相论”和《费都篇》以及《国家篇》里的“相论”符合二。因此将“少年苏格拉底”的“相论”和《费都篇》里的“相论”比较了以后,我们还须将它和《国家篇》里的“相论”比较。普通地看起来仿佛是不可能的,如何这个“相论”能和那两篇“谈话”里的“相论”符合?因为它们里的“相论”自身是不尽同的。这固然一方面因为人仅就空泛几点比较,但另一方面恰巧“少年苏格拉底”的“相论”也非始终一致的。以上的比较四仅根据它的基本思想和那张“相表”。但“少年苏格拉底”在受了“巴曼尼得斯"的批评以后，复给他的基本思想一个新的解释：他以"相"为模型（παράδειγμα），个别事物为仿本，分有为"被造得类似相"[注38]。这样解释了的"相论"和《国家篇》里的有相似处。

《费都篇》和《国家篇》的"相论"不同点乃在——用亚里士多德的术语——"动因"的不同[注39]。《费都篇》以"相"为目的解释实际世界：这个世界所以是这样这样的，乃因为个别事物追求"相"。这个追求的发动不在追求者这一方面，乃在追求的目的那一方面；后者有一种吸引力，以促动前者。这是希腊哲学中目的论的基本思想，无论其为亚里士多德的"不动的动者"[注40]的思想或仆罗丁的"回转说"[注41]，皆莫不如此。《国家篇》里的"相论"就迥然不同。"相"乃模型[注42]，是那篇的基本思想。从地窟里挣扎到地面上的"囚徒"观望了光天化日下的世界以后，必仍回转到地窟里去，解救其余的"囚徒"；受了长期教育的优秀分子也不能优游于玄想里，仍必担起实际生活上的职务来[注43]。这些人即是国家的理想治理者；他们的职务即是以他们所认识了的"善之相"为模型建设国家。国家的建设无异于日用器物的制造；一床一桌的产生也皆是木工对"床之相"和"桌之相"的仿造[注44]。这样，《国家篇》里的"相论"有三个重要成分："相"、个别事物和"工匠"（δημιουργός）。"工匠"是"相"和个别事物之间的沟通者；个别事物所以形成，它的动因不是"相"，乃是"工匠"。《费都篇》即将动因放在"相"内，此外并不再须"工匠"；世界即由"相"和个别事物组成。"工匠"乃是《国家篇》里的"相论"的特点。

"少年苏格拉底"另样解释了的"相论"和《国家篇》里的"相论"相似处是他以"相"为模型，个别事物为仿本；但他不采取"工匠"的

概念，却欲用一种关系以沟通“相”和个别事物。这关系是事物“被造得类似相”。然而没有“工匠”，事物如何能“被造得类似相”？这显然是个奇特的见解；它似乎是不应当产生的。但不仅《巴曼尼得斯篇》中的那节里未提到“工匠”已足为以上解释的根据，而且亚里士多德对这样见解的批评即从“工匠”的遗漏出发[注45]愈说明以上的解释是适合的。既然“工匠”是《国家篇》里的“相论”的特点，但“少年苏格拉底”的“相论”却刚刚缺少这“工匠”；因此他的“相论”并不和《国家篇》里的“相论”符合，如柏拉图学者根据几个空泛的相同点所想象的。

但“少年苏格拉底”何以曾有这奇特的见解呢？这事实可以从我们以上所言的得到解释。“少年苏格拉底”深受《费都篇》里的“相论”的影响。他一方面欲借《国家篇》里的“相论”来维持他自己的“相论”，但为《费都篇》里的思想方式所束缚，以致忽略了“工匠”；结果成为这样一个既和两篇“谈话”里的“相论”各有相似处、但和它们皆不相同的见解。

六

关于“少年苏格拉底”所代表的“相论”究竟是谁的一问题，以上研究的结果是一个消极的答复：即它既非《费都篇》里的，也非《国家篇》里的“相论”。若只为了解《巴曼尼得斯篇》，我们仅有这个消极的答案也就够了。因为它实际上已告诉我们，“少年苏格拉底”的“相论”不是柏拉图自己的，乃是转述他人的。然而所谓“他人”究竟是谁？这个问题自身是值得研究的。但因为古代的记载缺乏，关于这问题一个彻底的答复事实上不可能；然而在相当范围以内我们未必不能对它多少有些解答。

凡是稍涉猎过柏拉图的初期“谈话”的人，大约总还记得以下一件事实：即在这些篇著作里和“苏格拉底”谈话的人时常误解他的问题。所问的是普遍者，但所答的只是附属于这个普遍者下面的一个特殊事例[注 46]。最荒谬，使人难忘的是“哲人”Hippias 对“什么是美？”的答案——“美丽的少女！”[注 47]这事实的意义乃是柏拉图借此指出苏格拉底在思想方面远超过他的同时人。这些人的意识尚停滞在朴素阶段里，只知个别的，根本不能了解普遍的。和这样的意识比较，《巴曼尼得斯篇》第一部分中的“相论”已进一步了。它已能将“相”和相当于“相”的个别事物分开，不以后者为前者；但它还未能完全超脱朴素意识的阶段，还不能认识“相”是另一种“有”，它将“相”物体化。

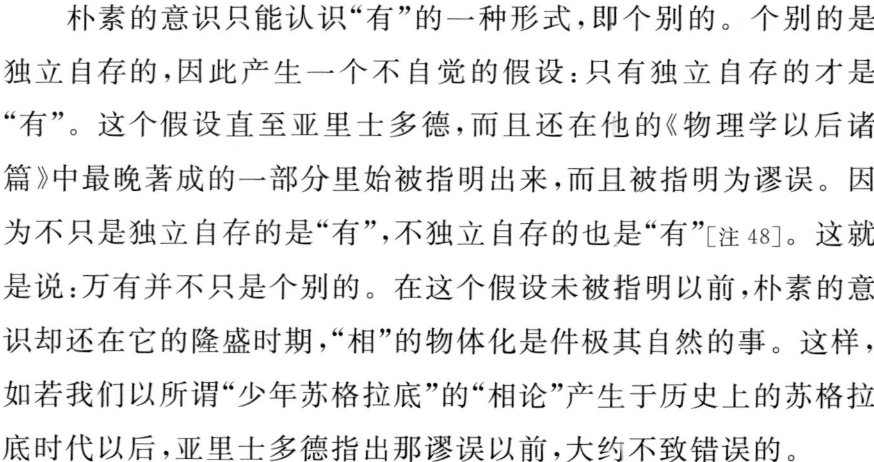

朴素的意识只能认识“有”的一种形式，即个别的。个别的是独立自存的，因此产生一个不自觉的假设：只有独立自存的才是“有”。这个假设直至亚里士多德，而且还在他的《物理学以后诸篇》中最晚著成的一部分里始被指明出来，而且被指明为谬误。因为不只是独立自存的是“有”，不独立自存的也是“有”[注 48]。这就是说：万有并不只是个别的。在这个假设未被指明以前，朴素的意识却还在它的隆盛时期，“相”的物体化是件极其自然的事。这样，如若我们以所谓“少年苏格拉底”的“相论”产生于历史上的苏格拉底时代以后，亚里士多德指出那谬误以前，大约不致错误的。

这只是就一般希腊人关于“有”的意识如何发展看，再从另一方面我们还可以更确实点、更精密点规定那个“相论”产生的可能时期。依据亚里士多德的记载，苏格拉底是历史上第一个寻求人事方面的普遍者的人；所谓“相”乃渊源于苏格拉底的普遍者[注 49]。这样，任何的“相论”必产生于普遍者在历史上初次被发现以后。那么“少年苏格拉底”的“相论”必产生于历史上的苏格拉底以后，《巴曼尼得斯篇》著作以前。

我们再尝试进一步考查，那个“相论”是这时期中谁的学说。它的特点之一是“相”和个别事物的分离[三(2)]。这个分离乃是将在个别事物方面所认识的存在形式加到“相”上去。这样，“相”和个别事物分离一如个别事物相互分离。在上述的时期中历史上有谁持这样的见解么？从亚里士多德和柏拉图派学者(Platoniker)的讨论里我们可以知道，柏拉图派学者中有些人确实持这样的意见。他们以为“相”是和个别事物分离的，并且正如个别事物相互分离那样分离[注 50]。因此我们很可以相信，所谓“少年苏格拉底”，事实上即指那些柏拉图派学者。这和以上四所得的结果是——“少年苏格拉底”的“相论”深受《费都篇》的影响——很相合，因为柏拉图派学者深受这篇重要“谈话”的影响是件自然的事。

这里还有一个问题待解答：即如何由《费都篇》的“相论”发展到“少年苏格拉底”所代表的“相论”？“相”的物体化[三(2)]是那个“相论”所有的特点之一。对于那个将“相”物体化了的意识，《费都篇》里的“距离”是不可理解的，因为那个意识尚未能完全超脱朴素的阶段，它还未能纯粹地认识“相”。这样，非空间的“距离”势必被误解为空间里的距离。其结果乃是“一方面相自身，一方面分有相的，它们互相分离。”以上所说的那些柏拉图派学者大约由于误解《费都篇》里的“距离”，以造成那在《巴曼尼得斯篇》中由“少年苏格拉底”所代表的“相论”。但因为缺乏古代的记载，我们不能直接地证明其确实是如此；然而相反的解说则更没有根据。

七

关于“少年苏格拉底”所代表的“相论”究竟是谁的一问题，从积极方面我们只能解答这一些；我们不但无法考查出那些柏拉图派学家的名字，甚至“少年苏格拉底”乃代表哪些人，也只根据亚里士多德的一句普通人不注意的话。从那句话里我们除了知道他们的“相论”主张“相”和个别事物的分离以外一无所知。因此我们虽然很可以相信所谓“少年苏格拉底”即是那些人，但我们究竟未能严格地证明。至于对同一问题的消极解答——即“少年苏格拉底”的“相论”既非《费都篇》又非《国家篇》里的“相论”——却是证据充足的。

然而为了解《巴曼尼得斯篇》破除障碍的，却就是这个消极的解答。因为柏拉图学家（Platonforscher）所持的和我们的结论相反的见解，在古文字学方面和哲学方面皆产生困难，因而不能使人正确地了解柏拉图这一篇伟大的“谈话”。在古文字学方面，因为他们以“少年苏格拉底”的“相论”是《费都篇》、《国家篇》里的“相论”，于是以为“巴曼尼得斯”对于这个“相论”的批评不出于柏拉图。有人以为这批评来自 Megara 学派[注 51]，有人以为出自亚里士多德[注 52]。第一，关于 Megara 学派我们所知极少，更无一古代流传下的记载可以直接证明那些柏拉图学家的意见。第二，以“巴曼尼得斯”的批评出于亚里士多德更是无稽之谈，因为柏拉图著这篇“谈话”的时候，差不多正是那十七岁的少年亚里士多德刚从故乡来到雅典入“学院”的时候[注 53]！再在哲学方面，因为柏拉图学家以《巴曼尼得斯篇》的第一部分里所批评的“相论”是柏拉图的，于是寻求他对这批评的反驳，以维持他原来的学说。因为如若他不自信——柏拉图学家这样论证——他自己的学说不为这批评所伤，他何能自述这个批评呢[注 54]？寻求反驳的方法有两种。一在柏拉图的其它著作里寻[注 55]，一在本篇“谈话”的第二部分里寻[注 56]，这都是徒劳无功。他们根本忽略了以下一件事实：“少年苏格拉底”的“相论”主张“相”和个别事物的分离，如若柏拉图反驳那对这个“相论”的批评，维持原来的“相论”，那么即是维持“相”和个别事物的分离。但在和《巴曼尼得斯篇》著作时期接近的《哲人篇》里，柏拉图自己斥这样的分离为摧毁哲学研究[注 57]，他如何能在《巴曼尼得斯篇》里却反维持这哲学研究的摧毁？

这一切困难，从我们的研究结果里皆根本不会产生。“少年苏格拉底”的“相论”是柏拉图转述他人的思想，这样，批评这个“相论”的“巴曼尼得斯”即代表柏拉图自己。那篇“谈话”的第二部分里主要人仍是“巴曼尼得斯”，因此仍代表柏拉图。这样，第一部分和第二部分的关系并非反驳，乃是相成。“少年苏格拉底”的目的——用希腊哲学中的术语讲来——乃是“拯救现象”，但他采取了错误的途径。“巴曼尼得斯”在第一部分里指出“少年苏格拉底”的错误来，在第二部分里完成他自己的“拯救现象”。此中详细情形俱见以上注释中。

【注 1】 Klassische Philologie，暂从俗译这词为“古文字学”，但严格讲来，这个译名决不适当。

【注 2】 “Dabei wird allgemein zugestanden, daß wohl keine andere Schrift Platons, sowohl an sich selbst wie im Pahmem seiner Philosophie, schwerer zu deuten ist.”—Max Wundt, Platons Parmenides, 1935 S. 1.

【注 3】 即所谓 Ideenlehre 或 Theory of Ideas。柏拉图所用的字是 ἰδέα，εἶδος。旧译“观念”、“概念”、“理型”、“理念”……或是谬误，或是不当（理由见以上注译中）。这字的原义与 μορφή相同（参看 Platonis resp. II. 308 D），且暂译为“相”。关于“相”的学说暂名为“相论”。——至于每个“相”，譬如“善”的“相”，“相似”的“相”……在柏拉图是用 ἡ τοῦ ἀγαθόυ ἰδέα，εἶδος ὁμοιότητος… 术语表达；这些术语暂译为“善之相”，“相似之相”。

【注 4】 第一，其它“谈话”里的“苏格拉底”代表柏拉图自己，因此人以为《巴曼尼得斯篇》里的“苏格拉底”也同样的代表柏拉图自己。但“苏格拉底”在这篇里所处地位和 Charmides，Menexenos，Lysis 等等在其它“谈话”里所处的地位相同，“巴曼尼得斯”在这篇里所处的地位和“苏格拉底”在其它“谈话”里所处的地位相同。因此第一点是思想习惯的蒙蔽。第二，西洋哲学史家传统的意见是：柏拉图主张“相”和个别事物分离。《巴曼尼得斯篇》里的“少年苏格拉底”也主张“相”和个别事物分离；因此认“少年苏格拉底”代表柏拉图。但这个传统的意见不可靠（其详参看 Chung-Hwan Chen，Das Chorismos-Problem bei Aristoteles，Berlin，1940［陈忠寰：《亚里士多德论分离问题》］，柏林版，尤其绪论中第三节），因此第二点是传统意见的蒙蔽。

【注 5】 Henry Jackson，Plato's Later Theory of Ideas，Journal of Philology，XI P. 296（1882）.

【注 6】 Hans Reeder，Platons Philosophische Entwickelung，2. Aufl. Leipzig 1920，S. 305.

【注 7】 《会饮篇》211a. αὐτὸ καθ' αὐτὸ μεθ' αὐτοῦ μονοειδές ἀεὶ ὄν. 这虽是就“美之相”讲的，但适用于一切的“相”。这四个性质中的前两个表示“相”不和其它的有关系，因此它非由这关系组成。它乃是纯粹的一，非集合的。

【注 8】 《哲人篇》、《君宰篇》中的 διαίρεσις。

【注 9】 κοινωνία τῶν γένων.《哲人篇》215 A ff.

【注 10】 《物理学以后诸篇》Z12，1037 b 27 ff.

【注 11】 《哲人篇》、《君宰篇》，在《巴曼尼得斯篇》以后著成（参看 Friedrich Überweg，Grundriss der Geschichte d. Philos. herausg. v. K. Praechter，S. 189），所以“少年苏格拉底”的“相论”产生于“分解法”以前。

【注 12】 νόησις 的对象，譬如《国家篇》VI 511D.

【注 13】 《物理学以后诸篇》M4，1078 b 17—19.

【注 14】 《物理学以后诸篇》A6，987b 7.

【注 15】 参看《分析后篇》II 3，90b 31—32.

【注 16】 《物理学以后诸篇》Z5，1031a 11—12.

【注 17】 Antisthenes apud Simplicius in Aristotelis cat. ed. Kalbfleisch 208,28.

【注 18】 《巴曼尼得斯篇》,130E—131E,132C—133A.

【注 19】 130B.

【注 20】 虽然“相”这个名词仍然沿用,但所讲的不是“同名的”“相”,乃是“最普遍的种”(μεγιστάγενη《君宰篇》254C)。实际上那也不是一种“相论”,乃是一种范畴论了。

【注 21】 《物理学以后诸篇》,B2,997b 8—12,《尼可马科伦理学》,16,1096a34—b 2.

【注 22】 《物理学以后诸篇》,Z3,1029a 3—5. et. al.

【注 23】 《物理学以后诸篇》,Z11,1039a 29.

【注 24】 《物理学以后诸篇》,A9,991a 14—17.

【注 25】 《巴曼尼得斯篇》131B.

【注 26】 陈忠寰:《分离问题》,§ 12,bes. C.

【注 27】 《巴曼尼得斯篇》,130B—D.

【注 28】 本篇四。

【注 29】 参看 J. Stenzel,Studien z. Entwicklung d. pl. Dialektik usw. 2 Auf. Leipzig S. 16.

【注 30】 《费都篇》,72E ff.

【注 31】 《费都篇》,75A.

【注 32】 《费都篇》,75C,D.

【注 33】 同上。

【注 34】 《国家篇》,VI 505D.

【注 35】 ἀρχή ανυποθέτες,《国家篇》,VI 510B. 同篇 511B.

【注 36】 参考亚里士多德:《物理学》III4,203a 8—9.

【注 37】 《国家篇》,VI 509B.

【注 38】 《巴曼尼得斯篇》,122C,D.

【注 39】 亚里士多德:《物理篇》,II 3,194b,29,30et al.

【注 40】 κινοῦν ἀκίνητον《物理学以后诸篇》,Λ6,1071b.

【注 41】 ἐπιστροφή. 仆罗丁的玄学主要的乃讲论由“一”下降以至世界;伦理学、认识论主要的乃讲论人回转至“一”,与“一”合一。

【注 42】 παράδειγμα 这字见于 IX 592B. ——παράδειγμα 做术语用参看《提马也奥斯篇》,28A,B.

【注 43】 《国家篇》,VII 519C ff.

【注 44】《国家篇》,X596B.

【注 45】《物理学以后诸篇》,A9,991a 20—27;陈忠寰:《分离问题》,§50.

【注 46】譬如《拉黑斯篇》,190E,《霞米代斯篇》,159B,《攸息斐勒斯篇》,5E,《曼诺篇》,71E,《国家篇》,I 331E 甚至《苔耳业苔陶斯篇》,176C,D.

【注 47】《大希比亚斯篇》,287E.

【注 48】《物理学以后诸篇》,M3,1077b 31—32.

【注 49】《物理学以后诸篇》,M4,1078b 17—32.

【注 50】《物理学以后诸篇》,M10,1086b 16—17. 第一人称多数(βουλόμεθα),意为"我们柏拉图派学者"(参看 Werner Jaeger, Aristoteles, S. 190 ff.).

【注 51】譬如 Hans Raeder, a. a. O. S. 306、307.

【注 52】Fr. Überweg, Unters. ü. d. Echtheit u. d. Zeitfolge pl. Schriften usw. 1861, S. 181 u. a.

【注 53】据 W. Jaeger, a. a. O. S. 1.

【注 54】Edward Zeller, Philos. d. Griechen II 1, 4. Aufl. S. 745.

【注 55】Schleiermacher, Plat. I 1, S. 48; Ed. Zeller, a. a. O. II 1, 4. Aufl. S. 745.

【注 56】譬如 M. Wundt, a. a. O. S. 82. "So werden die Einwände überwunden, ohne daß sie im Einzelnen widerlegt zu werden brauchten."

【注 57】259D,E.

附录二

论柏拉图的《巴曼尼得斯篇》*

一

每一位研究柏拉图的专家都会毫不犹豫地承认，在柏拉图的"谈话"当中，《巴曼尼得斯篇》最难懂。在古代和现代，都有人从事说明这篇著作，可是至今我们还缺乏一种妥善的解释。这篇"谈话"的第一部分还比较简单，第二部分才造成重大的困难。这里的第一个问题是这一部分应当怎样理解，第二个问题是它与第一部分有什么样的关系。

关于第一个问题，无论在古代或近代，都有过两派解释，人们通常把其中的一派称为逻辑的，把另一派称为玄学的。每一派都有正确的部分和不正确的部分，而且这一派正确的地方恰恰是那一派不正确的地方。逻辑的解释把这篇"谈话"的第二部分当成仅仅是一些思维练习，虽然认清了推论的悬拟形式，却疏忽了实质内容。玄学的解释则相反。这派解释大都渊源于新柏拉图派。它根据八组（有些新柏拉图派学者认为有九组或更多组）推论建立起一

---

* 译自 Chung-Hwan Chen（陈康），Über Platons Dialog Parmenides（北京大学文科研究所油印论文第 20 种，1943 年 12 月，昆明）。

个仆罗丁式的玄学系统。可是这些新柏拉图派解释者却没有觉察到，结论所根据的那些前提并不是断定了的，而是悬拟的。如果没有一个论断肯定这样一些结论的前提，是决不能认定结论客观有效的。可是全篇“谈话”无一处有这种肯定各组推论的前提全都同样客观有效的论断。既然没有这种论断，怎么能把一个正是根据那些结论建立起来的玄学系统归给柏拉图呢？由于决不能这样做，不仅新柏拉图派的解释站不住脚，其它一切不顾推论的悬拟形式硬把一个玄学系统塞进本篇“谈话”第二部分的解释也都站不住脚。

关于第二个问题，多数柏拉图学家认为，柏拉图让领导谈话的“巴曼尼得斯”在“谈话”第一部分里对少年“苏格拉底”的“相论”提出的那些反驳，在第二部分里全部被驳回了。确实有一些与第一部分里的论证类似的论证，在第二部分里又重复出现；可是那些论证并不是驳斥对“苏格拉底”提出的反驳的。① 人们得到上述的看法，是通过了两个假定。第一，他们相信——但没有充分的根据——依据亚里士多德的记载，柏拉图持“相的分离观”。② 第二，他们以为：柏拉图不能叙述人家斥责他对“相”所持的这种观点，除非他自己已经知道如何驳回那些反驳。可是驳回那些反驳就等于主张“分离观”。柏拉图既然在与《巴曼尼得斯篇》关系密切的著作《哲人篇》里批评了那些“爱相者”，即持“分离观”的人，并且把“分

① 参看 144CD 与 131AB；150A—C 与 131C—E；150CD 与 133C—134A；159BC 与 130B；159CD 与 131A—E。

② 参看本文作者的《亚里士多德论分离问题》(柏林 1940 年版)绪论 3C。

离"评定为哲学的毁灭[①]，难道能在《巴曼尼得斯篇》里仍然主张那种"分离"吗？

因此不能把这篇"谈话"的第二部分理解为驳回那些反驳。然而它与第一部分又有什么别的关系呢？在这个问题还没有得到令人满意的解决之前，提出把第二部分与第一部分拆开的办法，是十分自然的。事实上也有人这样做了；他们主张第二部分原是一篇单独的著作。可是这样一种办法在这里以下，没有多大用处。因为这样做并没有解决那个问题，只是把它搁置下来，除非他们能进一步确定：把第二部分与第一部分合并的并不是柏拉图自己，而是某个别人。因为仍然可以问：柏拉图如果把第二部分与第一部分合并成了一篇，他让第二部分在全篇中起什么作用呢？

所以说，上述的两个问题都没有得到解决。既然这样，就不可能做到正确地理解本篇"谈话"。因此，一种新的解释无疑是十分必要的。

我们试图加以解释的时候，必须记得《巴曼尼得斯篇》是一篇纯哲学的"谈话"。这篇著作的有机统一只能建立在问题上。只有那些能够把握问题的人，才有可能理解这篇"谈话"的深意。因此决定我们理解的要素并不是博学，而是看出问题。

二

曾经有人提出过要求，认为要理解这篇"谈话"的第二部分必须从第一部分出发。这样做路线是正确的；不过出发点还必须放

---

① 248A 以下，和 259DE。

前一些，放在本篇的具有实质性的导言上，这就是齐诺反驳多元论者的那个推论。按照“苏格拉底”的综述，那论证是这样的：如果“是者”是多数的，它的各部分就必定彼此既类似、又不类似。但这是不可能的。因为“类似者”不能不类似，“不类似者”也不能类似。因此假定“是者”为多数是错误的[①]。这段导言看起来不很重要，却是进入这篇著作中所讨论的问题的唯一入口。所谓齐诺的论证，是以一个基本假定为依据，认为“相反者”之间有一种“分离”。这里头包含着本篇“谈话”的中心问题，即“相反者”能不能相互结合。从这个问题产生出本篇“谈话”的其它一切主要问题。

围绕着这个中心问题，在本篇的开头，“苏格拉底”与“齐诺”进行了分析。少年的“苏格拉底”以为应当分开两类“相反者”，即事物的相反性质和相反的“相”。我们并不是不知道个别事物具有这样一些性质，这是一种熟知的现象。例如“苏格拉底”身上可以分左、右，前、后，上、下，所以他是多。另一方面他却是一个单一的人。相反的性质“一”和“多”在人身上就相互结合。其它相反的性质也是如此，同在人身上一样，它也在其它一切个别事物如石头、木块之类上面一同出现。指出这一现象，当然不会令人惊异，可是如果有人指出，相反的“相”，如“类似”和“不类似”、“多”和“一”、“静”和“动”等等，能够互相混合，又能彼此分开，那一定使人吃惊[②]。这个中心问题，按照“苏格拉底”所进行的划分，又分化为两个小问题，即相反的性质在事物上相互结合的问题，以及相反的

① 《巴曼尼得斯篇》127E。

② 129B—E。

“相”相互结合的问题。齐诺以为，指出“相似”和“不相似”按照多元论的论旨必定在事物上同时出现，乃是反以利亚派哲学的观点所用的一种“归谬法”；少年“苏格拉底”不同意“齐诺”的这个说法，但他却承认自己不能理解，“类似之相”与“不类似之相”等等怎样能互相混合。

为了说明那种现象，“苏格拉底”提出了一种“相论”，而且是一种“相的分离观”。按照这种分离观，有各种独立存在的“相”。通过分有这些“相”，事物具有着相反的性质。例如分有“类似之相”的事物类似，分有“不类似之相”的事物不类似。分有这两个“相”的同一事物既类似、又不类似①。为了“拯救现象”（τὰ φαινόμενα διαζώζειν）而提出的这种“相”与事物的“分离”，在以利亚派加以否定之前，却是很好理解的。由于“苏格拉底”一方面愿意承认现象，另一方面又不能理解相反的“相”的结合，所以他不可能让“相”寓于事物之内，而必须把它放到事物之外，这样，通过“分有”“相”，相反的性质就能出现在事物上面。这样一来，相反的“相”虽然仍旧彼此分离，相反的性质却在一件事物上会合了。

“分离”以“相”与事物的“对立”为前提。如果把飘浮在实际以外的“相”与事物的关系统统割断，那些与事物割裂的“相”就无法完成为事物的性质当基础的任务了。所以“苏格拉底”假定了“分有”，以便把隔离开的“相”和事物重新连接起来。拯救那种现象的努力，主要分三个环节：“相”和事物“对立”，“相”和事物“分离”，事

① 129A。

物“分有”“相”。这三个环节，从谈话领导者“巴曼尼得斯”对“苏格拉底”“相论”的精确表述中可以清楚地看到[①]。

三

要贯彻那种“相论”，一定要先肯定这三个环节。设法解决相反的性质怎样能在事物上相结合的问题——这是从原始问题发展出来的——，本身又招来了三个问题，即“对立”问题、“分离”问题、“分有”问题。“谈话”第一部分里“巴曼尼得斯”的批评就是针对着这三点。

“巴曼尼得斯”确定了“苏格拉底”假定什么“相”来拯救现象之后[②]，就立刻进而讨论“分有”问题。我们对“分有”只能有两种想法：事物要么“分有”整个“相”，要么“分有”“相”的一部分。但是这两种思想上的可能性，仔细看来没有一种是实际上也可能的。作为整体的“相”，怎样能在众多事物的每一个里，而它自身却是唯一的？坚持“相”的唯一性，就带来“相”必定分为部分的后果。这样就引起了过渡，从讨论第一种思想可能性过渡到讨论第二种思想可能性了。“分有”在第二种说法里也有它的困难。一样东西怎么能通过“分有”“大自身”的一部分，即比“大自身”小些的部分，而成为大的呢？一样东西又怎么能通过“分有”“等自身”的一部分，即比“等自身”小些、因而不等于“等自身”的部分，而成为与别的东西相等呢？还有，一件东西通过加上“小自身”的一部分，怎么能变得

---

① 130B。

② 130B—E。

比以前并不大些，倒是小些呢？由于古代人的想法同近代人相反，认为“小自身”是小的，“等自身”是相等的[①]，“巴曼尼得斯”很容易就对那些问题作出了否定的回答。因此事物既不能“分有”整个“相”，也不能“分有”“相”的一部分。难道此外还能以其它的方式“分有”吗？在“谈话”的第一部分里，就以这个问题结束了关于“分有”问题的讨论[②]。

接着就批评“对立说”，“对立说”，实质上是“分离说”的先驱。如果依据相同的形象，把同样表现为“大”的多数事物与一个“大之相”对立起来，那就必须依据同样理由把大的事物和“大之相”与第二个“相”对立起来；而且必须反复作出这个假定，直到无穷[③]。这一论证的说服力是系于“相”的“同名”。如果“相”与事物，例如“大自身”与大的事物，在内容上是不能区别开的，那么通过假定一个“相”与众多同类事物对立，就不能不假定第二个“相”与第一个“相”和事物对立，再假定第三个“相”、第四个“相”，一直下去，因为在前一项和后一项里都存在着 *μία τις ἰδέα ἡ αὐτή*[这一“相”本身][*]（即：“是大的”）。在原始假定里就必然地蕴涵着它的无限重复；由于“无穷尽后退”，就永远不能达到第一原理，因而无法解释现象。

为了避免这个结果，少年“苏格拉底”试图把相当作思想放到

① 参看 150BC。

② 131A—E。

③ 132AB。

* 方括号内是译者加注的。下仿此。

意识里。他想以此防止“相”的无限增多,同时在另一个范围内仍然维持原来的对立。古代人不知道概念对象与存在对象的区别①,所以谈话领导者“巴曼尼得斯”很容易就把“相”从意识里拿回,放到“是界”。他论证道:思想却有对象,这对象乃是“是者”。作为思想对象的“是者”恰恰就是“相”②。

最后又作了一次努力,试图把重新放进“是界”的“相”理解为模型。模型与摹本的关系是“类似者”与“类似者”的关系,而这种关系按照假设只能来自分有同一个“相”,所以这里再一次应用了所谓“第三人”论证。这样,就把“相”和事物对立的困难从各个方面指出来了③。

到此为止,“巴曼尼得斯”反驳少年“苏格拉底”“相论”的话,都还没有接触到真正的困难。这就是“分离”说所带来的困难。从“相”与事物分离必然得出一条结论,即:“相”不在我们这里,也就是说,不属于我们的世界。“相”与“相”彼此有联系,但与我们的世界无联系。“我们的”也只是与“我们的”有联系,与“相”无联系。例如“主子之相”和“奴才之相”只是彼此有联系,某个主子也只是与某个奴才相联系;“主子之相”与某个奴才既无联系,某个主子与“奴才之相”也无联系。理想的知识与“相”的关系,我们的知识与我们的世界的关系,也是这样。由此得出的最后一条结论是:一方面,“相”是我们不能认识的,另一方面,我们的世界神是不知道的,虽然神具有

① 因此产生 ψευδής ἡ δόξα[虚假意见]问题。

② 132BC。

③ 132C—133A。

理想的知识[①]。因为认识全靠主体与对象相联系，而把“相”放到事物之外就割断了“相”与事物的联系，这样，就指出了“分离”说的无用，因为它声称某某东西可以“拯救现象”，而这东西却是我们不能认识的。怎么能从一种根本不能认识的东西出发呢？“苏格拉底”企图用事物“分有”飘浮于实物之外的相反的“相”，来说明相反的性质在事物上结合，这个企图至此完全垮台了。

到本篇“谈话”第一部分结尾为止，这些材料已经够我们用了。在这里我们大体上发现了五个未解决的问题。第一个是关于相反的“相”的相互结合的，第二个是关于相反的性质在事物上的相互结合的，第三个是关于“相”与事物的对立的，第四个是关于“相”与事物的分离的，第五个是关于事物分有“相”的。这些问题大都已经详尽地提出，从反面已经说了很多话，但是还缺少正面的解决。应当采取的解决方向也已经点出了，就在“巴曼尼得斯”的警告中；他警告人们不要放弃“相”，这是人们面临所提出的那些困难时可能会做的[②]。就是说，必须维持“相”的假定；重要的仅仅是应当以什么方式理解“相”，才能说明“苏格拉底”所提出的那种现象，而不致像“苏格拉底”那样招来其它的困难。这种对于“相”的正确理解，我们在“谈话”的第二部分里遇到了。

四

“苏格拉底”在“谈话”的第一部分里表示，希望有人能向他指

① 133A—134E。

② 135BC。

明相反者在“相”里的结合，就像“齐诺”的论证——但目的完全不同——指明“相反的”在可以感觉的领域内相结合一样[①]。这个愿望现在在第二部分里得到了满足。“巴曼尼得斯”在这里详尽地分析了在什么条件下相反的“相”彼此结合，在什么条件下不结合。这一分析表现为八组悬拟的推论。推论过程是以“一”的各种情况展开的[②]。就“如果一是”，以及“如果一不是”，各作出四种假设。四组推论的结论涉及“一”，其余四组的结论涉及“其它的”(τὰ ἄλλα)。“一”是“一之相”的简称[③]，表示某一个“相”，以这个“相”为例，代表“谈话”第二部分里所讨论的其余一切“相”。

第一组推论。前四组推论有一个提法一样的假设：“如果一是”，但重点不同。第一组推论里抓紧“一”，重点只落在“一”上[④]。这里真正假定的只是“一”，而不是“是”。因此这个作为起点的假设等于说：如果一是一[⑤]，实际上则是：εἰ ἓν ἕν[如果一一][⑥]。

这个前提首先推出的结论是：“一”不是“多”。因此“巴曼尼得斯”否定“一”有一系列相反的性质。根据论证，“一”不是整体，并没有部分，因而既无首端，也无末端，也无中间；它是无界限、无形

① 129D—130A。及其它处。

② 137B。

③ 在 129B 和 D 谈到事物分有相的地方，即以 ἓν[一]代表 εἰδός τι ἑνός[一之相]。这一点可以比较以简称 ομοιότης[类似]代表 εἰδός τι ομοιότητος[类似之相]，129A。“谈话”第二部分的推论过程以一之相的各种情况展开，这是毫无疑问的。这一点可以比较 137B。

④ εἰ ἓν ἔστιν[如果一是]137C。

⑤ 参看 137D。

⑥ 参看 142C。

状的，既不是圆的，也不是直的；它不在任何处所，既不在“其它的”里，也不在它自身里；它一方面不在过程中，既不在性质变化中，也不在空间运动中，另一方面也不是不变的。因为它不在任何处所[①]。

真正说来，这个前提留给“一”的只有“是一”。由此可以推出“一”的自同性。但是连这种性质也必须明确地给它否定掉。就是说，它一方面既不与“其它的”、也不与它自身相同，另一方面又既不与它自身、也不与“其它的”相异[②]。由此得出另一条结论：“一”并无另外一系列相反的性质。就是说，它无论与它自身还是与某一“其它的”都既不类似、也不不类似，既不相等、也不不相等（即既不大些、也不小些），既不不同龄（即既不老些、也不少些）、也不同龄[③]。根据最后一点可以推出，它不在时间里。它并不现在是，也不过去是，也不将要是；所以“是”对它根本不合适[④]。甚至于连“是一”也必须给它取消掉；因为否则它就“分有”“是”了[⑤]。与“不是者”是不能有任何联系的；所以既无关于“一”的称谓、也无关于“一”的言语、知识、知觉、观念[⑥]。

这就指出了，在什么条件下相反的“相”不相互结合。就是说，如果“一”只是“一”，即孤立的、封闭的，“一”和“多”这一对相反的

① 137C—139B。

② 139B—E。

③ 139E—141A。

④ 141A—E。

⑤ 141E。

⑥ 142A。

"相"首先不相结合。然后从这个孤立再得出：下列的相反的"相"不在"一"上会合，即："全体"和"部分"、"运动"和"静止"、"同"和"异"、"类似"和"不类似"，"等"和"不等"等等。此外这组推论还推出一个非常重要的结论："相反的"的彼此分离使孤立的"一"成为无性质的，给"一"剥夺和取消了"是"。

第二组推论。第二组推论用来当作出发点的假设，表面看来与第一组的一模一样，即"如果一是"。但是这一回抓紧的不是"一"，而是"是"[①]。由于重点这一挪动，真正的假设实际上就是另外一回事了。当作基点的不再是孤立的"一"，而是与"是"结合的"一"，即"是的一"[②]。

根据具有这一新意义的假设推出"一"与同它相反的"多"结合。"是的一"是一个整体，以"一"和"是"为组成部分。由于每一个组成部分又是一个"是的一"(τὸ ἓν ὄν)或一个"是者"(τὸ ὂν ἕν)，所以那当作基础的"一"就是一个"多"，而且是无限的"多"[③]。(如果把"一"了解成抽象的，结果也是一样[④])。由于"是的一"的部分为整体所包围，所以在"一"上既结合着"整体"和"部分"这对"相反者"，而且结合着"有限"和"无限"这对"相反者"[⑤]。除此以外，"巴曼尼得斯"还加上一系列会合在"一"上的"相反者"。就是说，"一"有首端、末端和中间；它是直的，又是圆的；它在它自身里，又在"其

① 142B。

② 142BC。

③ 142C—143A。

④ 143A—144E。

⑤ 145A。

它的"里；它是不变的，又在过程中；它既与它自身、又与"其它的"相同，并且既与它自身、又与"其它的"相异；它既与它自身、又与"其它的"类似并且不类似；它既接触它自身、又与"其它的"接触，又不与它自身和"其它的"接触；它既与它自身、又与"其它的"相等，又大于和小于它自身和"其它的"[①]。而且，它当然在时间中，因为它是[②]；所以它变为、并且是老于和少于它自身，又与它自身同龄，与"其它的"的关系也是这样[③]。由此推出，它分有过去、现在和将来。所以它曾经是、现在是并且将来是[④]。末尾，又给它添上了认识论上的性质；有关于它的知识、观念、感觉等等[⑤]。

这就指出了相反的"相"在什么条件下相互结合。就是说，如果"一"分有"是"，它就与同它相反的"多"合而为一。然后，那些在假定"一"孤立时彼此分离的"相"就在"一"上会合。正如"一"的孤立取消了"一"本身一样，"一"只是在那些"相"的结合中才有它的完备的"是"。

我们在第一部分结尾遇到的那五个业已提出的问题中，第一个关于相反的"相"如何结合的问题在这里得到了解决。这样，"苏格拉底"的愿望也就得到了满足；因为已经指出了相反的"相"怎样才相互结合，怎样才彼此分离。解决问题本来就在于分别条件，就此而论，我们可以认为，这就是把各种思想上的可能性合计一番。

① 145A—151E。

② 即它有时间中的"是"。参看 151E—152A。

③ 151E—155C。

④ 155CD。

⑤ 155D。

可是从万有论的角度一定要问：柏拉图对这两组推论的互相矛盾的结论采取什么态度？他认为两个结论同样合乎实际情况吗？有些柏拉图解说者，尤其是新柏拉图派的，认为那两个结论同样地构成这篇“谈话”第二部分里所谓柏拉图玄学系统的肯定环节。可是柏拉图自己的话却与此相反。他借“谈话”的一个角色“巴曼尼得斯”之口着重地表示怀疑第一组推论的结论能不能是合乎实况的，并且通过“巴曼尼得斯”的交谈者之口表示他不相信①。因此，依照柏拉图的看法，合乎实况的只是与第一组推论的结论相矛盾的第二组推论的结论。

这里应当搞清：那个结论的不符实况，是出于什么原因？要么是由于推论不对，要么是由于假设不真。重新从重点不同的假设来推论，就表明柏拉图认为那并不是由于推论不对，而是由于假设不真。此外，这一点还有一件事实作佐证，就是第二部分里有一个论证以第一部分里的一个论证为前提②。如果柏拉图认为那个推论过程不对，就不会拿它当前提了。所以说，柏拉图的看法是：“相”（在这里是“一之相”）的孤立虽然在思想上是可能的，但这个可能的思想并不符合存在③。

这最后的一点乃是真正的柏拉图思想；如果拿本篇“谈话”较

---

① 142A。

② 152A 以 141A—C 为前提。

③ 因此虽然可以把推论看成对各种思想可能性的一番合计，却不能看成仅仅是这样的一番合计，而是合计一番，再进而决定哪种可能性与存在相符，哪种不相符。那些推论当然不是思想练习，这在上面已经点出了，从下文还会看得很明白。本来，以悬拟形式表达出来的，也不必然就是思想练习；因为关于“是”的因果关系的研究也是以悬拟的形式来进行的。

前的一处，即“巴曼尼得斯”警告人们不要放弃“相”的那一节[①]，与第一组推论的结论对比一下，就可以看出。如果柏拉图认为“相”在存在上是孤立的，因而是不存在的（第一组推论），他怎么会通过“巴曼尼得斯”警告人们在哲学研究中不要放弃“相”，而不与此相反，警告人们不要假定“相”呢？

第二组推论里还有一点引起我们注意，就是不仅有关于那个“存在于‘相’的联系之中的‘一’”的高级知识，而且还有感觉等等。这一点需要加以说明，我们只能以后补作。

附录。第二组推论和第三组推论之间还有一节（155 E—157 B），通常被看作第一、二两组推论的总括或中介。按照这个看法，这一节的作用应当是从“绝对的一”向“是的一”过渡。

初看起来这个解释似乎挺合适，可是细看就发现有几点同它矛盾：1. 原文很明显，这节讲的“一”是在时间中[②]；可是恰恰相反，孤立的“一”被否定了具有时间性质[③]。2. 这节讲的“一”既静又动[④]；然而正好相反，孤立的“一”既不静又不动[⑤]。3. 柏拉图已经断定了孤立的“一”是不能以任何方式把握的[⑥]，怎么会又写一节来讲“‘绝对的一’向‘是的一’过渡”（Max Wundt 语）呢？4. 这段开头已经表明，这里讲的是“是的一”，即第二组推论的“是的一”[⑦]；结语又再度强调了

① 135BC。
② 155E。
③ 141A。
④ 156E。
⑤ 138B—139B。
⑥ 142A。
⑦ 155E。

这一点[1]。所以说,这个插在中间的一段既不是前两组的总括,也不是它们的中介,而仅仅是第二组推论的附录。

这个附录分两部分。第一部分从"一"的静态性质推导出"一"所具有的一系列动态性质(产生和消灭,类似化和不类似化,增长、萎缩和等量化)。论证大致如下。从第二组推论看出,在假设"如果一**是**"中,事实上是以"是的一"为基点。这样的一个"是者"一方面是一和多(并且分有时间),另一方面却既不是一又不是多。"是的一"真正说来是一个"相的集合体"。它是"一",因为这"相的集合体"是一个单一体;而它又是"多",因为它是"一"和"是"构成的。可是另一方面,"一"尽管与"是"结合,本质上却并不连到"是"上面,它的本质中并不带着"是"[2]。因此它本质上并不是两个组成部分的统一体。就前一种关系,即就它与"是"构成一个集合体来说,它就必然分有本质。就后一种关系,即就它不以"是"为本质组成部分,因而在本质上并不与"是"构成一个集合体来说,它就必定不分有本质[3]。所以"是的一"有时分有、有时不分有本质。它必定在一个时候采纳本质,在另一个时候舍弃本质。那采纳就是产生,这舍弃就是消灭[4]。当一采纳本质时,"是的一"就产生了;当"一"放弃本质时,"是的一"就消灭了[5]。于是产生

① 157B。

② 正因为"一"的"是"不就是"一",所以"一"与"是"结合。142BC。

③ 155E。

④ 成问题的是这种解释确实包含着一项很大的困难,就是它从"一"和"是"与"不是"的同时结合中引出 γένεσις[产生]和 ἀπόλλυσις[消灭],而那两个过程只有从先后相继的结合中才能推出。可是正因为这样,它是符合柏拉图的思想的。因为这一混淆是柏拉图式的;同样的推论错误在下文 162BC 我们又再次遇到了。

⑤ 155E—156B。

和消灭就到了"一"上。第二组推论又进一步推出,"类似"和"不类似"、"等"和"不等"即"大于"和"小于"、"动"和"静"之类"相反者"也到了"是的一"上面。"是"就是完成了的"变"[①];于是"是的一"就经受到各种质的、量的和空间的变化[②]。

这一附录的第二部分分析了上述各种情况的 μεταβολή[变更],并且得出结论说,变更只出现在"突然"中[③]。

这一附录的真正意义,我们只有在考察了两组紧接在下面的推论以后才能了解。这里只预先提出一点:这一附录实际上是讨论一种过渡,但不是从"绝对的一"到"是的一"的过渡。

第三组推论。第一、二两组推论里结论是关于"一"的,第三、四两组推论里结论则是关于"其它的"的。第三组推论相当于第二组,第四组相当于第一组。第三组推论以假设"如果一是"为基点,而且重点放在"是"上。由此首先推出,"其它的"虽然异于"一",却也分有"一"。因为 τἄλλα[其它的]是有部分的,而部分只是整体的部分。整体和每个部分都是"一"。因此"其它的"分有"一"。于是相反的性质"一"和"多"、"整体"和"部分"就相互结合在"其它的"上[④]。"其它的"不仅是多,而且还是无限多[⑤]。通过分有"一",它作为整体,获得了对部分的限制,作为部分,获得了彼此之间的和对整体的限

① 参看 152B—D。

② 156B 以下。

③ 156C—157B。

④ 157B—158B。

⑤ 158BC。

制[①]。从出现在“其它的”上的 ἄπειρον[无限]和 πέρας[限制]这对“相反者”首先引出相反的性质“类似”和“不类似”[②]，然后引出更进一步的“等”和“不等”、“动”和“静”，这些都是“一”所具有的。柏拉图通过“谈话”中的角色“巴曼尼得斯”之口断言，其余的一切“相反者”，即前两组推论中一并讨论的那一些，也都可以给“其它的”立刻推导出来[③]。

无论“其它的”这一简称，还是详尽的说法“异于‘相’的性质”（ἡ ἑτέρα φύσις τοῦ εἴδους）[④]，在这里都是指事物[⑤]。第三组推论强调在什么条件下事物具有相反的性质。这就是：只有一个“相”与另一个“相”（在这里是“一”和“是”）相结合，相反的性质才一同出现在事物上。因为它们是由于“其它的”分有“一”而出现在事物上的。如果“一”本身不存在，“分有”就根本不可能了。它存在正是以它与“是”结合为基础（第二组推论）。这一结合就决定了相反的性质在事物上联系在一起。

第四组推论。这一回又要同第一组推论一样来理解那个假设“如果一是”[⑥]；因此这里是以孤立的“一”作为基点。从这种孤立

① 158CD。

② 158E—159A。

③ 159AB。

④ 至于 ἡ ἑτέρα τοῦ εἴδους[异于“相”的]就是“其它者”，我们是从 158BC 的上下文联系中看出的。

⑤ 参看 129A、130E、131E、132A、132C、132D(二次)、133A。Max Wundt 的 Platons Parmenides[《柏拉图的巴曼尼得斯篇》]S. 2 所举出的段落不准确。

⑥ 参看 Stallbaum 对此的说法：nam ἓν εἰ ἔστιν nunc idem est quod ἓν εἰ ἕν ἔστιν.[因为“如果一是”在这里就是“如果一是一”]

就得出了“一”与“其它的”之间的分离。由于这二者(“相”和事物)加在一起就包括了全部“是者”，所以根本没有什么第三者可以帮它们联系起来[①]。这样，它们就毫无相互结合的可能性了；它们是完全分离的。由于完全分离，“其它的”就没有前一组推论推出在它上面一同出现的那一切相反的性质了[②]。

这就指出了在什么条件下事物没有相反的性质，即：如果“一”是孤立的。从上述假设得出的结论与第三组相反。第四组与第三组的关系，正如第一组与第二组的关系。通过某种强调以“一”的孤立为基础的假设，按照柏拉图自己的看法，正如我们在上面已经确定的，虽然在思想上可能，却并不符合存在。正如从强调“一”孤立的假设得出的结论对“一”不真一样(第一组推论)，从强调“一”孤立的假设得出的结论对“其它的”也必定不真(第四组推论)。所以第三组推论是符合实际情况的。事物具有相反的性质，就像第三组推论告诉我们的那样。

这就说明了“苏格拉底”在第一部分里提出来试图加以拯救而没有救成的那个现象。这一现象的根据就在于“相”的“联结”(κοινωνία)[③](在这里是“一”和“是”的“联结”)，而不在于“相”的彼此分离。“苏格拉底”想用“相”的分离来说明这个现象，可是这样做适得其反(虽然他所主张的分离还不是“相”与“相”的分离，而只是“相”与事物的分离)。因为他所假定的分离(用第四组推论里的

① 159BC。

② 159C—160A。

③ 在《巴曼尼得斯篇》里，κοινωνία 用作术语仅见于 152A 和 166A，其分词形式见 158D。

术语说是“一”与“其它的”的分离）正好排除了事物具有相反性质的可能性，像第四组推论明白显示的那样。（从这组推论里也看得很清楚，“相”与事物分离是由于“相”的孤立。）我们在第一部分结尾所遇到的五个问题中的第二个现在解决了，同时也搞清了为什么“苏格拉底”的解决办法在原则上是错误的。

五个问题还剩下三个。但是对这三个问题无法作出正面的解决。因为按照柏拉图的看法，这三个问题是“苏格拉底”的“相论”所招来的无法克服的难题。这里，要紧的只是应该怎样理解“相”，才能在新的理解中不致陷入原来的困难。这种新的理解已经包含在第三、四组推论里面，只消把它明白表述出来。“巴曼尼得斯”继续举出“其它的”所具有的相反性质时，在第三组推论里说到“类似”和“不类似”这一对时就停止了；据说其余的性质如“同”和“异”、“动”和“静”等不难给“其它的”推导出来[①]。第四组推论里，论证是以同样的方式压缩了的；那里从下文“其它的”既不同也不异、既不动也不静、既不大些也不小些又不相等、既不产生也不消灭，就笼统地推出“其它的”没有任何别的相反性质[②]。这两组里暗示而不明言的意思，要从第一、二两组推论以及第二组推论的附录里已经明说出来的那种相反性质来理解，这就是：“过去是”、“现在是”和“将来是”。对第三组推论里暗涵的论证加以解释，就会得出结论：“其它的”既现在是、也曾经是、也将要是，即具有完备的

① 159AB。

② 160A。

"是";发挥第四组推论里暗涵的论证,就会得出相反的结论:"其它的"既不曾经是、又不现在是、又不将要是,即并无完备的"是"[①]。前一个结论与第二组推论的结论相应,后一个结论与第一组推论的结论相应。有如在第二组推论那里,如果相反的"相"彼此结合,"一"就有完备的"是",在第三组推论这里,如果相反的"相"聚在一起,"其它的"就有完备的"是"。有如在第一组推论那里,如果相反的"相"彼此不结合,"一"就不以任何方式是;在第四组推论这里,只要相反的"相"不聚在一起,就决没有一个具有如此这般性质的、是某样东西的"其它的";这样,"其它的"就是根本没有的[②]。"其它的"的存在正在于"相"的聚集,换句话说,"相"的结合构成了事物。这种对于"相"的看法,是与"苏格拉底"的主张完全不同的。"巴曼尼得斯"在第三、第四组推论里虽然是从未经分析的事物出发,却得出了事物的存在就在于"相"的聚集这一结论。

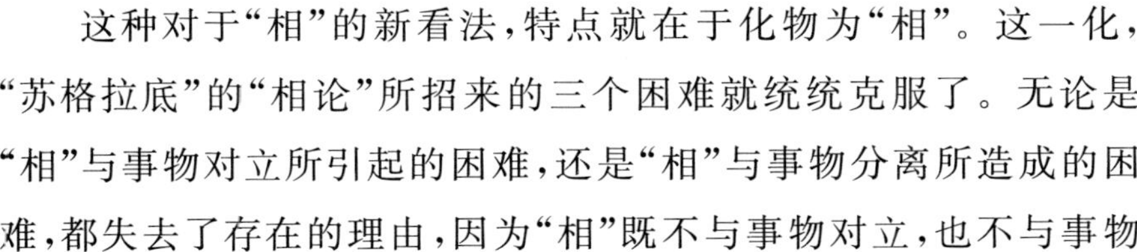

这种对于"相"的新看法,特点就在于化物为"相"。这一化,"苏格拉底"的"相论"所招来的三个困难就统统克服了。无论是"相"与事物对立所引起的困难,还是"相"与事物分离所造成的困难,都失去了存在的理由,因为"相"既不与事物对立,也不与事物

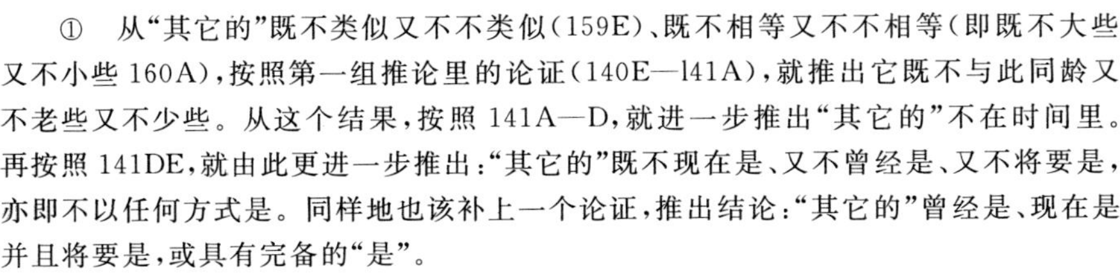

① 从"其它的"既不类似又不不类似(159E)、既不相等又不不相等(即既不大些又不小些 160A),按照第一组推论里的论证(140E—141A),就推出它既不与此同龄又不老些又不少些。从这个结果,按照 141A—D,就进一步推出"其它的"不在时间里。再按照 141DE,就由此更进一步推出:"其它的"既不现在是、又不曾经是、又不将要是,亦即不以任何方式是。同样地也该补上一个论证,推出结论:"其它的"曾经是、现在是并且将要是,或具有完备的"是"。

② 160B 依抄本 B 读 καὶ οὐδέν[又不]。πάντα τέ… πρὸς ἑαυτὸ[相对于它自身……既是一切]概括第一、二两组推论,καὶ πρὸς… ὡσαύτως[也同样地……相对于"其它的"]概括第三、四两组推论。

分离，而是在“相”的联系中事物才有“是”。（构成实物的“相”，用《哲人篇》的术语来说，就是“最普遍的种”。这样，它们也就不再与事物“同名”了。）现在，一切都归于“相”的联结。问题不再是事物怎样分有“相”，而是“相”怎样互相结合。因此分有问题已经变成了“相”的联结问题，或（用柏拉图在别处使用的一个术语说）κοινωνία τῶν γενῶν［种的联结］问题。因此花费了很大的气力来指出“相”怎样互相结合，怎样不互相结合①。

如果从这里回顾一下第二组推论的附录，那才懂得它的真正意义。那组推论指出，一个“相”如何首先与另一个“相”（“一”与“是”）结合，然后与其余的“相”结合。第三组推论得出的结论是：事物无非是一个“相的集合体”。附录讨论“是的一”。“是的一”既是由两个“相”构成的，那就表明它是最简单的“相的集合体”。它构成了“相”与事物的结合点。因此，附录虽然事实上讨论了一种过渡，却并不是“一从一个状态到另一个状态”（Max Wundt 语）的过渡，而是“相”到事物的过渡；它并不是第一组推论和第二组推论的中介，而是第二组推论和第三组推论的中介，正如它在原文中的位置所标志的那样。

附录的主题正是这样一种过渡，这一点从另一方面考虑也很明白。一件事物的特点就在于它有产生和消灭的过程，有性质变化的过程，有萎缩和增长的过程，有空间运动的过程。随着这四项过程进入“是的一”，可以说才有一个事物的萌芽。附录正是为了

① 这就说明了为什么“谈话”的第二部分长达绪论和第一部分加在一起的三倍左右。

推演事物的各种动态性质而努力。

我们说，依据第三、四组推论的结论，事物乃是一个“相的集合体”；这种解释在一个矛盾的解决中得到了证实。第二组推论的结语断言，不仅有关于“一”的知识，而且有关于“一”的感觉等等。按照我们的认识的实际情况，把“是者”分为可以由高级知识把握的和可以由感觉把握的，这种分法，苏格拉底以前的哲学家们已经打下了基础，柏拉图在《费都篇》和《国家篇》里就是这样做的①。'Αισθητόν[可感觉的]只是个体或事物，νοητόν[可知的]只是“普遍者”或“相”。柏拉图在第二组推论的末尾把“一之相”说成不仅是高级知识的对象，而且是感觉的对象，这岂不是很大的矛盾吗？Νοητόν[可知的]怎么能同时是 αἰσθητόν[可感觉的]呢？这种认为“相”兼有两重对象身份的看法，只有在一个条件下才能得到说明，就是柏拉图不再主张“相”与事物迥然不同②。事物不再是一种与“相”有原则区别的东西，不再与“相”对立，它本身就是一个“相的集合体”。因此，与“是”相结合的“一之相”同时既是高级知识的对象，又是感觉的对象：它是高级知识的对象，因为它是“相”；它又是感觉的对象，因为它和“是”一起构成一个（虽然是最简单的）“相的集合体”，这正好就是最起码的事物。

第五组推论。在第四组推论的末尾，不仅那些从中心问题发展出来的问题基本上已经得到了解决，而且已经克服了“苏格拉

① 例如《费都篇》79A，在《国家篇》VI 509D又作了进一步发挥。

② 把相和事物尽可能地挪近，是柏拉图晚期《谈话》中的一般倾向。这一点可参看《费莱布斯篇》26D的名言：γένεσις εἰς οὐσία[本质的产生]。

底”的“相论”招来的那些困难。到此为止的研究全都是以肯定语气的前提为出发点。但是完备的推论必须既从采取肯定形式的假设出发，又从采取否定形式的假设出发，像柏拉图在上文中通过“巴曼尼得斯”之口特别强调过的那样①。从这里起，我们看出了后四组推论的任务就在于为前面的作补充。

在前四组推论那里，通过挪动重点，实际上作了两个不同的假设；从这里起，在后四组推论里，则根据不同的意义，实际上以两个彼此不一样的前提为基点。第五组推论的出发点是否定式的假设“如果一不是”。否定在这里并不是绝对的，而是相对的，而且应该理解为相对于“其它的”；“不是”等于“是其它的”。因此当作基点的是：“一”异于“其它的”②。“是其它的”是“不是”，但“是其它的”却又是“是”；所以相对地“不是的一”就既与“不是”有结合，又与“是”有结合③。由此首先得出“一”与“同它相反者”即“多”的联合④，然后得出另外一些“相反者”的联结⑤。

这就表明，在“一不是”的条件下，推出了与第二组推论相同的结论。结果的相合并不是出于偶然，而是出于必然的。第五组推论包含一个讨论“是者”和“不是者”的重要段落。根据这段讨论，“不是者”为了“不者”，需要一根能把“不是”固定在它上的纽带；这根纽带就在“不是”的“是”里面。Δεομός[需要]这个字在这里是形

① 135E—136A。

② 160B—D。

③ 161E—162B。

④ 160E—161A。

⑤ 161A—163B。

容保险的[①]。无论“是者”还是“不是者”，都必须在第一种情况下不仅包含着“不是”的“是”，而且包含着“不是”的“不是”，在第二种情况下不仅包含着“不是”的“不是”，而且包含着“不是”的“是”。只有给“是者”的“是”和“不是者”的“不是”从相反的方面（就是说，在第一种情况下通过“不是”，在第二种情况下通过“是”）保上险，前者才有完全的“是”，后者才有完全的“不是”[②]。第二组推论讨论“一”，是从它的“是”这一环节；本组推论讨论“一”，则是从它的“不是”这一环节。两组推论的出发点虽然不同，却都是以“一”为对象，因此必定得出同样的结果。所以第五组推论补充了第二组，因为它是从另外一个观点陈述同一对象的。

第六组推论。第六组推论的假设虽然还是“如果一不是”，在这里却不能把“是”看成相对的，而要看成绝对的。所以，当作基点的是“根本不是的一”[③]。由此得出结论：“一”既没有这种性质，也没有那种性质[④]。这就表明：在ὅτι οὐδαμῶς οὐδαμῆ ἔστιν οὐδέ πῆ μετέχει οὐσίας τό γε μὴ ὄν[“不是者”在无一样式里、无一情况下是，也不在任何样式里分有“是”]这一条件下，没有什么相反者互相结合。第六组推论的结论在这一点上与第一组的相合，决非只是出于偶然。“一”的孤立在第一组推论里引到了“一”本身的取消，“一”的绝对“不是”在本组推论里引到了“一”的孤立。“孤立”和绝对“不是”互相蕴涵，可以说构成了一个蕴涵系统的两极。以二者

① 《曼诺篇》98A 也是这样。

② 162A。注意要把完全的“不是”与绝对的“不是”区别开来。

③ 163C。

④ 163C—164D。

之一为出发点的推论过程，必然要跑到另一极，也必然要通过同一个中间环节。所以第六组推论补充了第一组，因为它是从另外一个观点指出同一事态的。

第七、第八组推论。两组都以“如果一不是”为基点。从第七组推论得出了与第三组相同的结果，其区别在于那里讲的是“是”，这里讲的是“表现”①；从第八组推论推出了与第四组相同的结果，补充的是：“其它的”也不表现出具有如此这般的性质②。这就表明：相反的性质在什么条件下表现出与事物相结合，在什么条件下不表现。

现在要搞清对第七组和第八组的假设应当怎样理解。两组都假设“如果一不是”；但是这假设在两组里各有另外一个意思③。在第五组推论里基点是“一”的相对“不是”，第六组则以绝对“不是”为前提。如果第七组推论得出结论：“其它的”表现出和“一”相结合④，推论的基点就不是绝对的“不是”了。如果是绝对的，“一”本身就根本不存在，“其它的”也就不能表现出与“一”相结合⑤。所以其中的基点与第五组的推论相同，即相对的“不是”。既然“不

---

① 164B—165E。

② 165E—166C。

③ 第七组里从假设 ἓν εἰ μὴ ἔστι[如果一不是]推出结论：οὐκοῦν τόγε τοιοῦτον … ἓν φαίνεσθαι ἀνάγκη … καὶ … πλήθει ἄπειρον ἓν ἕκαστον φανῆναι …（165BC）[这样的一样，岂不……必然表现为一，……而又……每一个表现为无限多]；第八组里却说：ἓν ἄρα εἰ μὴ ἔστιν，οὐδὲ δοξάζεταί τι τῶν ἄλλων ἓν εἶναι οὐδὲ πολλά(166 A)[如果一不是，任何其它的就不被想象为一和多]。两组的结论既然相矛盾，其假设必定不是一个意思。

④ 165BC。

⑤ 因为什么都不能与“不是者”发生关系；参看上面 142A。

是"必定要么是相对的,要么是绝对的,并且在第七组和第八组推论里不能是一样的,那就只剩下一个可能:最后一组推论里是以绝对的"不是"为基点[①]。

这就搞清楚了:从"一"的"是"推出"其它的"的"是"(第三组),从"一"的(与"是"隔绝[第四组]或)绝对"不是"推出"其它的"的绝对"不是"(既非"是"又非"表现")(第八组),从"一"的相对"不是"推出"其它的"的"表现"(第七组)。"其它的"的"是"、"表现"和绝对"不是"相应于"一"的"是"、相对"不是"和绝对"不是",前者以后者为基础。第三组推论从一个"相"即"一"的"是"这一环节,推到事物的"是",第七组推论从同一个"相"的相对"不是"这一环节,推到事物的"表现",以补充第三组。第八组推论强调指出,在一个"相"(例如"一")绝对"不是"的条件下,事物就不"表现",以此补充第四组。

认为事物只存在于对认识主体的关系中,乃是近代唯心论中的流行看法,与古代的思想方式却相距甚远。与此相反,按照希腊人的观点,事物既在认识关系以外,又在这种关系之中。在前一情况下,它是一个"是者"(τὸ ὄν)[②]或"生成者"(τὸ γιγνόμενον);在后一情况下,它是一个"表现者"(τὸ φαινόμενον)或"可感觉者"(τὸ αἰσθητόν)。第三组和第四组推论已经分析了在什么条件下事物是作为"是者",在什么条件下不是。如果要对实际作出完备的说明,

① 这是与其余三组一致的。在第一和第二、第三和第四、第五和第六组推论中,词句相同的假设都有不同的意义。

② 广义的 τὸ ὄν 见《费都篇》99B 等处。

那就必须用“表现者”的推导来补充“是者”的推导。这种补充工作正是第七、八两组推论所进行的，第五、六两组则使分析相的联系的工作完备化。

五

对于我们在本文开头提出的两个问题的第一个，即本篇“谈话”的第二部分应当怎样理解，现在已经有了答案，就是：这一部分的任务在于举出各种条件，表明在哪些条件之下，相反的“相”，以及事物的相反性质，互相结合，在哪些条件下则不结合。在举出条件的时候，凡属可以设想的情况统统加以考虑，同时也点出哪种思想上可能的情况符合实际，哪种不符合。八组推论中有四组得出消极结论的，只是在思想上可能，并不同时在实际上可能，即第一、四、六、八组；另外四组结果与那些结论相矛盾的，不仅在思想上可能，同时也符合实际情况，即第二、三、五、七组。后四组中第二、五两组讨论“相”，第三、七两组讨论事物。第二、三两组从一个“相”即“一”的“是”这一环节出发；第五、七两节的出发点则是同一个“相”的(相对)“不是”这一环节。

上述问题的第二个，即第二部分与第一部分有什么样的关系，在这里也得到了回答。“相反者”是否相结合这一原始问题，在它的两个分化出来的形态里得到了解决。同时也产生了一种对于“相”的新看法，使对立问题和分离问题自动消失，分有问题变成了“相”的联结问题，在几组推论里已经连同解决了。这篇“谈话”有一种经过深思熟虑的统一性：绪论讲问题的提出和分化，第一部分讲解决问题的尝试，以及对这一尝试的批评，第二部分讲问题的妥善解决。只有那些抓不住中心问题的人，才觉得这部著作缺乏统一性。

这里要问：柏拉图究竟是怎样想到这个问题的呢？要给这个问题找到一个答案，必须越出本篇“谈话”的范围，这是作出上述解释时必须严格避免的。现在柏拉图学家们都一致同意：在柏拉图的著作中，《巴曼尼得斯篇》和《哲人篇》属于同一个写作时期，而且前者比后者先写成。《哲人篇》中最重要的是关于 κοινωνία τῶν γενῶν［种的联结］的学说。五个 μέγιστα γένη［最普遍的种］实际上是三对[①]；每一个最普遍的种都既与同它相反的最普遍的种相结合，又与其它最普遍的种相结合。无论在写作《哲人篇》的年代，还是在那以前不久，“相反者”的结合问题必定是柏拉图哲学研究的主题。柏拉图在《巴曼尼得斯篇》里提出这个问题并深入研讨其分化形态，是非常自然的。

抓住了中心问题，对“谈话”角色的配置也就很容易理解。在介绍问题的历史资料中，最切合这个目的的是反对多元论者的齐诺论证。在试图解决这个问题的时候，通过“苏格拉底”之口提出了一种“相论”，这种“相论”以后要遭到反驳的。可是，如果加以反驳的人不是一位大哲学家，那就很不合适了。而柏拉图如果不让巴曼尼得斯，而让另外一位苏格拉底以前的哲学家执行这项任务，那位哲学家就必须对齐诺的观点表明态度。那就要岔出去很远

① 五个 μέγιστα γένη［最普遍的种］是 ὄν［是］，ταὐτόν［同］，ἕτερον［异］，κίνησις［动］和 στάσις［静］。如果把收进 ἕτερον［异］的 μὴ ὄν［不是］算上，实际上就是三对：ὄν—μὴ ὄν［是—不是］，ταὐτόν—ἕτερον［同—异］，κίνησις—στάσις［动—静］。参看《哲人篇》251A 以下。

了。所以,"谈话"角色的配置要根据中心问题来理解;随便编造一个理由来加以解释,是无助于正确理解这篇"谈话"的,只会起相反的作用,使这篇万有论上最重要的柏拉图著作更加难以领会。

图书在版编目(CIP)数据

巴曼尼得斯篇/(古希腊)柏拉图著;陈康译注.—北京:商务印书馆,2017
(汉译世界学术名著丛书:120 年纪念版:珍藏本)
ISBN 978-7-100-14627-2

Ⅰ.①巴… Ⅱ.①柏… ②陈… Ⅲ.①柏拉图(Platon 前 427-前 347)—哲学思想 Ⅳ.①B502.232

中国版本图书馆 CIP 数据核字(2017)第 153310 号

汉译世界学术名著丛书
(120 年纪念版·珍藏本)
巴曼尼得斯篇
〔古希腊〕柏拉图 著
陈 康 译注

商 务 印 书 馆 出 版
(北京王府井大街 36 号 邮政编码 100710)
商 务 印 书 馆 发 行
北 京 冠 中 印 刷 厂 印 刷
ISBN 978-7-100-14627-2

2017 年 12 月第 1 版　　开本 710×1000 1/16
2017 年 12 月北京第 1 次印刷　　印张 28¼
定价:142.00 元